桥梁维护、安全与运营管理
——精细化与寿命延长

陈艾荣　冯良平　阮　欣　编

人民交通出版社股份有限公司
China Communications Press Co.,Ltd.

内容提要

本书针对桥梁维护、安全与管理相关问题，开展了精细化分析方法与寿命延长技术的研究，包括：大跨径桥梁全桥结构安全与运营管理，大跨径桥梁主要构件温湿度场的变化机理与施工质量控制，钢桥构件的疲劳开裂机理与维护方法，基于面域应力的混凝土桥梁精细化研究，以及桥梁的组合加固技术研究。

本书可供从事桥梁设计、管理养护及相关研究人员使用，也可供高等院校相关专业的高年级本科生和研究生参考使用。

图书在版编目(CIP)数据

桥梁维护、安全与运营管理：精细化与寿命延长／陈艾荣，冯良平，阮欣编. — 北京：人民交通出版社股份有限公司，2017.5

ISBN 978-7-114-13878-2

Ⅰ.①桥… Ⅱ.①陈… ②冯… ③阮… Ⅲ.①桥—维修 ②桥—安全管理 ③桥—运营管理 Ⅳ.①U445.7

中国版本图书馆 CIP 数据核字(2017)第 109492 号

书　　名：	桥梁维护、安全与运营管理——精细化与寿命延长
著　作　者：	陈艾荣　冯良平　阮　欣
责任编辑：	曲　乐　李　娜
出版发行：	人民交通出版社股份有限公司
地　　址：	(100011)北京市朝阳区安定门外外馆斜街 3 号
网　　址：	http://www.ccpress.com.cn
销售电话：	(010)59757973
总　经　销：	人民交通出版社股份有限公司发行部
经　　销：	各地新华书店
印　　刷：	北京市密东印刷有限公司
开　　本：	720×960　1/16
印　　张：	22.5
字　　数：	364 千
版　　次：	2017 年 5 月　第 1 版
印　　次：	2017 年 5 月　第 1 次印刷
书　　号：	ISBN 978-7-114-13878-2
定　　价：	85.00 元

(有印刷、装订质量问题的图书，由本公司负责调换)

前言

自20世纪改革开放以来,我国建设了大量的桥梁工程,目前达到了桥梁维护与管理需求的高峰期,如何延长桥梁结构的使用寿命以及相应的精细化研究,正在成为国内乃至世界桥梁工程界的热点问题。国际桥梁养护与安全协会(International Association for Bridge Maintenance and Safety)是专注于这一领域的国际学术协会,它成立于1999年,协会的宗旨为提升桥梁养护、安全和管理领域的国际交流与合作,增强理论与实践之间的沟通,促进技术发展和创新。协会创建以来,通过主办和协办国际会议、技术论坛等活动,为桥梁管养相关领域的工程师、管理者和研究人员提供了一个相互了解和交流的平台,对促进领域发展做出了积极贡献。

国际桥梁养护与安全协会主办和协办的众多会议和专题活动中最为重要的是桥梁维护、安全和管理系列国际会议。自2002年起,逢双年,已分别于西班牙、日本、葡萄牙、韩国、美国、意大利、中国和巴西举办了八届会议,其中第七届会议于2014年在中国上海召开,会议吸引了来自近40个国家的700余位代表,收到600余篇论文摘要,并最终录用了396篇论文,会议组织了48场专题研讨会,获得了圆满成功。

在业内同仁的支持下,2012年,在同济大学成立了国际桥梁养护与安全协会的中国团组(IABMAS-China Group),目的是促进和提升国内桥梁维护与安全领域内的研究及学术联系,促进领域内工程师、管理者和研究人员的学术交流。协会的主要活动是举办两年一次的全国桥梁维护与安全学术会议。2012年,第一届会议与团组成立大会同期在同济大学召开,来自全国多家高等院校与研究单位近200人参加,10位特邀嘉宾在会上发表了主题演讲。会后,团组将部分演讲内容扩充整理,出版了《桥梁维护、安全与运营管理——技术与挑战》一书。2013年4月第二届全国桥梁维护与安全学术会议在重庆交通大学召开,会议邀请了多位领域内顶尖专家学者发表了主题演讲,并选取了40篇高质量会议论文以《重庆交通大学学报》增刊的方式正式出版。2015年4月第三届全国桥梁维护与安全学术会议在长安大学召开,会议吸引了超过150人参加,邀请了12位国内外知名专家学者发表了大会报告,并组织了22场分组报告。

在第三届会议成果的基础上,同时结合近两年来国内在桥梁安全、维护领域中的最新研究进展,我们邀请了来自工程单位和高等院校的9位专家,编写了本书。为提升桥梁维护与安全研究的精细化分析,实现桥梁工程寿命延长的目的,本书对大跨径桥梁的全桥安全性能与运营管理方法提供了指导,深入探讨了悬索桥主缆与斜拉桥桥塔等主要构件的关键问题,如温湿度场的变化机理与施工质量控制,研究了钢桥构件的疲劳开裂机理与维护方法,深化了基于面域应力的混凝土桥梁精细化以及组合加固技术研究。

在我国桥梁维护与安全领域研究需求的不断推动下,IABMAS中国团组得到了迅速的发展,在国内和国际相关领域内的影响力日益增强。中国团组也将利用这一优势,更好地组织国内相关研究领域内的学术交流,进一步促进领域发展,为社会进步做出积极贡献。2017年6月在长沙理工大学召开第四届全国桥梁维护与安全学术会议,就可持续桥梁、寿命周期设计、桥梁维护管养策略等研究主题开展广泛深入的讨论。在此也借这个机会,对关注与支持中国桥梁维护与安全领域发展的研究者与读者致以真诚的谢意。

由于时间紧迫,编者水平有限,书中难免有错漏,望广大读者不吝赐教。

国际桥梁维护与安全协会中国团组　主席

陈艾荣

2017年5月

目录

第1章　大跨径桥梁管养挑战与实践 ·· 1
  1.1　引言 ·· 1
  1.2　大跨径桥梁养护工作面临的挑战 ································ 3
  1.3　管养模式及制度设计 ·· 6
  1.4　检修通道全覆盖设计 ·· 11
  1.5　典型病害成因及解决对策 ······································ 20
  1.6　结语 ·· 31

第2章　钢箱梁横隔板疲劳开裂机理及补强 ································ 33
  2.1　引言 ·· 33
  2.2　桥梁概况与疲劳病害 ·· 35
  2.3　补强方案设计 ·· 37
  2.4　数值模型建立要点 ·· 39
  2.5　补强效果的数值分析 ·· 42
  2.6　结语 ·· 53
  本章参考文献 ·· 54

第3章　钢桥疲劳冷维护方法研究与应用 ·································· 57
  3.1　引言 ·· 57
  3.2　钢桥疲劳维护方法 ·· 59
  3.3　冷维护方法的试验研究 ·· 66

3.4	针对面外变形疲劳问题的工程应用	72
3.5	针对正交异性钢桥面板疲劳问题的工程应用	74
3.6	结语	84
	本章参考文献	85

第4章 悬索桥主缆内部温湿度变化机理 90

4.1	引言	90
4.2	室外温湿度监测试验	92
4.3	缩尺模型试验	96
4.4	数值模拟与分析	104
4.5	主缆内部温湿度变化机理	114
4.6	结语	115
	本章参考文献	115

第5章 桥梁车致火灾概率模型 120

5.1	引言	120
5.2	基于熵权模糊层次分析的综合评价模型	121
5.3	桥梁火灾频率评价标准	132
5.4	桥梁火灾年发生概率计算	135
5.5	应用实例	135
5.6	结语	143
	本章参考文献	144

第6章 拉挤GFRP型材湿热老化性能 147

6.1	引言	147
6.2	GFRP材料湿热老化机理	148
6.3	FRP层合板吸湿理论	151
6.4	FRP层合板弯曲长期性能预测	163
6.5	结语	181
	本章参考文献	181

第7章 基于面域应力的混凝土桥梁精细化分析与设计 185

7.1	引言	185
7.2	空间网格模型的基本理论	188

7.3 基于面域应力的配筋设计方法 ········· 195
7.4 工程算例 ········· 199
7.5 结语 ········· 221
本章参考文献 ········· 221

第8章 混凝土桥梁组合加固新技术研究与应用 ········· 225
8.1 引言 ········· 225
8.2 组合加固新技术模型试验 ········· 227
8.3 组合加固新技术足尺试验 ········· 235
8.4 组合加固新技术工程应用 ········· 243
8.5 结语 ········· 246
本章参考文献 ········· 247

第9章 超高混凝土桥塔的施工质量控制和品质提升 ········· 252
9.1 引言 ········· 252
9.2 芜湖二桥桥塔概况 ········· 253
9.3 柱式塔分区段温控方法 ········· 255
9.4 复杂构件部品化安装技术 ········· 270
9.5 施工工艺标准化管控体系 ········· 279
9.6 结语 ········· 286
本章参考文献 ········· 287

第10章 混凝土斜拉桥桥塔时变温度场特性 ········· 289
10.1 引言 ········· 289
10.2 桥塔温度作用 ········· 290
10.3 整体截面桥塔非线性温度场分析 ········· 294
10.4 桥塔非线性温度场影响因素的参数分析 ········· 334
10.5 结语 ········· 348
本章参考文献 ········· 350

第1章 大跨径桥梁管养挑战与实践

冯良平,胡斌

中交公路规划设计院有限公司,北京市德胜门外大街85号,100088

1.1 引言

我国拥有众多宽阔的河流、峡谷和漫长的海岸线。为了适应交通运输的需要,中国政府在近20年的时间内投入巨资,在国省道干线公路跨越江、河、湖、海的咽喉控制部位,建设了大量的长、大跨径桥梁。根据交通运输部2001—2015年的统计数据表明,我国公路桥梁总数从2001年底的28.4万座发展到2015年底的77.92万座,仅用了15年时间,每年新增的公路桥梁数量平均超过3万座。图1.1、图1.2分别为近年来我国公路桥梁数量增长变化,以及公路桥梁中特大型桥梁数量增长变化。

经多年发展,现阶段我国桥梁养护管理制度已形成初步体系。交通运输部先后颁发了《公路桥涵养护规范》(JTG H11—2004)、《公路桥梁技术状况评定标准》(JTG/T H21—2011)、《公路桥梁承载能力检测评定规程》(JTG/T J21—2011),用以规范各项养护评定工作。同时,交通运输部《关于印发〈公路桥梁养护管理工作制度〉的通知》(交公路发〔2007〕336号)、《交通运输部关于进一步加强公路桥梁养护管理的若干意见》(交公路发〔2013〕321号)两项管理文件,其对桥梁养护工作作出较为详细的规定。相关资料表明,十二五期间,我国大型桥梁管养规范化水平不断提高。

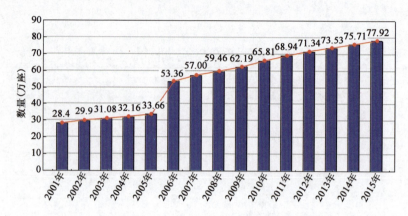

图1.1　2001—2015年公路桥梁数量增长变化

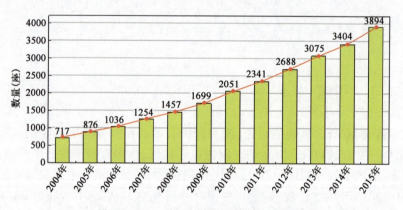

图1.2　2004—2015年特大桥梁数量增长变化

但是,大跨径桥梁的养护工作具有养护盲区多、易损构件多、养护投资多的特点,而相应的养护标准、养护经验和专业养护队伍却很缺乏。

同时,大跨径桥梁病害频发。根据十二五期间调研结果,我国大跨径桥梁普遍存在拉索(吊杆)护套破损、拉索(吊杆)振动异常、索夹滑移、吊杆腐蚀断裂、钢箱梁疲劳开裂、钢桥面铺装破损、锚碇渗水、叠合梁桥面板开裂渗水、螺栓损伤、预应力混凝土连续刚构桥下挠超限等典型病害。因此,大跨径桥梁的管养水平还需要进一步提高。

1.2 大跨径桥梁养护工作面临的挑战

1.2.1 管养模式及制度不完善

通常而言,悬索桥、斜拉桥、大跨拱桥和预应力混凝土梁桥等桥梁的设计、施工技术难度要高于我国公路上常见的中小桥梁。当桥梁投入使用,进入后期运营管理阶段后,长大桥梁的管养技术、检查实施的工作量、养护维修的复杂程度等方面也同样比常规的中小桥梁要求要高。

这些特殊结构桥梁,缺少现成的管理模式和经验可供借鉴,加之各地区的经济和社会发展水平不平衡,具体条件和情况不一样,这就有了目前各地特殊结构桥梁管理模式百花齐放的局面。根据实践经验,主要存在以下问题。

(1)养护管理体制不顺,机构设置复杂。目前,我国公路桥梁养护管理存在"管养一体"和"管养分离"两种模式,其中"管养一体"模式比较普遍。许多公路桥梁养护管理仍然套用事业型养护管理体制,职责不明、责任不清,束缚了养护技术水平的提高。

(2)养护运行机制落后,创新力度不够。主要表现在:养护市场封闭运作、养护市场化模式尚未确定、养护市场主体尚未完全形成、养护市场各项制度尚不完善等等。

(3)养护队伍臃肿,技术力量薄弱。各地养护机构重复设置,非生产人员膨胀,养护队伍臃肿,人浮于事现象比较严重,从而使得养护经费被挤占、养护队伍素质下降等问题产生。

(4)用工制度僵化,分配形式不活。随着公路桥梁的发展,科学技术和现代机械在养护中的作用越来越突出。这就使养护单位,一方面急需专、精、尖人才,而另一方面无法解决"不能胜任"工作的职工安置问题,从而导致内部人员出不去,外部人才进不来的"两难"境地。

(5)养护体系不健全,无法实现"预防性养护"要求。目前各地公路桥梁养护在很大程度上是被动养护,主要表现为疲于应付各种病害,缺乏运营使用过程中的路况调查、病害预测以及适时养护决策和养护规划。

(6)法规建设滞后,影响养护市场化进程。近几年来,一系列公路法规的颁布实施,对公路建设、养护和管理起到了一定的积极作用。但从整体上看,公路法规体系尚不配套,尤其是高速公路管理与养护的相关法律法规体系建设,难以适应突飞猛进的高速公路建设和养护体制改革的要求。

同时,绝大多数大跨径桥梁均已编制养护手册,但养护规划比较缺乏,大部分养护单位处于被动养护的状态,"头痛医头,脚痛医脚",达不到预防性养护的要求,主要表现在以下三个方面:

(1)由于没有对桥梁结构做有效的风险评估和易损性分析,所以无法掌握结构的薄弱位置。在经常检查和定期检查中,没有重点,导致在出现损伤的初期,无法及时发现损伤。

(2)由于没有提前做好技术储备,当发现结构损伤时,无法判断损伤原因,也无法及时形成有效的补救方案。

(3)由于对未来养护费用的规模缺乏了解,在桥梁损伤集中爆发时,无法筹备足够的资金进行维修,导致损伤恶化,甚至产生安全事故。

但这个阶段只是暂时的,随着我国社会生产力的不断提高,公路桥梁养护市场化程度正在逐渐深化。

1.2.2 检修通道设置不全且维修被忽视

桥梁在服役过程中,由于受到诸如施工缺陷、材料退化、极端荷载和偶然事故等各种内外因素的作用和影响,结构安全性不能得到完全保障,需通过检测、养护、维修、加固等措施确保运营安全。检修通道的设置,对于养护工作的开展至关重要,检修通道设置不全或者维修不及时,会增加整体结构运营风险。

近期对涉及的40座桥梁检修通道情况进行调查,发现部分桥梁检修通道设置不全,且已设置的部分检修通道也存在保养问题,主要问题如下:

(1)检修通道疏于管理与维护

巡检过程中发现,由于管养单位疏于对检修通道的管理与维护,多数检修通道产生了一定病害,影响了其使用性能,部分通道甚至存在安全隐患。

(2)桥梁主要构件未设置检修通道或通道设计不合理

桥梁的主要构件未设置检修通道或通道设计不合理导致无法使用,是长大桥养护的重要问题。

①未设置检修通道

40座检查桥梁中,主梁内部不可进入的桥梁为6座梁桥、一座斜拉桥,不能进入的原因主要为未设置人孔或人孔设计不合理。

在设计阶段,由于设计人员对桥梁运营期的养护管理认识不足,为方便起见,往往不进行检修通道的设计。结构一旦建成后,由于某些构件或部位不具有检修通道,工作人员无法对这些位置进行检查,导致了养护盲区。

②检修通道设计不合理

在巡检过程中发现,12 座拱桥的拱上结构均具备相应的通道,大多数均为拱肋自身或依附拱肋而建的结构,但检查的范围和深度存在问题,不能覆盖所有的拱上结构,箱形拱桥、肋拱桥可借助桥梁检测车到达拱桥拱顶截面上缘位置及其附近下缘位置,其余位置,如拱脚至主拱圈 1/4 处均难以抵近检查。

(3)缆索体系桥梁桥塔外部、斜拉索或吊索的检查问题

大部分的缆索体系桥梁在桥塔外不设置检修通道。对于斜拉索或吊索,由于数量较多、长度不一,很难设置合适的检修通道进行检查。另外,除了结构检查方面的问题,由于不具备相应的检修通道,管养单位对缆索体系桥梁桥塔外部以及索结构的维修问题一直是桥梁养护工作中的难点。

1.2.3 典型病害频发

自 20 世纪 90 年代起,我国大跨径桥梁取得了大规模的发展。苏通大桥、西堠门大桥等具有里程碑意义的大跨径桥梁相继建成。这些桥梁整体运营状况良好,但也暴露了一些典型的病害,如拉索护套破损、拉索(吊杆)振动异常、索夹滑移、吊杆腐蚀断裂、钢箱梁疲劳开裂、钢桥面铺装破损、锚碇渗水、叠合梁桥面板开裂渗水、连续刚构桥跨中下挠等,具体病害形式如图 1.3 所示。

a) 拉索PE护套坏形开裂

b) 阻尼器损坏导致拉索振动异常

c) 索夹滑移

图 1.3

d) 吊杆腐蚀断裂导致桥梁垮塌　　e) 钢箱梁桥面板疲劳开裂　　f) 钢桥面铺装破损

g) 锚碇渗水　　h) 叠合梁桥面板渗水导致钢梁腐蚀　　i) 连续刚构桥跨中下挠

图1.3　大跨径桥梁主要病害

经过20余年的养护运营，针对这些病害的成因、预防和处治措施，已经取得了一些成功的经验，值得总结。

1.3　管养模式及制度设计

1.3.1　管养模式设计

总体来讲，我国桥梁的养护工作正在朝着市场化、专业化的方向发展，国家十三五规划中对公路养护等事业也提出了政府行政管理机构向社会采购服务的市场化发展思路。

大桥养护的市场化、专业化具有突出的优点：有利于提高养护质量和工作效率，充分发挥职工的积极性；有利于强化行业管理职能，节省资金；有利于拓宽融资渠道，体现大桥的商品属性，促进大桥的滚动发展；能够改变传统的养护作业方式，逐步走向机械化养护和养护科学化；能使管养工作同时得到加强，有利于建立有效的监督制约机制，提高养护企业素质和养护水平等。表1.1是传统养护与市场化、专业化养护模式的对比。

传统养护与市场化、专业化养护模式的对比　　　表1.1

项目	传统养护模式	市场化、专业化养护模式
人员和设备	设置庞大的养护队伍，需要各方面管理人员和操作人员	不设自己的养护队伍
	担负整个工区日常消耗和闲暇时人员工资、设备保养、折旧	因为是工程量承包方式，养护中不负担闲置人员和设备费用
	为了需要满足机械施工，机械设备必须配置大量的机械设备	采用租赁的方式，节省大笔购置养护设备费用
	设备昂贵且闲置较多，很难发挥其应有作用，致使台班单价提高	减少设备闲置，增加设备使用频率，降低设备台班费
	购置必需的养护设备，同时还必须负担设备的维修保养	只负担设备使用费，不负担设备购置费和闲置时任何费用
	负担养护机构的全部费用（包括医疗、养老、工伤等）	只负担工程造价费用，其他费用推向社会
效率和积极性	养护经费挪、截、卡、要现象相当普遍	建立养护管理计划体系，养护经费专款专用，符合市场经济的运行机制
	因管理模式缺乏活力，养护效率相对较低，人员积极性差	养护效率高，养护人员积极性强
效益	不分专业，不分内容，大小程都由自己的养护工区实施，专业程度低，管理层次多，施工质量和水平均受局限	根据养护工程需要，优先选择社会专业化施工队伍，引入竞争机制，提高管理水平和质量要求，同时降低了工程成本
	由于各高速公路相对独立，设备造价又高，很少相互借用，造成机械设备大量购置、闲置，无形中增加了使用成本和社会资源浪费	减少机械设备闲置，也相当于减少重置浪费，提高整个社会经济效益
风险	承担养护全过程风险	由养护管理公司和养护施工单位共同承担养护过程中的风险

根据长大桥梁管养的特点，推荐如下的管理方法：

（1）国内管养状况良好的桥梁，均特别重视利用建设期的技术资源，大桥管养有以下几种形式：

①原建设指挥部直接转为管养单位，建设期管理人员转为管养人员。

②原建设期关键性管理人员延续到运营期担任主要管养人员。

③成立专家委员会,建设期业主、设计、施工关键人员成为专家委员会专家,参与大桥养护,例如杭州湾跨海大桥。

④委托建设期关键参建单位直接负责大桥养护工作。例如,铜陵大桥建设单位委托中交公路规划设计院有限公司负责全桥的经常检查、定期检查、小修保养等工作。

针对处于建设期的桥梁,可采用上述各种方式。对于已经处于运营期的桥梁,可重点考虑③④两种模式。

(2)采用管理型的管养模式,大桥养护工作走专业化养护的路线,积极调动社会力量。公司内部形成精干的管理团队,具体管理模式可选用养护总承包模式或分项养护的模式。

(3)如采用养护总承包模式,有如下建议:

①建议管理公司通过公开招投标形式,择优选择一家专业的养护公司承担桥隧结构的养护咨询、日常巡查、经常检查、定期检查、小修保养、加固维修设计工作。养护公司应相对固定,合同期限可为3~5年。

②管理公司委托养护承担单位作为养护咨询方。养护承担单位为管理公司编制合同期限内的养护规划,并每年为管理公司编制年度养护计划。年度养护计划经管理公司审批通过后实施。养护咨询费用每年固定。

③管理公司委托养护承担单位承担相应路段的日常巡查和经常检查工作。经常检查每月进行一次,覆盖路段的所有桥梁。日常巡查费用、经常检查费用每年固定。

④管理公司委托养护承担单位承担相应路段的定期检查工作。一般结构物三年覆盖一次,特大型桥梁结构每年检测一次。定期检查费用每年固定。

⑤管理公司委托养护承担单位作为该路段的加固设计承担单位。在主合同的基础上,每年根据年度养护计划,将当年的加固设计任务打包与养护承担单位签订补充合同。在发生突发事件造成桥梁损伤时,养护承担单位应及时为甲方提供损伤分析与加固设计服务。为保证加固效果,养护承担单位可以以监理、监控或施工单位联合体的形式参与重大的加固施工项目。

⑥管理公司委托养护承担单位承担该路段桥梁的小修保养工作。保养内容,包括裂缝封闭、灌浆、混凝土缺损修补、路面修补、交通安全设施更换、排水管疏通、钢构件防腐除锈等内容。管理公司与养护承担单位约定单价

和初估工程量。每年按照实际发生工程量结算。

(4) 如采用分项养护模式,有以下建议:

①建议管理公司通过公开招投标形式,择优选择一家专业的养护公司承担大桥的经常检查和小修保养工作。养护公司应相对固定,合同期限可为3~5年。

②建议管理公司委托相对固定的检测单位承担大桥的定期检查工作。合同期限可为3~5年。

③建议管理公司针对支座、伸缩缝、斜拉索、吊杆等关键易损构件,委托厂家、设计单位或有相应能力的单位实行专项养护,每年定期进行检查保养。例如,南京二桥每年委托玛格巴公司做伸缩缝的养护工作;杭州湾跨海大桥每年委托宁波路宝公司做伸缩缝的养护工作。

④建议管理公司每年委托固定单位汇总各家养护公司的养护成果及定期检查成果,对大桥做综合评估,作为下一年度养护计划的依据。

⑤管理公司可与可靠单位签订战略合作协议,由该单位承担管理公司的养护咨询工作,帮助管理公司建立管理制度、架构养护管理系统、编制养护手册、编制养护规划,提供加固设计服务等。

1.3.2 管养制度设计

特大型桥梁的养护工作,需要完善的制度体系作为保证。管养期主要制度及修编周期列举见表1.2。

管养期主要制度　　　　　　表1.2

序号	制度名称	制度内容	修编周期
1	《中长期养护规划》	应对大桥10~30年内的养护工作进行规划,内容应包括规划期内的养护目标、养护准则、养护计划、投资估算等	4
2	《养护手册》	应包括大桥主体结构的养护手册和大桥机电系统的养护手册两大部分。《养护手册》的编制,应以风险评估和构件易损性分析为基础,并应符合大桥中长期养护规划和大桥专用养护标准的规定	3
3	《专用养护标准》	应包括大桥主体结构的养护标准和大桥机电系统的养护标准两大部分。养护标准应以现行的养护规范、评估规范为基础,结合大桥的结构特点制订,并应包含检查标准、养护维修标准、评估标准等	4

续上表

序号	制度名称	制度内容	修编周期
4	《专用养护定额》	应根据大桥实际情况，对检查、养护、维修、加固等养护工作的取费标准做出详细规定	4
5	《健康监测系统应用规程》	应对健康监测系统的采集频率、预警指标、响应方法、评估方法、评估成果等做出详细规定	4
6	《应急预案》	应在风险评估的基础上制订大桥面临的各类突发事件的应急处治方法。规划期内，应每年组织对应急预案的演习工作	4
7	《档案管理规程》	应对大桥基础资料、管理资料、检查资料、养护维修资料、特殊情况资料等的建档、维护做出详细规定。该规程也包含对电子化档案管理系统建立和维护的要求	4
8	《固定资产管理规程》	应对大桥固定资产投资、编码、调拨、清查、报废、核算、折旧等方面的管理做出详细规定。该规程也包含对固定资产管理平台系统的建立和维护要求	4

以上所有养护制度，在相关法律、规范、标准修编或大桥状况发生重大改变时，也应立即进行相应修编。

在以上的管养制度中，最为关键的是《中长期养护规划》《养护手册》《专用养护标准》《专用养护定额》四项核心制度，分别解决了大桥养护工作做什么、怎么做、做得怎么样和该花多少钱的问题。其在管养工作中的作用如图1.4所示。

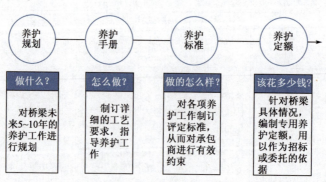

图1.4 关键养护制度

1.4 检修通道全覆盖设计

1.4.1 常规巡检通道设计

特大跨径桥梁新建时,应贯彻可维修设计理念,充分考虑后期养护需求,设置桥梁检修通道。对于通道的设置,应注重以下几个要点:

(1)设置梁底检查车。

特大跨径桥梁在条件允许的情况下应设置梁底检查车(图1.5),特别是斜拉桥及悬索桥,梁底检查车设置技术已比较成熟,设置梁底检查车可减少大量的检修盲区且费用不高。

(2)在特大跨径桥梁主桥、引桥之间的伸缩缝下方应留有设置检修通道的空间(图1.6),如果条件允许可设置检修通道。

图1.5 特大跨径桥梁检查车　　　　图1.6 特大跨径桥梁伸缩缝下方

(3)引桥伸缩缝、桥台处伸缩缝下部空间,应足够维修人员进行检查维修(图1.7)。

(4)应设置便于拆装的防尘罩。

旧式支座防尘罩采用螺钉固定的方式,每次检查非常不方便,而且耐久性较差使得大部分桥梁的防尘罩几乎都不可用。应设置易拆装的防尘罩便于检查(图1.8)。

特大型桥梁常规检修通道列举见表1.3。

图1.7 桥台处应有足够的维修空间

图1.8 易拆装的支座防尘装置

特大型桥梁常规检修通道一览表　　　　表1.3

通道类型		实桥照片	说　明
索塔	内部爬梯		斜拉桥和悬索桥的桥塔内部,应设置爬梯或电梯。其中,斜拉桥由于有锚固区,多设置爬梯
	内部电梯		悬索桥的桥塔内部多设置电梯。电梯上部可设置非封闭的检查平台,使得检修人员乘坐电梯时能够实现对塔壁的检查
	内部平台		斜拉桥拉索锚头部位一般设置在塔内。为了实现对于锚头的检修,需要在每个锚头位置设置检修平台

续上表

通道类型		实桥照片	说　明
索塔	外部爬梯		悬索桥上横梁至鞍室，上横梁至塔顶均应设置爬梯，使得检修人员能够对鞍座、航空障碍灯等部位进行检修
钢箱梁	梁底检查车		钢箱梁梁底检查车是钢箱梁的必要附属设施。利用梁底检查车，可以实现对钢箱梁外表面的检修工作
	人孔		钢箱梁的人孔多设置在梁端。也有部分跨度较大的钢箱梁桥，在梁跨上设置人孔，以减少巡检人员行走的距离
叠合梁	梁底检查车		叠合梁梁底检查车是叠合梁的必要附属设施。叠合梁桥的检修车上须设置升降装置，使得检修人员能够方便对钢混叠合部位进行检修

续上表

通道类型		实桥照片	说明
钢桁梁	下弦桁架检修通道		钢桁梁的检修通道,一般设置在下弦桁架上。检修人员通过检修通道,实现对于桁架螺栓、涂装等的检查
混凝土箱梁	人孔		采用箱梁结构的特大型桥梁,必须要设置能够进入箱梁内部的人孔。人孔一般设置在梁端
混凝土肋梁	梁底检查车		混凝土肋梁是大跨径斜拉桥的常用主梁形式之一。国内设计的此类斜拉桥一般没有预留梁底检查车,这对于主梁的检修非常不利。国内已有不少桥梁后补了梁底检查车
主缆	主缆检修道		悬索桥主缆上,一般设置扶手绳和防滑构造,形成主缆检修道。利用主缆检修道,可以实现对主缆上表面的检查

续上表

通道类型		实桥照片	说　明
锚碇	锚碇爬梯		锚碇内的锚跨索股及转索鞍均属于重点养护构件。锚碇内须设置爬梯,方便检修人员对这些构件的检修
桥面	桥面检修道		缆索体系桥梁,拉索、吊杆等部件需要定期检修。因此,缆索体系桥梁在主梁上均应预留有检修通道
支座	支座检查平台		特大型桥梁的大吨位支座属于易损构件,需要定期检修。因此,需要在支座位置设置检修平台,方便检修人员对支座的维护
伸缩缝	伸缩缝检修道		特大型桥梁梁端位移大,其采用的伸缩缝设计位移量也较大。除了在桥面上对伸缩缝上表面进行检修外,还需要对伸缩缝下表面进行及时检修。因此,需要设置伸缩缝检修通道

1.4.2 特大型桥梁巡检盲区及对策

1)梁式桥巡检盲区及对策

如图1.9所示,对于大跨度连续梁桥、连续刚构桥,其主要的巡检盲区是墩身过高区域和梁高过高区域。

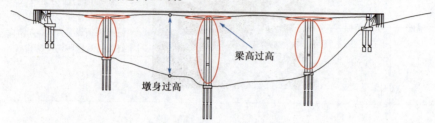

图1.9 大跨径梁桥巡检盲区

梁高超过6m的位置,一般的桁架式桥检车无法实施抵近检查。斗式桥检车虽然可以进行检查,但由于工作效率太低,无法满足定期检查的需要。

高墩区域则没有较好的抵近手段。根据连续刚构桥的受力特点,由于受力导致的裂缝一般出现在墩顶和墩底位置,墩身区域主要是混凝土材料病害(如露筋、剥落等)。因此,对于墩身区域,采用无人机或高清摄像技术即可满足外观检查的需要。对于墩顶区域则有必要抵近检查。

综上,特大型梁桥一般采用连续刚构桥。连续刚构桥的梁高采用变高设计。箱梁根部梁高较大,可达十几米,超出一般桥检车的下探范围。这些位置属于养护盲区,可升降检修平台能够解决这一问题。

虎门大桥辅航道桥单幅桥箱梁为单箱单室截面,其主梁根部梁高达14.8m,在跨中位置梁高5m。由于主梁根部梁高较高,主梁外表面已无法采用桥梁检查车进行抵近检查。为此,管养单位在主梁梁底设置了检查车。该梁底桁车(图1.10)可上下伸缩,能够实现对于变截面箱梁外表面的全面检查,在国内尚属首次。

2)悬索桥巡检盲区及对策

对于悬索桥而言,主缆的侧面及底面是检修的盲区(图1.11)。这些位置发生主缆防护破损、索夹螺杆松动等病害时,往往不能及时发现。

悬索桥主缆检查车是一种为桥梁检修人员在检测过程中提供作业平台,用于流动检测和维修作业的专用设备。检修人员从特定的位置进入检查车后,能随时移动位置,能安全、快速、高效地让检修人员进入作业位置进行检测或维修作业。

a) 跨中工作状态　　　　　　　　b) 根部工作状态

图 1.10　可升降梁底检查车

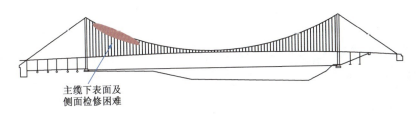

图 1.11　悬索桥巡检盲区

此类检查车已经研发完成,并在江阴大桥成功进行了试验,如图 1.12 所示。

图 1.12　主缆检查车在江阴大桥上试验

该检查车工作空间能够覆盖整个主缆截面,并拥有 30°爬坡的能力;能够自行行走、自动过索夹、过吊杆,并可以利用吊篮提升功能检查吊索。利用该检查车可以实现主缆 360°全截面检查、主缆防护涂装、索夹螺杆张拉、吊索上锚头检查、维护、吊索检查、辅助吊索更换等工作。

3）斜拉桥巡检盲区及对策

斜拉桥的索塔锚固区是病害易发区，索塔外表面区域很难进行检修（图1.13）。

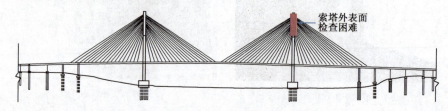

图1.13 斜拉桥巡检盲区

固定在塔顶的检修吊机是进行索塔外表面检查的有效工具（图1.14）。检修吊机具有回转机身、伸缩式悬臂及升降式工作台的功能。通过360°的回转，可工作于各个外立面；通过悬臂伸缩，工作人员可最大限度地靠近渐变桥塔外部；通过垂直升降，工作人员可到达桥塔外的任何位置。

为保持吊机使用中的平稳性，以及增强其高空抗风能力，工作台上配备防晃插销。桥塔施工时，应在桥塔外部设防晃插座，这样就可大大减小吊台工作时的左右晃动幅度，并保证大风天气的安全使用。

图1.14 塔顶吊机工作示意

4）拱桥巡检盲区及对策

上承式拱桥在设计时，往往忽略后期养护的需要，没有配设相应的检修通道，导致拱上建筑检修困难（图1.15）。

对于这种情况，可在运营期增设检修步道，协助检修人员顺利到达拱顶（图1.16）。

5）跨海长桥巡检盲区及对策

跨海长桥的引桥，一般采用梁式桥结构，其总长度可达几十公里，每跨的跨径一般为50～70m。如采用桥检车进行定期检查，考虑到灯柱和桥墩的阻挡,检查一次往往需要耗费一个月的时间。这对于桥梁的正常通行是严重的干扰,极易引发交通事故。

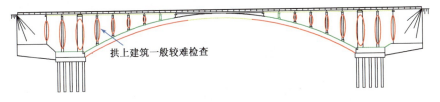

图1.15 上承式拱桥拱上建筑检修困难

图1.16 上承式拱桥检修步道

如采用梁底检查车,则因为一般的梁底检查车不能过墩,需要安装上百台检查车,这显然是不现实的。过墩式检查车是解决该问题的最好手段。根据过墩方式,可采用回转过墩或分离旋转过墩(图1.17、图1.18)等。

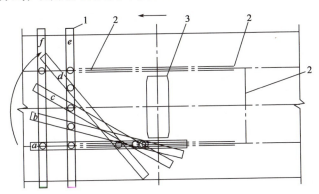

图1.17 回转通过桥墩式检查车过墩示意
1-检查车;2-轨道;3-桥墩;a-b-c-d-e-f运动轨迹

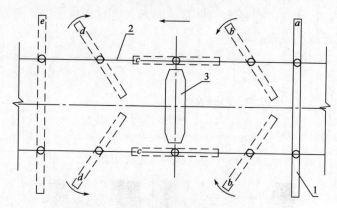

图1.18 分离旋转过墩式检查车过墩示意
1-检查车;2-轨道;3-桥墩;a-b-c-d-e-运动轨迹

1.5 典型病害成因及解决对策

1.5.1 病害成因分析

1) 斜拉索护套破损

斜拉索护套多采用 PE 材料。PE 材料在紫外线照射下,会出现老化开裂。由于 PE 材料自重原因,实际上处于带应力工作状态。因为护套材料老化强度降低后,护套破损一般表现为环形拉裂。较早设计的斜拉桥的斜拉索采用单层护套,老化开裂后,会直接露出钢丝。此时斜拉索在运输和安装过程中,也容易造成护套的局部损伤,老化后,易在损伤部位形成破损点。

2) 斜拉索或吊杆振动异常

斜拉索或吊杆在风、雨作用下,或是在桥面、桥塔、主缆的振动作用下,会发生各种不同机制的振动。在运营期,为了美观,增设景观灯,改变了拉索的气动外形,其也是造成拉索振动超限的原因之一。

拉索或吊杆振动导致索端接头部位疲劳,在索锚结合处产生疲劳裂纹,破坏索的防腐系统,严重的会造成拉索失效。

3) 索夹滑移

悬索桥主缆索夹构造如图1.19所示。索夹滑移是一种几乎不可恢复的病害,会导致结构内力重分配、桥面线形变化等;雨水进入主缆内,导致钢丝锈蚀;时间上具有发散性,严重影响结构总体性能和主缆耐久性能。

索夹滑移的原因是索夹螺杆预紧力的损失。而索夹螺杆预紧力损失的主要原因,可归纳为主缆镀锌层的蠕动,使主缆截面变化、螺栓材料时效松弛、主缆受力变细、索夹受力变形、荷载变化使主缆内钢丝排列变化、主缆索股缠包带的变形影响、索夹和主缆的温差等七个方面。

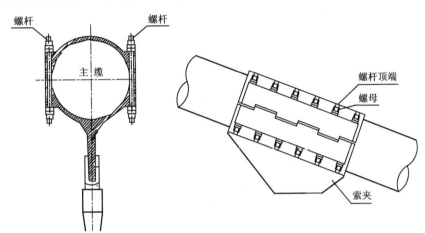

图 1.19 悬索桥主缆索夹构造

4)吊杆腐蚀断裂

吊杆腐蚀断裂,多发生在中承式拱桥的短吊杆。吊杆的病害形式,主要有腐蚀和疲劳损伤两大类。由于疲劳损伤在常规的桥梁检测中无法查明,日常所见的吊杆病害大部分均是腐蚀。中承式拱桥的短吊杆,由于刚度较大,在桥梁纵向滑移时,实际上处于弯拉受力状态,而并非是轴拉状态。其疲劳问题尤为严重。所以,一般情况下短吊杆会最先断裂。

根据吊杆腐蚀原因的不同,可分为以下几个方面:

(1)锚固区失效。上锚固区是阻隔外界雨水、空气等杂质的第一道防线,而下锚固区则是整根吊杆的薄弱部位。在检测中发现,不少桥梁由于上锚头区域破损或灌装不密实,导致雨水渗入吊杆内部。在下锚固区 PE 护套终止处,防水复合物易出现老化开裂,内部往往有积水无法排除,导致下锚头长期接触潮湿环境,极易发生锈蚀。

(2)吊杆与拱肋、系杆连接部位的管口密封设施钢板锈蚀、锚栓脱落、橡胶外塞(密封橡胶垫)开裂;部分吊杆下锚窝盖板锈蚀、变形甚至脱落。以上病害会导致水气渗入,易加速吊杆及锚头的锈蚀。

(3)拉应力与循环应力幅的作用。吊杆在正常服役时始终处于受拉状态,同时又长期受车辆随机活载作用,存在着循环应力幅。材料在应力与腐蚀介质共同作用下,将会发生应力腐蚀与腐蚀疲劳。腐蚀疲劳的裂纹是由金属反复滑移形成的,而应力腐蚀时主裂纹在扩展的同时,还有若干分支裂纹同时扩展,这是区别腐蚀疲劳与应力腐蚀的主要标准。在应力腐蚀与腐蚀疲劳这两种情况下,应力加速了腐蚀的进行,而腐蚀增大钢丝的局部应力,二者相互协同,不断加深吊杆的病害。

5)钢箱梁桥面板开裂

钢箱梁是大跨径缆索体系桥梁最常用的主梁形式之一。由于钢桥面板构造复杂,焊缝数量多,施焊难度大,工厂制造和现场的组装精度和焊接质量(特别是某些焊缝的熔深、咬边和焊接缺陷)要求较高,如有不慎,就会变成潜在的疲劳裂纹源。钢箱梁正交异性钢桥面板,承受车轮反复作用,容易产生疲劳裂纹。裂纹主要出现在正交异性钢桥面板体系中,其中以下两种形式最为常见:

(1)横隔板接板圆弧切口裂纹。正交异性钢桥面板由互为垂直的面板、纵肋和横肋三个部件组成,钢桥面板和纵向U肋可视为弹性连续支承在横梁上的连续梁,在纵向移动的汽车轮载作用下,纵向U肋反复挠曲变形迫使横梁产生面外反复变形。当该面外变形受到约束时,将产生很大的次弯曲应力,约束刚度越大,次弯曲应力越大。另外,横梁在汽车荷载的作用下,将产生垂直于桥轴方向的竖向挠曲变形,在弧形切口周边将产生较大的面内弯曲应力和剪应力。如果圆弧切口尺寸设计不合理,又存在焊缝质量问题,则在以上两种次应力循环作用下,往往会在该处引起多发性的疲劳裂纹,并随着裂纹扩展使母材开裂。

(2)U肋与顶板焊接处裂纹。U肋与顶板无法实现全熔透焊接。焊跟和焊趾处容易因为应力集中而发生疲劳开裂。

6)钢桥面铺装破损

钢箱梁顶板属于柔性体系,且钢结构与铺装之间的黏结能力亦难以保证。这导致钢桥面铺装极易发生破损。钢箱梁桥面铺装使用过程中出现的主要破坏类型可概括为两大类:一类是结构性破坏,如疲劳开裂、低温开裂、黏结层失效或脱层等;另一类是功能性破坏,如车辙、推移和拥包等。

一般情况下,在桥梁运营期间导致钢桥面铺装发生破坏的原因主要有

以下几个方面:

(1) 由于钢箱梁的正交异性特性,在车辆荷载作用下,桥面板局部刚度变异的部位,其桥面铺装会产生应力或弯矩畸变,造成局部应力集中,在循环往复的车辆荷载作用下,形成疲劳裂缝。如,钢桥面板的纵、横隔板和纵向加劲肋上方铺装层出现的有规律裂缝。而在车辆轮载和水的渗入等因素的综合影响下,使得裂缝进一步扩展。

(2) 在夏季,一般周围环境温度较高,由于钢板对于温度的高敏感性,一方面因气温的变化使梁体快速产生较大的温度升降,会影响结合层的工作状态;另一方面,钢板随温度伸缩使钢板与铺装层间产生不利的水平应力。同时,高温状态下,钢板与铺装层的黏结性能急剧下降,导致桥面抗剪能力大大降低。

(3) 由于重载与特大交通量的作用,车轮对桥面铺装层的局部冲击作用导致在桥面铺装层薄弱的区域,如纵缝附近或伸缩缝两端,出现局部碎裂或网状裂缝。

(4) 由于水分的侵蚀,常常会使得桥面钢板生锈,这一方面降低了钢板自身的结构性能,另一方面在黏结层间产生分解隔离层,降低了钢板与铺装层间的整体性能,因此病害发生后,该病害周围的桥面铺装损害呈加速的趋势。

7) 锚碇渗水

悬索桥锚碇渗水是较为普遍的病害,一方面直接影响混凝土结构的耐久性,更重要的是,潮湿的环境对锚室内部的锚跨索股、散索鞍等钢结构的耐久性构成了威胁。根据调研,引起悬索桥锚碇渗水的原因主要有以下几种

(1) 锚碇体混凝土开裂,雨水直接通过裂缝渗入。

(2) 锚体顶板采用预制板拼装,拼装接缝渗水。

(3) 对于埋入地下的锚碇体,由于地质情况的复杂,建设时锚体周边的水流通道未封闭到位,或者由于时间较长,封闭的压浆和锚体周边防水层破坏,导致水分自混凝土裂隙渗入锚碇。

(4) 主缆与锚室相交处,密封不严实,导致渗水。

(5) 锚碇锚室为开放式,雨水直接飘入或流入。

8) 叠合梁桥面板渗水

叠合梁是缆索体系桥梁常用的主梁形式之一,常见于斜拉桥。混凝土

桥面板与钢梁的结合面是叠合梁桥设计和施工的关键。该位置容易产生渗水、滑移、开裂等病害。在桥梁建成的早期,渗水问题是最常出现的病害。渗水会导致钢结构(剪力键、钢梁等)的锈蚀,影响结构的耐久性。

叠合梁预制混凝土板吊装到现场后,通过混凝土现浇带形成整体的桥面板。桥面板与钢梁之间通过剪力键结合在一起。叠合梁桥面板渗水原因主要有以下方面:

(1)混凝土收缩导致桥面板开裂。现浇段混凝土硬化时,一定量的收缩是不可避免的。当收缩造成的拉应力达到材料的拉伸强度时,混凝土将会开裂。

(2)作用的车辆荷载过大。对桥面板有很大影响的单车质量或轴荷载已超过现有桥梁的设计荷载等级,将会导致桥面板局部开裂。

(3)横梁顶负弯矩引起开裂。叠合梁斜拉桥的桥面板,可看作是支撑在钢横梁上的连续板梁,混凝土桥面板在荷载作用下将产生负弯矩或拉应力,在非预应力时使桥面板出现裂缝。

(4)桥面排水不畅引起积水。由于桥面不平整,导致雨后在横坡端部引起积水,再加上桥面板现浇带裂纹的存在,引起结合面渗水。

9)连续刚构桥跨中下挠

根据调查表结果,国内外大跨径预应力混凝土梁桥均普遍存在主梁下挠的问题,远比箱梁开裂问题复杂且难以控制。

大跨径预应力混凝土梁桥主梁下挠的主要特点表现为:挠度长期增长,增长率随时间呈加速、降低或保持匀速变化的趋势;结构的长期挠度远大于设计计算值;跨中下挠进一步加剧箱梁底板开裂;而箱梁梁体裂缝增多,使结构刚度降低,进一步加剧了跨中下挠。这两者相互影响,互相耦合,形成恶性循环。这种主梁下挠,不仅导致养护费用的大幅增加,破坏桥梁的美观,更重要的是造成桥梁结构安全度的降低。连续刚构桥跨中下挠的主要原因分析如下。

(1)设计因素

结构计算方法不够合理。结构设计计算方法因素与长期下挠相关的涉及两类计算,即普通的结构计算和收缩徐变计算。目前预应力混凝土梁桥设计计算普遍使用基于杆系有限元的结构计算体系,对于大跨径箱梁存在一定的不适应性,具体表现在对预应力混凝土箱梁剪力滞后效应、约束扭转(含翘曲)下的正应力、剪应力不能考虑,断面应力的非均匀性分布反映不充分,使得与断面应力点相关的预应力损失与实际差别较大,影响实际预应力往往没有设计期望的高。预应力混凝土箱梁的变形是结构体与预应力体系两个作用效力完全相反体系相互平衡的结果,实际预应力的小偏差将对结构变形产生较大影响。

设计计算采用的材料时变模型不够合理。预应力混凝土梁桥的材料时变模型,主要包括混凝土的收缩徐变模型和预应力损失模型。收缩徐变模型虽然历经几十年的发展,但预测混凝土的时变特性时,误差仍然高达20%以上,另外现有主流模型多不考虑配筋对收缩徐变的影响,早期动载的影响,外加剂对混凝土材料的影响以及桥梁用高强混凝土特性等也多考虑不充分。预应力模型方面,则是对长期损失的影响认识不足,主要也因为预应力损失与结构应力和收缩徐变变形耦合,很难有准确的预测模型。

结构断面尺寸选取不合理,设计安全储备小。部分桥梁设计过分追求结构轻巧与经济,使得箱梁结构断面尺寸取值偏小(截面尺寸偏小、腹板较薄,导致抗剪强度不足、主拉应力超限是桥梁损伤最重要的内因),主要截面配筋数量偏小,造成梁体刚度偏低,设计安全储备小。

(2)施工因素

①梁体制作偏差引起的结构超方、接缝质量不良等;

②预应力管道的平顺性(节段施工的接头处)与定位偏差,导致实际有效预应力与预应力效应的差别;

③早期建造的大跨径预应力混凝土梁桥,有相当一部分未进行专项施工控制,施工中高程控制误差难避免;各悬浇步骤施工时间相差大,部分梁段一个循环时间缩至5d(混凝土龄期不到3d),致使预应力损失及成桥徐变挠度增大;

④因梁顶高程偏差而增厚桥面铺装,使得主跨跨中荷载增大造成下挠增加。

(3)材料因素

混凝土收缩徐变。采用挂篮悬浇法节段施工的大跨径预应力混凝土梁桥,由于施工周期长,时间跨度大,先期浇筑与后期浇筑的混凝土收缩徐变系数相差较大。当混凝土的应力较大时,混凝土收缩徐变所引起的预应力损失也较大。大桥合龙后混凝土的收缩徐变将进一步影响结构内力,并产生较大的结构变位。目前,收缩徐变理论还不完善,不同的理论体系所得到的收缩徐变影响值不同。当结构各项设计指标均满足相关规范要求时,采用不同的计算方法所得到的收缩徐变影响值的不同不会影响结构安全。但当结构设计存在不足时,尤其是当结构尺寸较小,混凝土的应力较大时,这种差异不可忽略。因此,混凝土收缩徐变是大跨径预应力混凝土梁桥主梁下挠不可忽视的因素。

预应力松弛。在桥梁施工中,为了减少预应力损失,一般采用低松弛的钢绞线,并在施工中规范张拉前和张拉中的操作工艺。同时严格控制混凝土的质量,以减少混凝土收缩和徐变带来的影响。但随着桥梁运营时间的增长,箱梁内预应力钢束的预应力松弛仍相当可观。特别是当纵向预应力筋发生应力松弛时,将导致预应力混凝土梁桥的主梁下挠。

混凝土开裂。结构开裂同样是一个复杂的问题,涉及设计、施工和管养多个环节。结构一旦形成,就有了一定的或不变的刚度,引起结构刚度减小的可能因素是结构的截面受到削弱。大跨径预应力混凝土梁桥的主梁下挠常常伴有大量的裂缝产生、发展。主梁的开裂,是结构刚度发生持续变化的主要原因。同时开裂将引发复杂的收缩徐变、预应力与结构开裂的耦合效应,徐变变形、预应力束的预应力损失及结构开裂将持续恶化,其不利影响将形成恶性循环。

材料长期劣化。影响混凝土劣化的因素很多,主要有混凝土的碳化、氯离子侵蚀、碱—骨料反应、混凝土的冻融破坏、混凝土表面磨损等方面。钢材的劣化主要指混凝土中钢筋(包括普通钢筋和预应力钢筋)锈蚀。影响混凝土中钢筋锈蚀的因素很多,主要有混凝土 pH 值、环境温度、氯离子浓度、混凝土的电阻抗、孔隙水饱和度、相对湿度、水灰比、养护龄期、保护层厚度以及水泥品种与掺合料等。

(4)运营因素

正在运营中的大跨径预应力混凝土梁桥,在建成开始时车流量较小,但随着当地经济的迅速发展,公路交通量明显增大。目前车辆超载现象普遍,超过桥梁设计荷载的车辆频繁过桥,导致桥梁关键部位出现无法恢复的变形,同时流量巨大对桥梁而言已等同于恒载,形成所谓活载徐变,造成主跨跨中异常的过度下挠。长期超载与大流量交通使用是诱发桥梁长期下挠的重要外界条件。

1.5.2 主要处治方法

1)拉索护套破损处治方法

在设计方面,建议按照最新的设计理念,采用双层 PE 的设计方案。施工过程中，注意在运输和安装过程中，对护套的保护。如发现PE破损现象，在施工期就应及时修补。

在运营阶段，对于钢绞线斜拉索的护套，是可以更换的。更换可使用哈弗护套。护套采用两个半圆形式，卡扣在一起，可以在不拆除斜拉索的情况下实现更换（图1.20）。

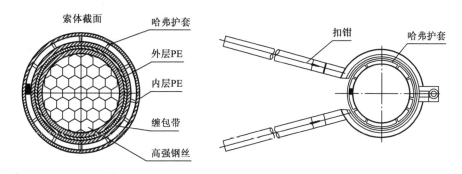

图1.20 哈弗护套构造及安装

但对于平行钢丝斜拉索使用的PE护套，目前尚无更换方法，只能对缺损部位进行局部处理。斜拉索PE护套破损分为轻微损伤、深度损伤、严重损伤（开裂或露钢丝）。

（1）对于表面PE轻微划伤，可直接进行打磨处理。

（2）对于深度损伤，应认真清洗损伤口，准备同颜色的PE条，采用专用PE焊枪进行修补，修补完后进行打磨处理。

（3）对于露钢丝的严重损伤，可将损伤PE剥除，检查钢丝情况。若发现钢丝有锈蚀，应先进行除锈处理。清洗损伤口完毕后，准备外层同颜色的PE条，采用专用PE焊枪进行修补，修补完后进行打磨处理。

此外，在斜拉索表面缠绕PVF保护带，可有效减少紫外线对拉索护套的损伤，延长拉索护套的使用寿命。

2）拉索振动异常处治方法

对于未设置螺旋线或坑点的斜拉索，发生风雨振时重新补设螺旋线。对因阻尼器损坏导致振动超限的斜拉索，应及时对阻尼器进行维修，必要时进行更换；对未设置阻尼器而发生振动超限的斜拉索，可增设内置或外置式阻尼器。

悬索桥吊杆的振动，可以通过选择合适的减振架进行抑制。建议在悬索桥施工阶段,即在实桥上开展针对减振架形式的实地试验。

3)索夹滑移处治方法

如果索夹发生轻微滑移,则需要对索夹周边重新做防腐处理,避免水分进入主缆。索夹螺杆预紧力出现损失后,应通过千斤顶进行补张。索夹抗滑移是索夹重要的设计控制因素。通常情况下,在设计张拉力降低至70%时,索夹仍能保证不小于3.0的安全系数。这通常作为运营期检测补张拉的标准。

需要指出的是,很多设计人员进行悬索桥设计时,并没有认识到索夹螺杆需要补张,附属设施遮挡了近半数量的螺杆,造成运营期检测和补张困难。有的把张拉端设置在下端,上端长度过小,不具备检测和张拉条件,检测和补张需要检修平台配合,十分烦琐。因此,对于该问题在设计阶段就应该充分考虑,为日后补张创造良好的条件。

4)吊杆腐蚀断裂处治方法

加强中、下承式拱桥的预防性养护理念,定期对吊杆及其附属构件进行维护,重点对吊杆下封锚的锚具、钢丝锈蚀进行检查与防腐处治。一旦发现腐蚀断丝现象,应及时更换吊杆。

此外,对上、下锚头在设计中、施工中,采用易于检查的结构形式,便于在桥梁使用过程中对上、下锚头进行打开检查,并补充完善方便实用、适于此类桥型的检修通道。

5)钢箱梁疲劳开裂处治方法

目前对于钢箱梁疲劳开裂的处治方法正处于实践检验中,具体处治方法主要有表1.4所列几种。

钢箱梁疲劳开裂处治方法 表1.4

方　法	说　明
裂纹焊合法	裂纹焊合法是一种常规的疲劳裂纹修复方法,一般可采用碳弧气刨、风铲等,将裂纹边缘加工出坡口直至裂纹尖端,然后用焊缝焊合
钻孔止裂法	钻孔止裂法通常作为钢箱梁疲劳裂纹修复的一种临时措施加以使用。当发现钢箱梁中萌生了疲劳裂纹时,如果无法立即更换受损构件或更换受损构件费用过高,可以采用钻孔止裂技术,在裂纹尖端钻孔消除裂纹尖端的应力集中,从而延长该构件的疲劳寿命
高强螺栓加固	在裂纹尖端区域钻孔,插入摩擦型高强螺栓,拧紧,利用摩擦力,改变应力集中区域的应力状况

续上表

方　　法	说　　明
钢板补强法	钢板补强法是另一种常用的疲劳裂纹止裂手段,补强钢板通过焊接或螺栓连接覆盖在开裂板材开裂区域之上,疲劳荷载通过补强钢板传递,大大减小了原有疲劳裂纹尖端的循环应力,从而达到止裂的目的
碳纤维补强法	碳纤维板用于钢结构疲劳裂纹的止裂、修复与钢板补强法机理相似,只是用碳纤维板代替补强钢板,粘贴在开裂板件之上
裂纹闭合锤击修复	裂纹闭合锤击修复技术,又称ICR(Impact Crack – closure Retrofit)修复处理。该方法的基本原理是用气动工具锤击,使钢材表面产生明显的塑性变形,通过塑性变形使开口的疲劳裂纹产生闭合,同时引入残余压应力,降低或消除因焊接造成的残余拉应力,从而改善疲劳裂纹表面的受力情况,延缓疲劳裂纹扩展速度,提高疲劳裂纹剩余寿命

6) 钢桥面铺装破损处治方法

钢桥面铺装结构形式繁多,常用的结构形式,包括浇筑式沥青混凝土、环氧沥青混凝土、反应性树脂沥青混凝土、沥青玛蹄脂碎石(SMA)等。近年来,新建成的钢箱梁桥上,也采用了ERS、ERE等铺装形式,其使用效果还有待检验。随着钢桥面铺装使用经验的积累、工艺的改进,其预期使用寿命已经从原来的5~8年提升到目前的8~10年。

对于钢桥面铺装的修补,主要包括灌缝和坑槽修补。灌缝适用于裂缝深度处于铺装层内,没有开展到钢板的裂缝,包括纵向裂缝、横向裂缝、环形裂缝等,裂缝上很少或没有支缝,裂缝面上铺装松散程度较轻或没有松散现象。当灌缝不能阻止病害继续发展时,应当对病害处进行直接挖除,并进行填补。由于温度对混凝土的施工和易性有较大影响,且与树脂混凝土固化时间密切相关,建议坑槽修补宜在温度较高的夏春季节施工,尽量避免在冬季,雨雪天气施工。

7) 锚碇渗水处治方法

在锚碇渗水的处治中,对于地下水渗入埋入锚体的处治最为困难。根据近几年的经验,主要采用堵、排、降相结合的方式。

(1) 堵。对地表做硬化处理,防止雨水从上部渗入。在锚室外围周边做止水帷幕,通过帷幕主动增加地下水渗流路径,降低水力坡降,以此来减小地下水渗透压力,减少向锚碇周边的渗水量。

(2) 排。通过排水廊道及排水幕排出锚碇周围地下水,降低渗水压力。

(3)降。锚碇周围设置井点降水系统,将积聚在锚碇周围的地下水抽出地表。

8)叠合梁桥面板渗水处治方法

对于叠合梁桥面板开裂渗水,一般可根据严重程度采取以下措施:

(1)若混凝土桥面板小范围开裂,应先去掉相应位置的桥面铺装层,再将开裂部分及周围一个板厚范围内的混凝土凿除,用高强度等级微膨胀混凝土填补。

(2)若混凝土桥面板大范围开裂,可参照原桥的施工工艺,采用更换预制桥面板或重新浇筑混凝土(混凝土桥面板现浇带)的方法。采用更换预制桥面板的方法,应在拆除原桥面板前将预制板预制完成,堆放至少6个月,以减少混凝土桥面板的收缩徐变所造成的影响;采用重新浇筑混凝土桥面板的方法,应在拆除旧桥面板后,采取措施使钢梁产生反拱,再浇筑混凝土。在混凝土的浇筑过程中,必须设置足够强度的临时支架,以减少浇筑过程中恒载对结构产生的不利影响。

(3)在钢梁顶面增设剪力键,加强桥面板与钢梁的整体性。这种方法可与以上方法联合使用。

此外,在设计、施工、材料、养护等方面采取表1.5中的预防措施,可有效减小叠合梁桥面板的渗水危害。

叠合梁桥面板渗水预防措施 表1.5

设计	(1)叠合梁斜拉桥设计时,桥面板受力应精细分析,混凝土收缩、徐变、温差等因素应考虑全面 (2)应通过纵向预应力钢筋增加桥面板的压应力,避免由于横梁顶负弯矩导致桥面板开裂 (3)桥梁设计时,应留有足够的纵横向坡度。为了迅速排除桥面上的雨水,防止雨水渗入梁体引起锈蚀而影响桥梁的耐久性、稳固性,确保桥梁的正常运营,除了在桥面铺装内设置防水层外,还应设置排水设施
施工	(1)做好斜拉桥的施工监控工作,保证设计纵坡,避免引起积水 (2)现浇带位置钢筋、剪力键、预应力管道集中布置,对混凝土浇捣不利,在实际施工时,应做好施工组织工作 (3)应特别注意沥青防水层的施工,减少水渗入混凝土的可能性 (4)预制桥面板应先在预制厂存放一段时间(一般为6个月以上)再进行吊装,以减少混凝土收缩

续上表

材料	混凝土现浇带应选用补偿收缩或微膨胀混凝土,以减少混凝土收缩
养护	在日常养护中,要加强排水系统的维护工作,保证排水管畅通。在发生桥面积水后,要及时清理

9)连续刚构桥跨中下挠

针对大跨径梁桥的跨中下挠问题,体外预应力加固是目前最为有效的手段。采用体外预应力加固,可以明显提高结构的承载能力、抗裂性能,且对结构恒载增加较小。可以通过不同的布置方案有针对性地解决结构的薄弱性问题。

1.6 结语

我国的基础设施已经进入存量管理时代,大跨度桥梁养护工作的比重增加、难度加大是各级管理部门共同面对的挑战。经多年发展,我国大跨度桥梁养护工作标准化程度得到提升,但面临的问题也比较严峻。本章通过分析大跨径桥梁养护现状及养护工作的主要问题,给出针对性研究成果及工作建议,期待桥梁管养及建设部门在设置检修通道、扫除养护工作盲区、建立完善的模式及制度、消除桥梁病害等方面投入更多的精力。随着既有桥梁使用寿命的增加及新建桥梁建成通车,我国大跨度桥梁养护工作将会愈加繁重,这既是挑战也是机遇。相信通过不断研究养护技术,探索桥梁养护理念,大跨度桥梁养护创新将成为助力我国基础设施事业蓬勃发展的重要动力之一。

冯良平　教授级高级工程师

教授级高级工程师。1994年毕业于同济大学桥梁工程系，1994至今在中交公路规划设计院有限公司（原交通部公路规划设计院）分别任助工、工程师、高级工程师、教授级高级工程师。

冯良平主要从事桥梁设计，桥梁监测、检测，桥梁加固设计与桥梁风险评估等。他作为主要设计人员完成了虎门大桥（部分）、南京二桥、三桥、青岛海湾大桥（部分）等大桥设计项目。作为项目负责人完成了铜陵长江大桥检测、加固设计、运营期结构安全监测与养护管理系统实施等项目。作为项目负责人完成了交通运输部2011、2012年度国家干线公路长大桥梁检测项目。现作为项目负责人正在进行港珠澳运营期结构监测与养护管理系统项目的实施。获得交通部优秀设计奖、国家优质工程设计金奖、中国公路学会科技进步奖、中交集团科技进步奖等奖项多项。

多年来冯良平发表论文10余篇，参与或参与完成了国家高技术研究发展计划（863计划）、国家科技支撑计划、交通部西部科技项目、交通部规范项目、中交集团科技项目等国家和省部级项目近10余项，获得专利和软件著作权多项。

第 2 章 钢箱梁横隔板疲劳开裂机理及补强

李传习,李游,陈卓异,柯璐
长沙理工大学桥梁工程安全控制教育部重点实验室,湖南省长沙市天心区万家丽南路二段960号,410004

2.1 引言

正交异性桥面板钢箱梁在国内外应用广泛,但疲劳问题突出。其病害常见6种[1]:①顶板与纵肋焊缝位置开裂;②纵肋接头位置焊缝开裂;③U肋间桥面板与横隔板焊缝开裂;④腹板垂直加劲肋与面板连接焊缝开裂;⑤U肋与横隔板连接焊缝处开裂;⑥与U肋邻近的弧形切口处横隔板母材开裂。

随着疲劳研究的不断深入、制造技术的不断进步,疲劳细节的设计与规范规定得到不断改进。如闭口纵肋与面板的焊接由"贴面焊接"逐渐改进为熔透深度达到纵肋壁厚的75%或80%的焊接、取消纵肋与面板连接焊缝通过横肋时的过焊孔、改进闭口纵肋连接嵌补段的钢衬垫板的平整契合度、取消主梁腹板竖向加劲肋与顶板的连接、顶板厚由12mm(如虎门大桥)增加到14mm(如西堠门大桥),甚至16mm(如嘉绍大桥)或18mm(港珠澳大桥)[2],这使得产生前5种疲劳裂纹的概率大大减小,有的甚至完全消除。

第6种疲劳病害位置(即与U肋邻近的弧形切口处)横隔板母材轮载应

力为压应力[3,4]。土木工程界传统认知认为:压-压循环不会引起疲劳,也无需疲劳验算[5,6],该处疲劳为轮载作用下的面外反复变形(或称次应力)所致[1]。但横隔板厚度薄、面外变形应力幅小,横隔板弧形切口处母材疲劳不考虑膜压应力幅影响,仅为面外反复变形所致的结论难以令人信服。相关规范[5-7]的"拉-压循环时压应力幅打折(如6折)计算,而压-压循环时可不验算疲劳"也存在逻辑上的不足。与"循环荷载下压应力较大,拉应力接近零与不出现拉应力两种情形的疲劳性能不应存在突变"的常识相悖。疲劳验算压应力幅打折(如6折)考虑可拓展应用到压-压循环。

事实上,机械工程领域已对金属材料进行了压-压循环的疲劳试验[8],发现了压-压疲劳现象和压-压对疲劳寿命的影响规律,并认为,压缩塑性区(微小)的形成是产生压-压疲劳的必要条件[9]。这或许从另一角度说明,压-压循环疲劳验算,压应力幅打折考虑的合理性。

新颁布的《公路钢结构桥梁设计规范》(JTG D64—2015)(以下简称《公路钢桥规范》)的正交异性桥面板疲劳验算采用损伤效应系数、交通流量系数、设计寿命影响系数等,其取值未见严格论证,是否合理或在合理区间值得检验。

前5种病害处治相对简单和成熟,一般采用开坡口补焊或者打磨重熔或者切除连接,严重者再进行局部补强或改进铺装层。第6种病害,即横隔板弧形切口疲劳裂纹,则可采用"弧形切口优化"(裂纹较短者)或"止裂孔＋弧形切口优化＋补强钢板"的加固方式(裂纹较长者)补强。

"弧形切口优化"或者弧形切口形状对疲劳的影响研究较多[10,11],本文不再详述,将直接给出优化后的弧形切口形式,并在此基础上进行分析。

文献[12]提出在正交异性钢桥桥面上添加第二块钢板的加固技术,以提高其抗疲劳性能。然而,补强钢板平面尺寸与厚度的变化对加固效果及附近区域应力影响未见相关报道。

本文拟结合2个背景工程(包括服役近10年的某桥),通过轮载应力分析和不同规范验算比较,研究新颁布的《公路钢桥规范》正交异性桥面板疲劳验算的相关系数取值合理性;通过服役背景工程的疲劳细节、交通载荷、病害特征、轮载应力结果等信息汇集,揭示横隔板弧形切口处母材疲劳开裂机理;通过分析补强钢板厚度、其边缘距顶板和U肋的距离等对加固附近区域应力的影响规律,以及两种弧形切口形状下的轮载应力结果对比,确定合理的补强细节尺寸。

2.2 桥梁概况与疲劳病害

2.2.1 新建背景工程(背景工程一)

某新建独塔斜拉桥,跨径布置为135m+260m,双向8车道,主梁采用PK断面钢箱梁,共划分为5种类型22个节段。其中,D类钢箱梁为标准断面,高3.58m、宽40.54m,顶板厚16mm,底板厚14mm,横隔板厚12mm,加强横隔板厚16mm,中纵腹板厚14mm,边纵腹板厚14mm,横隔板间距为3m。正交异性桥面系的纵向U肋断面为300mm×280mm×8mm,中心距为600mm。U肋、横隔板、顶板两两相交的焊缝喉高6mm。钢箱梁构造如图2.1、图2.2所示。该桥已于2016年年底竣工,暂不存在疲劳病害情况。

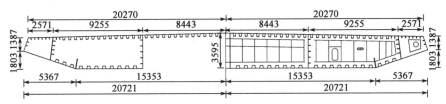

图2.1 钢箱梁标准横断面(尺寸单位:mm)

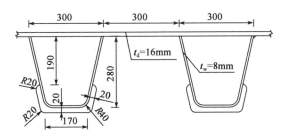

图2.2 横隔板与U肋交界处构造图(尺寸单位:mm)

2.2.2 服役背景工程(背景工程二)

某悬索桥主跨跨径350m,双幅10车道。顺桥向吊杆标准间距12m;主跨加劲梁为钢箱梁(图2.3),高3.5m,单幅宽20.468m(不含风嘴);标准断面的顶板厚16mm、底板厚14mm、边腹板厚16mm、实腹式纵隔板厚16mm。正交异性桥面系的纵向U肋断面为300mm×280mm×10mm,中心距为

600mm。横隔板间距为3.0m,非吊点处横隔板厚10mm(全幅单幅90道),吊点处横隔板厚12mm(全幅单幅共27道)。U肋、横隔板、顶板两两相交的焊缝喉高6mm。钢箱梁构造及裂纹在横桥向各处的分布如图2.3所示。横隔板与U肋交界处的弧形切口尺寸如图2.4所示。

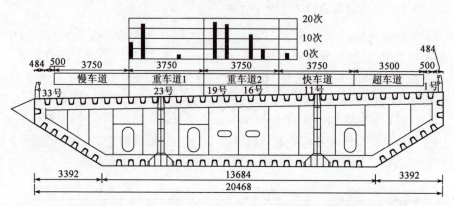

图2.3 钢箱梁标准横断面及左幅桥横隔板弧形切口母材裂纹数量分布(尺寸单位:mm)

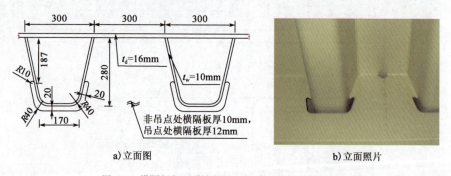

图2.4 横隔板与U肋交界处的构造图(尺寸单位:mm)

该桥于2006年建成通车。通车后交通量大,双幅达9.18万辆/d(2013年8月6日—8月15日连续10d观测结果为样本);超载超限车辆相对较多,许多车单轴重超过25.5t,样本周期内右幅桥(北行方向)实测最大车重为132.7t。重车道和快车道均存在超载现象(车道位置见图2.3),其中重车道超载现象最为明显,6.3%的车辆超载。

该桥经过9年左右的运行,发现4类疲劳病害(图2.5):

(1)横隔板弧形切口处母材开裂,左幅箱梁(南行方向)82处,右幅箱梁(北行方向)39处,左幅桥该类裂纹数量分布见图2.5,主要集中于重车道,位于车道轮迹线下方。

（2）纵隔板竖向加劲肋与桥面板的水平焊缝处开裂,全桥共 12 处。该病害是由构造不合理造成[13],较合理的构造是将纵隔板竖向加劲肋上端切除(切除 4～8cm 长),使竖向加劲肋不与桥面板接触。

（3）U 肋与横隔板连接焊缝处开裂,全桥共计 5 处。其中,下端围焊焊趾处 4 处,竖向裂纹 1 处(源于下端围焊焊趾)。

（4）U 肋间桥面板与横隔板焊接处开裂,全桥共计 3 处。

后两类病害数量少,发展慢,且与焊接质量有关,采取开坡口补焊或打磨重熔法处理即可。下面针对工程背景二,仅研究第 1 类病害的产生原因与补强方案。

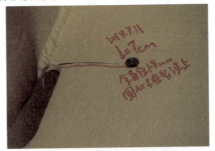

a) 横隔板弧形切口处母材开裂

b) 纵隔板竖向加劲肋与桥面板的水平焊缝处开裂

c) U 肋与横隔板连接焊缝处开裂

d) U 肋间桥面板与横隔板焊接处开裂

图 2.5　Ⅰ类病害典型照片

2.3　补强方案设计

背景工程一是正在新建的工程,不存在针对疲劳病害加固的问题。

针对背景工程二第 1 类疲劳病害,根据经验和定性分析,拟定下列 6 种补强方案进行比较,以选择最优方案。方案 A:弧形切口优化,优化半径为 35mm[图 2.6a)];方案 B:弧形切口优化 + 双面补强钢板,钢板上部距离顶板 65mm,厚度 10mm[图 2.6b)];方案 C:弧形切口优化 + 双面补强钢板,钢板上部距离顶板 85mm,厚度 10mm[图 2.6c)];方案 D:直接双面加补强钢板,钢板上部距离顶板 85mm,厚度 10mm,补强钢板两侧边缘到 U 肋的距离由方案 C 的 30mm 变更为 10mm[图 2.6d)];方案 E:将方案 B 的补强钢板厚度改为 4mm;方案 F:将方案 B 的补强钢板厚度改为 2mm。补强钢板与横隔板之间采用高强螺栓连接,螺栓之间的容许间距均满足《公路钢桥规范》中不小于 $3d_0$ 的要求,且顺内力方向或沿螺栓对角线方向至边缘的最小距离不小于 $1.5d_0$。经检验摩擦面抗滑移系数均满足《公路钢桥规范》要求,能有效保证接触良好且无滑移。

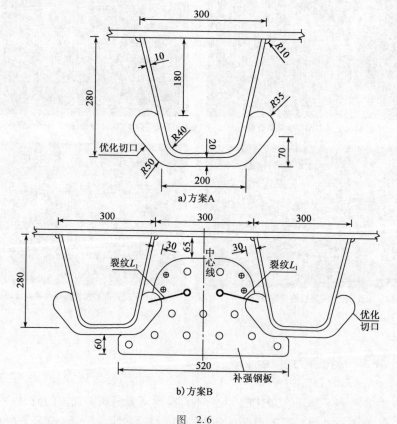

图 2.6

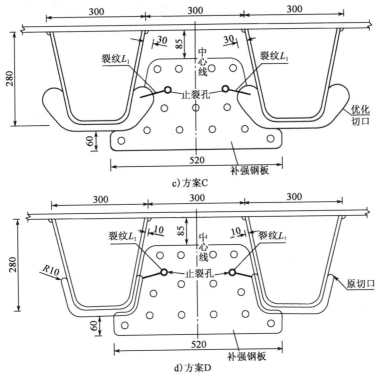

图2.6 横隔板弧形切口处补强方案大样图(单位:mm)

2.4 数值模型建立要点

2.4.1 基本假定

采用有限元法建立数值模型,具体假定如下:

(1)结构构件均处于弹性范围,不考虑材料非线性和几何非线性;

(2)吊索或斜拉索对钢箱梁的支承为刚性支承,不考虑主缆或斜拉索垂度、吊索或斜拉索弹性拉伸的影响。

(3)加强板与横隔板在高强螺栓作用下,接触良好且无滑移,两者的复合板受力符合法线假设。

第(3)条假定仅为工程背景二加钢板方案受力计算所增列。

考虑到服役背景工程(主要指横隔板弧形切口优化后保留边缘部分)已耗疲劳寿命不便估计和本文研究目的,其补强后的疲劳寿命计算采用"按新结构"计算的假定。

2.4.2 对象选取与荷载采用

计算选用有限元软件 ABAQUS6.14 进行。鉴于引发疲劳的正交异性桥面板轮载应力大、影响范围小,可选取两组吊索(两组斜拉索)之间长度 12m 的钢箱梁段作为对象。边界条件为约束钢箱梁两端,一端约束节点 DX、DY、DZ 三个方向平动自由度,另一端仅约束节点竖向位移。产生疲劳裂纹的主要原因为应力幅,其计算荷载采用《公路钢桥规范》中的疲劳荷载模型Ⅲ(图2.7)。考虑桥面铺装的扩散效应,取轮载作用面积为 $0.3m \times 0.7m$。

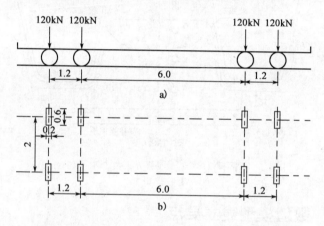

图2.7 《公路钢桥规范》中的疲劳荷载模型Ⅲ(尺寸单位:m)

2.4.3 单元划分

1)背景工程一的单元划分

桥梁养护管理系统最早出现在美国。1967 年美国锡尔弗(Silver)桥,由于一个螺栓孔的脆断而突然倒塌,致使 46 人丧生。此事件引起美国社会的普遍关注,人们开始意识到桥梁监测的必要性。1968 年,美国"国家桥梁状况数据库"(NBI)的建立,标志着世界上第一个桥梁养护管理系统诞生。随后美国国家桥梁检测标准(NBIS)颁布,要求对全美 6.1m 以上桥梁进行资产管理,至少两年一次由专业人员进行桥梁定期检查,由此美国进入了桥梁管理规范化阶段[6]。

其钢箱梁节段除关注部位外均采用板壳单元,关注部位(包括两道横隔板,2个U肋区间)采用实体有限元子模型。板壳单元区域网格尺寸为0.425m;实体单元区域平行板面网格尺寸为0.05m,重点关注部位平行板面网格细化到0.001m,横隔板沿板厚度方向划为4层。这种网格划分,有限元结果已收敛,网格模型如图2.8所示。

图2.8 某斜拉桥钢箱梁有限元模型

2)背景工程二的单元划分

其钢箱梁节段除关注部位外均采用板壳单元。鉴于16～19号U肋与横隔板交叉连接部位出现疲劳裂纹较多(U肋编号见图2.3,由超车道向慢车道依次编号),且疲劳裂纹多出现在10mm厚的非吊索处横隔板上,16～19号U肋与两相邻横隔板交叉连接所包含部位(包括两道10mm横隔板,4个U肋区间)确定为关注部位,采用实体单元,其范围长5m、宽2.4m。板壳单元区域网格尺寸为0.3m,实体单元区域平行板面网格尺寸为0.05m,重点关注部位平行板面网格细化到0.001m;原横隔板沿板厚度方向划为4层,每侧补强板各划分为2层。这种网格划分,有限元结果已收敛,网格模型如图2.9所示。

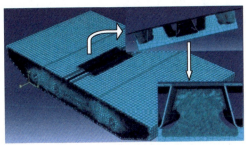

图2.9 某悬索桥钢箱梁有限元模型

2.4.4 加载工况

车轮荷载每次沿横向移动100mm,即可得5个横向加载工况;纵向1~7以150mm为间距进行车辆后移,纵向7~14以300mm为间距进行车辆后移,共14个纵向加载工况。以左后轮为参考轮,加载方式示意如图2.10所示,其余轮载位置按实际轮距和轴距布置,以确定最不利加载位置,并按照《公路钢桥规范》,考虑车轮在车道上的横向位置概率。

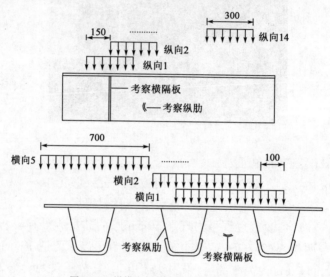

图2.10 纵横向加载位置(尺寸单位:mm)

2.5 补强效果的数值分析

2.5.1 横隔板弧形切口处母材轮载应力与抗疲劳特性

1)背景工程一

(1)最不利应力结果

计算表明:横向位置2、纵向位置5为横隔板弧形切口处轮载应力的最不利加载工况;横隔板弧形切口始终处于完全受压状态,且以面内变形引起的应力为主;弧形切口处Mises应力峰值为82.3MPa,主压应力峰值为-82.5MPa,应力云图如图2.11所示。

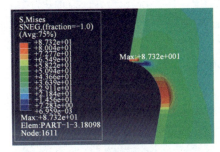
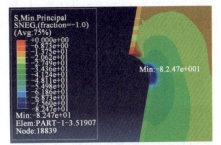

a) Mises应力云图　　　　　　　　b) 主压应力云图

图 2.11　弧形切口处不利工况应力云图

(2) 疲劳验算

基于相关规范的疲劳验算结果见表 2.1，采用《公路钢桥规范》验算时相关系数取值见表 2.2。具体疲劳细节类别和疲劳抗力相关系数取值过程见"2) 背景工程二"中的"疲劳验算"相关内容。

基于相关规范的疲劳验算结果 (单位：MPa)　　表 2.1

规范种类	容许疲劳应力幅	打折后计算应力幅	差　值
《钢结构设计规范》（GB 50017—2003）	69	57.8	富余 19.4%
《铁路桥梁钢结构设计规范》（TB 10002.2—2005）	—	—	压应力可不验算
《公路钢桥规范》（JTG D64—2015）	60.9	95.4	尚差 55.2%

基于《公路钢桥规范》验算时的相关系数取值　　表 2.2

类　别	γ_1	γ_2	γ_3	γ_4
大小	1.85	1.2	1	1

2) 背景工程二

(1) 原设计

① 最不利应力结果

计算表明：横向位置 2、纵向位置 5（即中后轴纵向对称横隔板加载）为横隔板弧形切口处轮载应力的最不利加载工况；各加载工况弧形切口处均出现明显的应力集中，且处于完全受压状态，主压应力方向正好与裂缝垂直;弧形切口处 Mises 应力峰值为 163.3MPa(此工况下,远近端面应力差几乎为 0),主压应力峰值为 -171.5MPa(此工况下,远近端面应力差几乎为 0),应力云图如图 2.12 所示。应力差(面外弯曲引起)最不利时,远端面应力为 -47.1MPa,近端面应力为 -49.4MPa,应力差 2.3MPa,仅为膜应力的 4.7%。

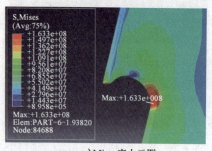

a) Mises 应力云图 b) 主压应力云图

图 2.12 原设计弧形切口处不利工况应力云图

②疲劳验算

a. 基于《钢结构设计规范》(GB 50017—2003)的疲劳验算

该规范规定的构件类别 7 的常幅应力循环 2×10^6 万次的容许疲劳应力幅为 69MPa,小于压应力幅打 7 折后的轮载应力幅 120.1MPa,疲劳抗力验算不满足《钢结构设计规范》要求,疲劳寿命达不到规定年限。

b. 基于《公路钢桥规范》(JTG D64—2015)的疲劳验算

疲劳效应计算中的损伤效应系数 γ_1、交通流量系数 γ_2、多车道效应系数 γ_4 等按照《公路钢桥规范》取值如下:

$$\gamma_1 = 2.55 - 0.1 \times (80 - 10) = 1.85$$

$$\gamma_2 = \frac{Q_0}{480}\left(\frac{N_{1y}}{0.5\times10^6}\right)^{\frac{1}{5}} = \frac{480}{480} \times \left(\frac{1.27\times10^6}{0.5\times10^6}\right)^{\frac{1}{5}} = 1.2$$

其中

$$N_{1y} = \frac{0.95pN_y}{j} = \frac{0.95\times0.4\times45900\times365}{5}$$
$$= 1.27\times10^6$$

全桥日车流量按实测 9.18 万计算,单幅桥日通行量 4.59 万,则

$$\gamma_4 = 1$$

疲劳抗力公式 $\left(\dfrac{k_s \Delta\sigma_c}{\gamma_{Mf}}\right)$ 中的各物理量,即尺寸效应折减系数 k_s、正交异性桥面板钢箱梁弧形切口疲劳细节类别 $\Delta\sigma_c$、疲劳抗力分项系数 γ_{Mf} 的取值,根据《公路钢桥规范》分别为 1、70MPa、1.15。

令疲劳抗力与效应相等,即

$$\gamma_{Ff}\Delta\sigma_{E2} = 1 \times (1+\Delta\Phi)\gamma(\sigma_{Pmax} - 0.6\sigma_{Pmin})$$

$$= 1 \times (1+0) \times \gamma \times 0.6 \times$$

$$\sqrt[3]{0.5 \times 171.1^3 + 0.18 \times 140.9^3 + 0.18 \times 152.5^3 + 0.07 \times 94.8^3 + 0.07 \times 109.3^3}$$

$$= \dfrac{k_s \Delta\sigma_c}{\gamma_{Mf}} = 60.9(\text{MPa})$$

即

$$\gamma = 0.654$$

由 $\gamma = \gamma_1 \cdot \gamma_2 \cdot \gamma_3 \cdot \gamma_4$,得

$$\gamma_3 = 0.295$$

由 $\gamma_3 = \left(\dfrac{t_{1D}}{100}\right)^{\frac{1}{5}}$,得

$$t_{1D} = 0.2 \text{ 年}$$

即疲劳寿命仅为 0.2 年,远小于该背景工程实际疲劳开裂寿命 8~9 年。

考虑上述应力特征、横隔板弧形切口母材疲劳裂纹出现的规律性、验算结果和文献[8,9]的试验结果,一种推论是:压应力幅耗费压-压循环的横隔板母材疲劳寿命(与机械工程领域所得结论基本一致[8]),面外反复变形最终导致疲劳开裂。换句话说:横隔板弧形切口处母材,没有足够循环次数、足够大小膜压应力幅,则不会因反复面外变形而疲劳;反之,只有足够次数、足够大小应力幅,没有面外反复变形,虽其疲劳寿命经压-压循环后大大降低,但也不会出现可见的疲劳裂纹。另一种推论是:弧形切口与U肋焊接或者热加工在此处引起了较大的残余拉应力,从而使得轮载应力的压-压循环,变为实际的拉-压循环而引起疲劳破坏。

(2)改进补强方案

①最不利应力结果

计算表明:横向位置2、纵向位置5为最不利加载工况;各加固方案弧形

切口处应力值均明显降低(降幅见表2.3),方案E加固效果最佳。按疲劳寿命与应力幅的立方成反比的关系,方案A的疲劳寿命延长至原来的4.96倍,方案E的疲劳寿命延长至原来的17.12倍。在优化弧形切口的方案中,随切口圆弧与U肋交点的切线与U肋腹板的夹角减小,母材轮载膜压应力幅值有所降低。限于篇幅,不予赘述。

各方案弧形切口处应力峰值　　　　　　表2.3

方　　案	Mises应力(MPa)	降幅(%)	主压应力(MPa)	降幅(%)
原设计	163.3	0	-171.5	0
方案A	95.7	41.4	-96.2	43.9
方案B	76.1	53.4	-80.2	53.2
方案C	74.3	54.5	-78.4	54.3
方案D	75.3	53.9	-75.7	55.9
方案E	63.3	61.2	-67.2	60.8
方案F	76.7	53.0	-77.5	54.8

②疲劳验算

下面仅列出方案B的疲劳验算结果,具体见表2.4。

方案B基于相关规范的疲劳验算结果　　　　　表2.4

规范种类	容许疲劳应力幅(MPa)	打折后计算应力幅(MPa)	差　值
《钢结构设计规范》(GB 50017—2003)	69	56.1	富余18.7%
《铁路桥梁钢结构设计规范》(TB 10002.2—2005)	—	—	压应力可不验算
《公路钢桥规范》(JTG D64—2015)	60.9	89.3	尚差46.6%

由上可见:背景工程一和背景工程二补强方案B的《公路钢桥规范》(JTG D64—2015)疲劳验算结论与前两种规范验算结论完全不同;背景工程二的《公路钢桥规范》疲劳计算寿命远小于实际寿命,且实际交通载荷远大于规范疲劳荷载;背景工程一的构造细节为目前通用等。据此,初步推断:《公路钢桥规范》(JTG D64—2015)的损伤效应系数等的取值或许偏大,将使设计的材料不必要增加,其取值值得商榷。

③横隔板弧形切口处母材的应力改善规律与受力模式

加固方案 B、C 分别采用距离顶板 65mm 和 85mm 的补强钢板,弧形切口处最大压应力分别为 -80.2MPa 和 -78.4MPa,仅相差 1.8MPa,可知采用两种距顶板不同高度的补强钢板对弧形切口处应力影响很小。

加补强钢板后弧形切口处出现两个应力集中区(图 2.13 中的位置 a 和位置 b),且均为受压区。位置 a 为弧形切口与补强钢板边缘交界处,位置 b 为弧形切口起弧点附近。图 2.14 表明,加固方案 B、C(补强钢板厚 10mm)位置 a 的最大压应力比位置 b 大 40MPa 左右;加固方案 E(补强钢板厚 4mm)位置 a 和位置 b 的应力基本接近;加固方案 F(补强钢板厚 2mm)位置 a 的最大压应力比位置 b 小 18.5MPa。可知随补强钢板厚度减小,位置 a 的应力逐渐减小,位置 b 的应力逐渐增大;加固方案 E(补强钢板厚 4mm),位置 a 主压应力为 -67.2MPa,位置 b 主压应力为 -63.3MPa,两位置应力基本接近,弧形切口处应力峰值最小,为最优加固方案。

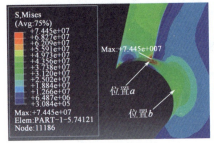
a) Mises 应力云图

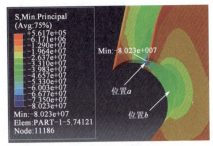
b) 主压应力云图

图 2.13　方案 B 弧形切口处不利工况应力云图

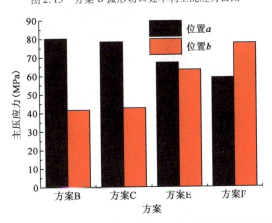

图 2.14　加补强钢板弧形切口处位置 a、b 不利工况主压应力值

为进一步了解弧形切口处的受力模式,将横隔板近荷载端表面称为近端面,远荷载端表面称为远端面。对各方案,荷载分别作用于纵向位置5(中后轴纵向对称横隔板加载)和纵向位置13(中轴位于两横隔板正中间)时弧形切口处三个面(中面、近端面、远端面)的受力进行对比。仅列出方案A、B的计算结果,如图2.15、图2.16所示,图中$hmzn$表示轮载位于横向加载位置m,纵向加载位置n,沿弧形切口路径指从横隔板与U肋连接焊缝焊趾处到起弧点位置的圆弧路径。

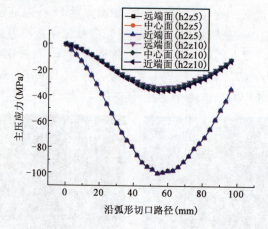

图2.15 方案A弧形切口处三个面应力对比

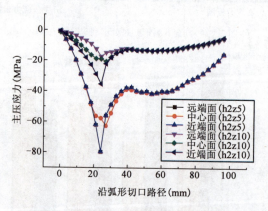

图2.16 方案B弧形切口处三个面应力对比

计算结果表明,当中后轴纵向对称横隔板加载时,原设计与方案A(弧形切口优化后)三个面的应力差值基本为零,方案B~方案D(加补强钢板后)在弧形切口与补强钢板边缘交界处20mm范围内(图2.13中位置a),由于板厚突变,原横隔板母材的表面与中心面存在一定应力差值,其中方案B原板表面应力比中心面大20MPa左右,方案E表面应力比中心面大10MPa左右;当中轴位于两横隔板正中间时,原设计与方案A(弧形切口优化后)三个面的应力差值均在5MPa以内,方案B～方案D(加补强钢板后)在弧形切口与补强钢板边缘交界处30mm范围内(图2.13中位置a)原横隔板母材的两表面存在一定应力差值,方案B近端面与远端面应力差值为19.6MPa,为主应力值的53.7%,方案E近端面与远端面应力差值为9.55MPa,为主压应力值的33.3%。

以上分析可知:方案A较原设计有较大应力改善,疲劳寿命可由原来的9年延长至80年;补强钢板高度在一定范围变化对弧形切口周边应力影响不大;补强钢板厚度宜取4mm(原板厚度的1/2.5～1/2)(过厚,可能在补强板边缘处母材上形成新的疲劳敏感点);原设计与方案A弧形切口处因面外变形引起的应力均很小;加补强钢板后在弧形切口与补强钢板边缘交界处因面外变形引起的应力相对较大,且随钢板厚度减小而减小;板厚突变处,即使是关于横隔板中面的对称载荷,沿板厚方向也有较大面内的应力差。

2.5.2　背景工程二各方案横隔板与U肋连接处轮载应力与抗疲劳特性

1) 横隔板与U肋连接处的横隔板焊趾位置

横向位置2、纵向位置5为各方案横隔板与U肋连接处横隔板受力最不利加载工况;各加载工况下横隔板与U肋连接处焊缝尾端均出现明显应力集中,且为拉应力;各方案该部位远、近端面的应力差值都很小,主要为膜应力。

远端面、近端面横隔板上焊趾处的热点应力值,采用距焊趾$0.4d$和$1.0d$的应力线性外推[14,15]得出,如图2.17所示。

原设计横隔板与U肋连接处横隔板远端面上焊趾处热点应力为80.8MPa,近端面上焊趾处热点应力为70.9MPa,应力云图如图2.18a)所示;而补强钢板边缘距离U肋仅10mm的方案D,横隔板远端面上焊趾处热点应力增至99.2MPa,近端面上焊趾处热点应力增至83.6MPa;而方案A对弧形切口优化后,横隔板远端面上焊趾处热点应力降至10.6MPa,近端面上焊趾处热点应力降至 7.8MPa,可知弧形切口优化对横隔板与 U 肋连接处横隔板焊趾位置应力有明显改善作用;方案 B、C、E、F 与方案 A 相比,应力值变化很小,可见切口优化后再加补强钢板时,由于补强钢板边缘距离 U 肋 30mm,对该处应力几乎没影响。

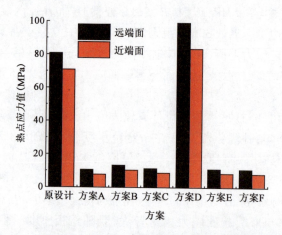

图 2.17　横隔板与 U 肋连接处横隔板焊趾处不利工况应力值

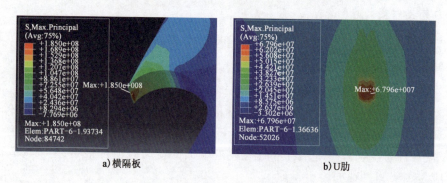

a) 横隔板　　　　　　　　　　　　b) U 肋

图 2.18　原设计横隔板与 U 肋连接处不利工况应力云图

文献[14]和文献[16]中指出,采用名义应力法时分散的试验结果转化成热点应力后变得很集中,且均位于《美国公路桥梁设计规范》[17]的 C 级 S-N 曲线上方,因此可以采用 C 级作为各构造的热点应力疲劳等级,即 2×10^6 万次对应的容许应力脉为 90MPa,常幅疲劳极限为 53MPa。加固方案 D 中,横隔板上焊趾处热点应力达到 99.2MPa,已超过容许应力脉 90MPa,不满足规范要求,将在补强板边缘处母材上形成新的疲劳敏感点。而加固方案 A、

B、C、E、F 能有效改善该部位应力,应力均降至 15MPa 以下,满足《美国公路桥梁设计规范》中的 C 级疲劳等级和《公路钢桥规范》要求。

2)横隔板与 U 肋围焊处的 U 肋焊趾位置

横向位置 2、纵向位置 5 为各方案横隔板与 U 肋围焊处的 U 肋受力最不利加载工况;横隔板与 U 肋围焊处 U 肋焊趾位置按上述方法线性外推可得 U 肋腹板外表面受拉应力(热点应力),内表面受压应力。各方案内外表面最不利应力,如图 2.19 所示。

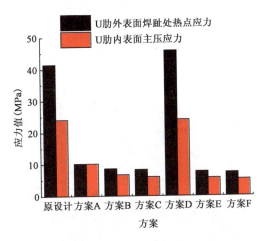

图 2.19　横隔板与 U 肋围焊处 U 肋焊趾位置不利工况应力值

原设计横隔板与 U 肋围焊处的 U 肋焊趾位置热点应力为 41.5MPa,应力云图如图 2.19b)所示。而采用方案 D 加固后,该处热点应力增至 45.8MPa,可见补强钢板边缘距离 U 肋太近,也会导致横隔板与 U 肋围焊处 U 肋焊趾位置应力增大;方案 A 对弧形切口优化后,该处热点应力降至 10.2MPa,可知弧形切口优化对 U 肋焊趾位置应力也有改善作用;方案 B、C、E、F 与方案 A 相比,应力值变化很小,可见切口优化后再加补强钢板时,对 U 肋焊趾处的应力几乎没影响。各方案横隔板与 U 肋围焊处的应力值均满足《美国公路桥梁设计规范》中的 C 级疲劳等级和《公路钢桥规范》要求。

3)横隔板与桥面板连接处的横隔板焊趾位置

横向 2、纵向 1 为各方案横隔板与桥面板连接处横隔板焊趾出现最大主拉应力的加载工况;横向 3、纵向 1 则为出现最大主压应力与最大 Mises 应力的加载工况。采用距焊趾 $0.4d$ 和 $1.0d$ 的应力线性外推,得出各方案横隔板上焊趾处的热点应力值,如图 2.20 所示。原设计远端面上热点应力为 7.2MPa,近端面上为 6.9MPa;切口形状不变的方案 D 远端面上热点应力为 8.4MPa,近端面上为 7.9MPa,边缘尚有一定距离的双面加补强钢板对该处应力几乎没有影响。方案 B 与方案 C 该处应力基本相等、方案 E 和方案 F 较方案 B 相应应力变化很小等也印证了这一结论。仅弧形切口优化(增大半径)的方案 A 远端面上焊趾处热点应力为 18.0MPa,近端面上为 17.6MPa,比原设计增加了 1 倍以上,弧形切口半径增大,横隔板削弱,导致相应应力显著增大。原设计和 6 种加固方案,横隔板与桥面板连接处横隔板上热点应力均在 20MPa 以下,均满足《美国公路桥梁设计规范》中的 C 级疲劳等级和《公路钢桥规范》要求。

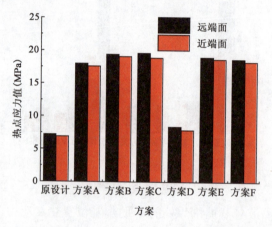

图 2.20 横隔板与桥面板连接处横隔板焊趾位置不利工况应力值

4)横隔板与桥面板连接处的桥面板焊趾位置

横向位置 2、纵向位置 1(既横隔板正上方)为各方案横隔板与桥面板连接处桥面板受力最不利加载工况。横隔板与桥面板连接处桥面板焊趾位置按上述方法线性外推所得顶面受拉应力(热点应力),底面受压应力,各方案顶底面不利工况应力,如图 2.21 所示。由图 2.21 可见,各方案横隔板与桥面板连接处桥面板顶面主拉应力基本没变,底面主压应力有一定程度增加,但应力值都很小,均满足《美国公路桥梁设计规范》中的 C 级疲劳等级和《公路钢桥规范》要求。

综上可知,采用"弧形切口优化 + 双面补强钢板"处治方案,方案 E 的效果最佳。

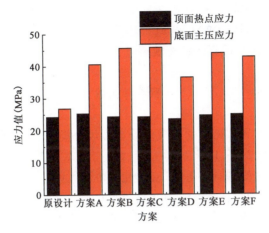

图 2.21 横隔板与桥面板连接处桥面板焊趾位置不利工况应力值

2.6 结语

(1)《公路钢结构桥梁设计规范》(JTG D64—2015)疲劳验算损伤效应系数等取值或许偏大,将过多地增加不必要的材料耗费,其取值值得商榷。当然,这来自欧洲规范规定的合理性尚有待更多实际桥梁正交异性桥面板横隔板疲劳统计结果的验证。

(2)横隔板弧形切口处母材的轮载应力主要为膜压应力;"轮载压应力幅耗费压-压循环的横隔板母材疲劳寿命,面外反复变形最终导致其疲劳开裂"的推论与"横隔板与U肋焊接或者其热加工在弧形切口远离U肋的起弧点附近引起了较大的残余拉应力,从而使得轮载应力的压-压循环,变为实际的拉-压循环而引起疲劳破坏"推论,哪种更符合实际,有待进一步研究。

(3)弧形切口形状对横隔板与U肋连接处及横隔板母材轮载应力及其峰值影响较大;服役背景工程横隔板弧形切口半径10mm太小,需适度增大(如35mm),且其与U肋交点的切线与U肋腹板的夹角宜尽可能小。

(4)在服役背景工程中,横隔板母材裂纹较短者(优化后,裂纹自然切除)可采用"弧形切口优化"的处治方案;较长者可采用"止裂孔+弧形切口优化+双面补强钢板"处治方案。

(5)补强钢板对补强以外稍远部位(如板厚2~3倍以上)的应力影响可忽略。补强钢板尺寸可全桥统一:其边缘距顶板可取65mm(应覆盖裂纹全长),距 U 肋宜取 30mm(原板厚的 3 倍)(太近,会导致横隔板与 U 肋连接焊缝处应力增大);厚度宜取为 4mm(原板厚度的 1/2.5~1/2)(过厚,将在补强板边缘处母材上形成新的疲劳敏感点)。

本章参考文献

[1] 曾志斌. 正交异性钢桥面板典型疲劳裂纹分类及其原因分析[J]. 钢结构,2011,26(2):9-15.

[2] 张允士,李法雄,熊锋,等. 正交异性钢桥面板疲劳裂纹成因分析及控制[J]. 公路交通科技,2013,30(8):75-80.

[3] 王春生,付炳宁,张芹,等. 正交异性钢桥面板足尺疲劳试验[J]. 中国公路学报,2013,26(2):69-76.

[4] 唐亮,黄李骥,王秀伟,等. 钢桥面板 U 肋-横隔板连接接头应力分析[J]. 公路交通科技,2014,31(5):93-101.

[5] 中华人民共和国国家标准. GB 50017—2003 钢结构设计规范[S]. 北京:中国计划出版社,2003.

[6] 中华人民共和国行业标准. TB 10002.2—2005 铁路桥梁钢结构设计规范[S]. 北京:中国铁道出版社,2005.

[7] 中华人民共和国行业标准. JTG D64—2015 公路钢结构桥梁设计规范[S]. 北京:人民交通出版社股份有限公司,2015.

[8] 冯美斌,陈新增,何家文. 40Cr 钢压应力疲劳试验研究[J]. 机械工程材料,1992,16(2):11-14.

[9] 曹智强,由宏新,丁信伟. 含缺口结构压疲劳失效研究[J]. 机械设计与制造,2005,10:155-156.

[10] 高立强. 横梁腹板切口形状对正交异性钢桥面板疲劳性能的影响研究[J]. 铁道标准设计,2014,58(12):67-70.

[11] 唐亮,黄李骥,刘高. 正交异性钢桥面板横梁弧形切口周边应力分析[J]. 公路交通科技,2011,28(6):83-90.

[12] Teixeira de Freitas, Sofia (Delft University of Technology); Kolstein, Henk; Bijlaard, Frans. Structural Monitoring of a Strengthened Orthotropic Steel Bridge Deck Using Strain Data[J]. Structural Health Monitoring, 2012, 11(5), 558-576.

[13] 中交公路规划设计院有限公司,中国铁道科学研究院,浙江省舟山连岛工程建设指挥部. 正交异性钢桥面系统的设计和基本维护指南[S]. 2010.

[14] 蒲黔辉,高立强,刘振标,等. 基于热点应力法的正交异性钢桥面板疲劳验算[J]. 西南交通大学学报,2013,48(3):395-401.

[15] 张清华,崔闯,卜一之,等. 港珠澳大桥正交异性钢桥面板疲劳特性研究[J]. 土木工程学报,2014,47(9):110-119.

[16] BHARGAVA A. Fatigue Analysis of Steel Bridge Details:HotSpot Stress Approach[D]. Washington D. C.:The George Washington University,2010.

[17] American Association of State Highway and Transportation Officials. AASHTO LFRD bridge design specification[S]. Washington D. C.:American Association of State Highway and Transportation Officials,2007.

李传习　教授

博士、博士生导师，1984本科毕业于湖南大学路桥专业，1987年硕士毕业于西安公路学院桥梁与隧道专业，2006年博士毕业于湖南大学桥梁与隧道工程专业。先后担任长沙交通学院桥梁实验室主任、桥梁工程系系主任、长沙理工大学土木与建筑学院副院长、院长等。现为长沙理工大学桥梁结构理论与新技术新工艺方向的学术带头人，国家级"新世纪百千万人才工程"人选，全国交通青年科技英才，湖南省"121人才工程"第一层次人选，享受国务院"政府特殊津贴"。

主持国家自然科学基金面上项目3项，为科学技术部"973"项目主要研究人员；主持完成了佛山平胜大桥、杭州江东大桥、张花高速澧水大桥、郑州桃花峪黄河公路大桥、岳阳洞庭湖大桥、株洲建宁大桥、南宁永和大桥、张花高速猛洞河大桥、汝郴高速三店江大桥等悬索桥、斜拉桥、拱桥、梁桥等各种桥型近40座特大型桥梁的施工控制和研究工作。发现了索段状态方程无解情形，提出了带惩罚因子的搜索算法；发明了垂度适应性广的主缆架设简便精细调索技术、自锚式悬索桥散索套无支撑体系转换技术、钢梁顶推架设的相位变换技术、单模数搜索合成法和柔性橡胶滑道技术等；提出组合截面时变止效应分析理论、系杆更换的"半可视锯断法"、斜拉桥前支点挂篮施工的四步张拉法等。目前，正在进行正交异性桥面板疲劳问题研究。

获国家科技进步二等奖2项、省部级科技进步一等奖4项，出版专著3本，发表论文200余篇，获发明专利7项、软件著作权3个。

第3章 钢桥疲劳冷维护方法研究与应用

王春生[1]，翟慕赛[1]，崔冰[1]，王金权[2]，于兴泉[3]，段兰[1]

1. 长安大学公路大型结构安全教育部工程研究中心，陕西省西安市南二环路中段，710064
2. 宁波市杭州湾大桥发展有限公司，浙江省宁波市慈溪市庵东镇虹桥大道1号，315033
3. 杭州湾跨海大桥管理局，浙江省宁波市慈溪市庵东镇虹桥大道1号，315033

3.1 引言

由于受交通荷载增加、环境耦合效应、生产加工缺陷客观存在、疲劳设计考虑不足等因素的影响，钢桥的疲劳问题突出，成为影响钢桥安全与使用寿命的关键因素[1]。许多钢桥因疲劳断裂问题产生了不同程度的损伤，甚至发生垮塌，造成了严重的生命与财产损失[2]。钢桥的疲劳裂纹常见于腹板间隙面外变形细节和正交异性钢桥面板典型细节。在钢桥设计中，为了避免腹板竖向加劲肋和受拉翼缘板的焊接细节发生疲劳失效，常在腹板竖向加劲肋和翼缘板之间留有一定高度的腹板间隙，在车辆荷载作用下，相邻主梁之间出现相对挠度差，主梁之间的横梁会传递给竖向加劲肋一个作用力，使得面外刚度较小的腹板在间隙处发生面外弯曲变形，引起较高的疲劳应力幅，从而导致该处萌生疲劳裂纹。美国学者研究表明，钢桥中大约90%的疲劳裂纹是由面外变形引起的[3]。正交异性钢桥面板因其自重轻、承载能力大、施工周期短、结构造型美观等特点，被广泛应用于现代大、中跨径桥梁[4,5]，但由于其构造复杂，应力集中程度和焊接残余应力高，在车辆荷载作用下易产生疲劳损伤[6]。正交异性钢桥面板的疲劳开裂现象最早出现在英国的Severn桥，该桥于1971年被发现疲劳开裂[7]。在1960年和1968年分别投入使用的德国Haseltal和Sinntal桥，在运营后不久，在钢桥面板中发现了疲劳裂纹[8]。此外，荷兰、日本等国家也有正交异性钢桥面板疲劳开裂的情况发生[9-13]。我国自虎门大桥开始，新建的大跨度桥梁开始大量采用正交异性钢桥面板[14]。与国外情况相近，我国多座采用正交异性钢桥面板的桥梁也面临着同样的早期疲劳开裂问题，在虎门大桥、江阴长江大桥的正交异性桥面板中已发现疲劳裂纹[4,15]。由于铁路列车荷载较重，使得铁路钢桥疲劳问题不容忽视，某铁路钢板梁桥在运营20余年后发现多处面外变形疲劳裂纹[16]。

为确保钢桥的疲劳使用安全，合理延长使用寿命和维护周期，研发钢桥疲劳维护方法十分重要。各国学者一直致力于钢桥疲劳损伤修复研究，英国Severn桥钢桥面板出现疲劳裂纹后开展了维护工作，主要是对封头板与纵肋下边缘连接处焊缝、纵肋端头与横梁连接处角焊缝、顶板与纵肋连接角焊缝等位置的维护，钱冬生教授对该桥的维护方法进行了总结分析[8]。Rodriguez-Sanchez等[17]通过疲劳试验研究，建议当疲劳裂纹发生在角焊缝焊趾处、裂纹深度小于6mm时，可采用钨极惰性气体保护焊（TIG）重熔法进行维修。荷兰的Kolstein[18]对纵肋-桥面板连接、纵肋-横隔板连接、纵肋对接和顶板对接等典型焊接细节的疲劳裂纹成因进行了分析，评述已有的疲劳维护方法。Bowman等[19]通过疲劳试验，研究了焊接工字钢梁面外变形疲劳细节的栓接角钢加固方法。

对于钢桥中出现的疲劳开裂问题，传统修复方法一般需要中断交通，施工工艺复杂，修复代价昂贵，且很难达到预期修复效果。近年来，研究人员对传统维护方法进行归纳总结，并加以改进，提出了不中断交通、对原结构损伤较小、避免诱发二次疲劳开裂的维护技术。本章基于钢桥面外变形疲劳细节和正交异性钢桥面板典型细节的疲劳损伤机理，提出冷连接钢板（角钢）、超高性能纤维混凝土组合层等具有零损伤或微损伤技术特征的冷维护方法，对钢桥疲劳开裂细节进行加固。通过疲劳试验和工程实践，确定钢桥疲劳冷维护技术的可靠性和工程可实施性,并通过加载测试、运营监测和数值断裂力学模拟进行加固效果评价,以验证钢桥疲劳损伤冷维护的技术效果。

3.2 钢桥疲劳维护方法

3.2.1 传统疲劳维护方法

传统钢桥疲劳维护方法,主要以机械修复和焊接热修复为主。其中机械修复,主要包括钻止裂孔法和锤击法等;焊接热修复主要采用重熔法和加焊钢板法。

1)钻止裂孔法

钻止裂孔法是指在裂纹扩展路径上、距裂纹尖端一定距离处设置光滑的圆孔,其修复原理是通过止裂孔降低裂纹尖端的应力集中,以阻止或延缓疲劳裂纹的继续扩展(图 3.1)。钻止裂孔法是一种临时的修复措施,施工方便、成本较低且不妨碍交通,是钢桥最常用的疲劳修复方法,其修复效果主要取决于疲劳裂纹在止裂孔边缘的再生寿命。在钻止裂孔基础上,冷扩孔、植入栓钉或对孔边施加预压力均能提升止裂效果。此外,止裂孔直径、钻孔位置以及裂纹形式均对止裂效果有直接影响。

采用止裂孔进行钢桥疲劳维护时,当裂纹附近的应力超过材料屈服应力时,其阻止疲劳裂纹扩展的效果有限。Duprat[20]等提出可对止裂孔进行冷扩来阻止裂纹再次萌生。Choi等[21]以韩国 Kwang-Ahn 大桥为工程背景,在足尺疲劳试验中纵肋与横隔板连接焊缝处的疲劳裂纹尖端设置止裂孔,荷载循环次数仅增加 1.5 万次,便在止裂孔边缘发现新的疲劳裂纹,表明止裂孔不能有效阻止该细节疲劳裂纹的扩展。

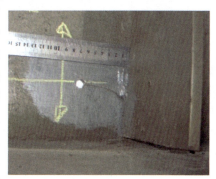

图 3.1 钢桥疲劳裂纹的止裂孔维修法

2)重熔法

重熔法(重新焊接法)针对的是对已出现疲劳裂纹的焊缝,采用将原焊缝刨去、重新焊接的方法。该方法可以修复焊缝位置的疲劳裂纹,达到延长使用寿命的目的。重熔法的工艺流程，主要包括：①用碳弧气刨清除裂纹部位；②确认裂纹清除后，将坡口打磨光滑；③预热后采用手工焊修复；④修复完成后进行无损检测，保证重新焊接质量。

早期正交异性钢桥面板修复时常采用重熔法。例如，在维修 Severn 桥顶板与纵肋连接角焊缝疲劳裂纹时，采用将原有角焊缝去除、在纵肋腹板开坡口重焊、加大角焊缝的长度和焊喉厚度的方法[8]。法国学者 Mehue[22] 针对萌生于焊根，并穿透顶板的裂纹，采用去除铺装层、打磨坡口并重新焊接的方法（图 3.2）。日本对顶板与纵肋连接焊缝裂纹多采用从顶板开坡口，采用熔透焊进行重新焊接，现在正研究采用带 TIG 惰性气体电弧焊的台车深入纵肋内部进行焊接的新方法。正交异性钢桥面板疲劳敏感细节中顶板与纵肋连接焊缝一般比较隐蔽，发现时已经沿纵向扩展一定的长度，修复时需要将铺装层清除，完成后再进行局部铺装，施工工艺复杂、影响正常交通且成本较高。

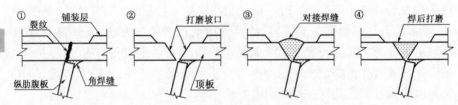

图 3.2 顶板与纵肋连接焊缝的重熔修复

3）加焊钢板法

钢桥构造细节疲劳开裂后，局部刚度降低、位移增大，可以采用加焊钢板法对开裂区域进行补强。法国学者 Mehue[22] 针对不同开裂程度的正交异性钢桥面板提出了一系列维护方法，对于顶板与纵肋连接细节出现较长的不平整裂纹，可使小型加强角板焊接于开裂区域，也可以在顶板开裂区域采用角焊缝加焊钢板以增强局部刚度、减小局部变形，如图 3.3 所示。如果裂纹扩展到一定长度，影响到桥面行车安全时，此方法便不再适用。该情况下，应采取更换疲劳损伤部位或采用其他更为有效的修复方法。加焊钢板法，一般能够在较短时间封闭车道的情况下完成，但由于裂纹会很快扩展或出现在加焊钢板的角焊缝处，修复效果不是十分理想。加焊钢板法，一般在现场进行，施工存在一定难度，现场焊接质量不易保证，因此在实桥正交异性钢桥面板修复中使用不多。

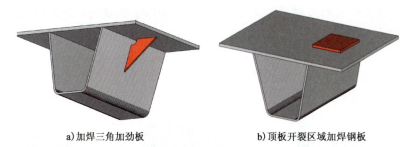

a) 加焊三角加劲板　　　　b) 顶板开裂区域加焊钢板

图 3.3 正交异性钢桥面板加焊钢板维修法

工程实践结果表明,传统的焊接热维护技术不仅加固效果欠佳,而且会给原结构带来新的疲劳细节和二次损伤。因此,研发合理、高效且损伤较小的钢桥疲劳维护技术十分必要。

3.2.2 钢桥疲劳冷维护方法

钢桥疲劳冷维护方法,指在钢桥疲劳损伤修复过程中不引入新的焊接疲劳细节,修复工作对原结构无损伤或微损伤,且不影响再修复工作的维护方法。冷维护方法,主要包括冷连接板件法和改善铺装层法两大类。冷维护材料以钢材、纤维板和各种高性能混凝土为主,冷连接形式包括粘贴、栓接和粘-栓混合连接等。针对钢桥不同疲劳开裂细节的具体状况,可以采用多种连接方式、多种加固材料并存的混合冷维护方法。

1) 冷连接板件法

冷连接板件法是指采用适当的冷连接形式将加固板件固定在疲劳开裂区域,使其与开裂部位共同受力,以达到增强局部刚度、阻止疲劳裂纹扩展的效果。冷连接形式可以采用高性能结构胶、高强螺栓或自攻螺栓连接[23,24]。

对钢桥腹板间隙面外疲劳裂纹进行维护时,常采用角钢将翼缘板与加劲肋进行连接,以提高腹板间隙处的刚度,从而降低该处的面外变形以避免新裂纹的萌生和已有裂纹的扩展。常用的角钢冷维护方法有粘贴、栓接和粘-栓混合连接法。粘贴角钢法,即采用角钢维修构件将工字钢梁的翼缘板和加劲肋之间,通过一定厚度的高性能结构胶粘贴,以达到加固的目的。粘贴角钢加固避免了对翼缘板产生损伤,且有效提高了腹板间隙处的刚度,维护效果较好,加固形式如图 3.4a) 所示。栓接角钢法通过螺栓将角钢、翼板与加劲肋进行连接[图 3.4b)]。该法虽然连接可靠,但需要凿除部分混凝土桥面板来完成翼板制孔和螺栓安装,从而会带来翼板的损伤和交通的中断。粘-栓混合连接方法是在加固角钢与翼缘板之间采用粘贴连接,加固角钢与加劲肋之间采用螺栓连接。这种方法结合了粘贴和栓接方法的优势,既避免了因在翼缘板上开孔并凿除混凝土桥面板的技术弊端,又提高了连接的牢固程度,加固形式如图3.4c)所示。

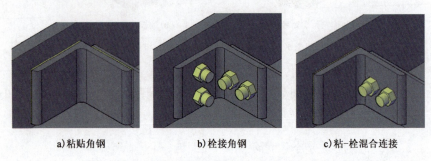

a)粘贴角钢　　　　b)栓接角钢　　　　c)粘-栓混合连接

图3.4　钢桥腹板间隙面外变形疲劳冷维护方法

正交异性钢桥面板的疲劳易损部位主要集中在顶板与纵肋连接细节、纵肋与横隔板连接细节、横隔板挖孔细节和纵肋拼接细节[4]。顶板与纵肋连接细节的疲劳裂纹,主要出现在横隔板和相邻两横隔板跨中附近。纵肋连续穿过横隔板时,顶板在纵肋之间受横隔板的支撑,荷载作用在纵肋上方时将会引起顶板的变形,产生局部弯曲应力,导致纵向焊缝开裂。此细节处疲劳裂纹可以通过粘贴钢板或角钢对开裂细节进行加强,考虑施工因素可以考虑将纵肋腹板一侧钢板改用自攻螺丝连接,形成混合连接,如图3.5所示。

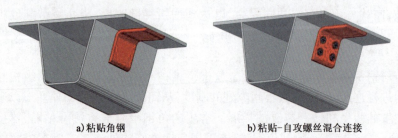

a)粘贴角钢　　　　　　b)粘贴-自攻螺丝混合连接

图3.5　顶板与纵肋连接细节冷维护方法

纵肋与横隔板连接细节通过角焊缝连接,纵肋与横隔板之间的安装容许误差较小,该细节处疲劳裂纹,主要以萌生于焊趾处并沿纵肋腹板或横隔板扩展的疲劳裂纹为主。此类疲劳裂纹可以通过粘贴、栓接或粘-栓混合连接角钢的方式加固(图3.6)。同时,增强纵肋腹板和横隔板的局部刚度,减小面外变形,抑制疲劳裂纹进一步扩展。

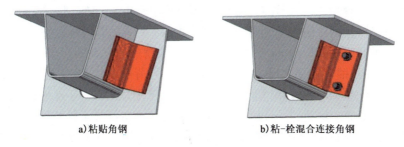

a)粘贴角钢　　　　　　　b)粘-栓混合连接角钢

图3.6　纵肋与横隔板连接细节冷维护方法

横隔板挖孔降低了横隔板的局部刚度,导致应力集中,面外变形变大,加之生产加工缺陷以及制造偏差,使得该细节处的疲劳裂纹由垂直于挖孔自由边位置萌生。该细节疲劳裂纹可以通过冷连接板材或型材加固,粘贴、栓接和粘-栓混合连接均可以采用(图3.7)。

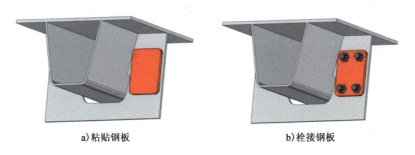

a)粘贴钢板　　　　　　　b)栓接钢板

图3.7　横隔板挖孔细节冷维护方法

纵肋嵌补段焊缝因采用仰焊方式施焊,焊接质量不易保证,该细节疲劳性能较差,实桥中U肋底板焊缝疲劳开裂时有发生。对此细节处的疲劳裂纹,可采用粘贴钢板或碳纤维板进行维护(图3.8)。

2)改善铺装层法

国内外学者对通过改善铺装层来降低正交异性钢桥面板疲劳应力的方法进行了大量的探索。研究表明,增加铺装层弹性模量,可有效降低细节疲劳应力幅[25]。Buitelaar[26]等提出采用增强高性能混凝土(RHPC)作为桥面铺装,并应用于荷兰Caland桥,试验结果表明:该铺装方案可使钢桥面板与加劲肋的纵向焊缝连接处的应力大幅降低。Walter等[27]提出采用水泥基组合铺装层替代传统的钢桥面板铺装层,通过试验研究得出:该方法可有效降低正交异性钢桥面板疲劳细节的应力水平。日本学者也对改善铺装层法进行了一定的研究,Ono[28]等通过疲劳试验,评估了钢纤维混凝土(SFRC)铺装层对正交异性钢桥面板受力性能的改善效果,并介绍了这种方案在日本高速公路中的应用。Kodama 等[29]将 Ohira 高架桥的原有铺装层更换为 SFRC 铺装层,并在铺装层更换前后分别对该桥进行荷载试验,应力监测结果表明:SFRC 铺装层可以大幅降低桥面板敏感细节的应力幅,有效延长钢桥面板的疲劳寿命。Li 等[30]通过有限元方法探究了沥青混凝土铺装层对正交异性钢桥面板纵肋-顶板连接细节疲劳应力的影响,分别对比分析了铺装层的温度和弹性模量变化时纵肋-顶板细节疲劳应力的变化。吴冲等[31]开展了带桥面铺装的正交异性钢桥面板足尺疲劳试验,试验结果表明:温度升高将大幅降低铺装层刚度,并加快桥面板典型细节的疲劳损伤。宋永生等[32]对润扬大桥悬索桥的疲劳效应进行了监测,根据监测结果,研究了不同温度效应和车辆荷载作用下桥面铺装对正交异性钢桥面板疲劳效应的影响,为疲劳设计方法的改进提供了参考。唐细彪[33]以厦门某桥为背景,对其正交异性钢桥面板局部节段模型开展加载试验,通过试验及有限元模拟研究了带混凝土铺装层的组合钢桥面板的应力分布特征。邵旭东等[34,35]提出采用超高性能混凝土(UHPC)等新材料作为铺装层,与正交异性钢桥面板形成轻型组合桥面,采用理论计算、有限元分析与实桥测试等手段评估了各种铺装层对钢桥面板疲劳性能的提升效果:与传统铺装相比,UHPC 组合层可使车辆荷载作用下的细节疲劳应力峰值大幅降低,有效延长了正交异性钢桥面板的疲劳寿命。

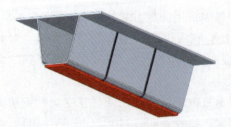

图 3.8　纵肋嵌补段焊缝细节冷维护方法

超高性能纤维混凝土(UHPFRC)不同于传统的高强混凝土和钢纤维混凝土,在其组分中剔除了粗骨料,添加了硅灰、粉煤灰、钢纤维等掺料,是一种具有最佳组成材料颗粒级配的水泥基复合材料。UHPFRC 的抗拉强度可达 7~10MPa,而且具有优越的延性、抗渗性、流动性和更低的徐变系数。UHPFRC 因其优越的材料性能,在桥梁结构中具有广泛的应用空间[36]。采用 UHPFRC 替代传统的钢桥面板铺装层与钢桥面板形成组合体系,共同受力,可以达到减小局部变形,降低疲劳应力的效果[37]。

3)夹芯钢板维护法

近年来,有学者提出了一种新的维护技术,即采用夹芯钢板(SPS)对钢桥疲劳损伤部位进行加固,或直接用其替代受损的钢桥面板、钢梁腹板等。SPS 结构,首先由加拿大智能工程公司(Intelligent Engineering Limited)提出[38]。这种结构通常是在两层钢板间注入聚氨酯等高密度、高弹性模量的材料而形成多层复合结构(图 3.9),且在两层钢板的内表面进行喷砂等处理,以保证钢板和夹芯材料之间的黏结性能。SPS 结构,因其质量轻、强度高、刚度大、施工方便等优点,现已在船舶领域和土建领域得到广泛应用[39]。此外,这种多层结构具有良好的减振性能,可以吸收部分振动和冲击能量,大幅减少应力集中,并有效缓解疲劳裂纹的扩展[40],因此,可将 SPS 板引入正交异性钢桥面板、钢桥腹板间隙面外变形细节的疲劳维护。

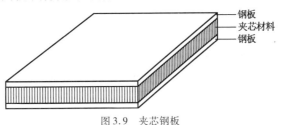

图 3.9 夹芯钢板

在采用 SPS 结构对正交异性钢桥面板疲劳裂纹进行维护时,既可以直接采用预制好的三层夹芯钢板加固,也可以将原桥面顶板作为其中一层钢板,在其上方设置一层新的钢板并在两层钢板之间填充聚氨酯材料,与原桥面顶板结合成为组合夹层体系。这种维护方法不仅保持了夹芯钢板系统各项优良的力学性能,而且避免了去除原桥面顶板,施工效率高且造价较低[39]。德国交通管理部门以 A57 高速公路上的 Schönwasserpark 桥为试点,进行了 SPS 维修加固研究,根据技术方案,选取 6mm 厚的钢板和 30mm 厚的聚氨酯芯材进行加固,加固施工的主要步骤为:①清除旧铺装层;②清洁钢桥面板并喷砂处理;③按一定间距安装竖直支撑钢条;④将覆盖钢板焊接于支撑钢条上,并保证其与原桥面板间存留 30mm 厚的空间;⑤用机器注入拌和好的聚氨酯芯材;⑥检查填充质量,并做必要的修补和完善[41]。

此外,国内外不断有学者对 SPS 结构在钢桥疲劳维护中的应用效果开展研究。Battisia 等人[42]通过现场实测和足尺试验,指出 SPS 结构可有效降低纵向与横向的弯曲应力,提高钢桥面板的抗疲劳性能。加拿大魁北克省首次采用聚氨酯-夹芯钢板结构桥面板建造了主跨22.5m 的 Shenley 试验桥,并进行了静动载试验[43]。德国学者 Feldman[44]也进行了类似的研究,他们通过试验与数值模拟证实了 SPS 系统的加固效果,并成功应用于实桥当中。我国的刘莉媛、王元清等,对正交异性钢桥面板夹芯加固进行数值模拟[45],结果表明,夹芯钢板加固可以降低正交异性钢桥面板 50% 的轮载应力,并指出在实际应用中应在保证经济性的前提下,尽量选取弹性模量高的夹芯材料。

4)其他冷维护方法

钢桥构造细节的焊接残余拉应力是疲劳裂纹萌生的重要因素,可采用喷丸处理消除表面残余拉应力,提高细节抗疲劳性能。里海大学 Fisher 和 Roy 等[46]采用超声波冲击方法(Ultrasonic Impact Treatment, UIT)对焊接接头进行局部处理,试验研究表明超声波冲击处理的焊接细节疲劳强度显著提高。Yamada[47]提出了锤击修复疲劳裂纹(Impact Crack Retrofit, ICR)的方法,对疲劳裂纹及附近一定范围内通过锤击使疲劳裂纹区域塑性屈服,疲劳裂纹在外加应力影响下出现闭合,不再继续扩展。Tabata 等[48]研究了在不需要封闭交通的情况下钢桥面板与纵肋连接细节疲劳裂纹的修复方法,提出在纵向闭口加劲肋中填充轻质灰浆和在纵肋间栓接 9mm 厚的 U 形反向钢板,通过足尺模型疲劳试验表明,可以降低局部应力水平 30% ~40%。

3.3　冷维护方法的试验研究

3.3.1　钢桥腹板间隙面外变形疲劳冷维护试验

1)足尺疲劳试验模型

为研究冷维护方法在钢桥腹板间隙面外变形疲劳损伤修复中的技术效果,开展加固前后的钢桥腹板间隙面外变形足尺疲劳试验。试验装置如图 3.10a)所示。试验采用 2 个梁高为 918mm、长为 600mm 的钢板梁节段足尺模型,模型由翼缘板、腹板和竖向加劲肋构成,翼缘板尺寸为 600mm × 300mm ×24mm,腹板尺寸为 870mm × 600mm × 8mm,竖向加劲肋尺寸为

790mm×120mm×6mm,详见图3.10b)。试验先对2个模型进行疲劳加载,待出现面外变形疲劳裂纹后,对Ⅰ号模型采用粘贴角钢方法进行冷维护,对Ⅱ号模型采用粘-栓角钢混合方法进行冷加固,并开展加固后的疲劳试验。腹板-加劲肋疲劳敏感细节处的疲劳应力测点布置,如图3.11所示,疲劳试验过程中采用静、动应变采集系统对各测点应力进行监测。

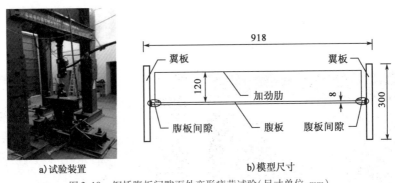

图3.10 钢桥腹板间隙面外变形疲劳试验(尺寸单位:mm)

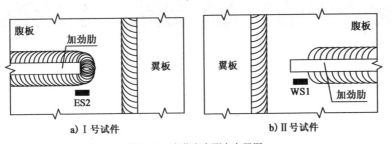

图3.11 疲劳应力测点布置图

2)试验过程

Ⅰ号试件在加固前以10~40kN的荷载幅共进行了100万次循环加载,加载频率为8Hz。当循环次数达到38万次和49万次时,在东北和东南侧的腹板-加劲肋焊趾处分别发现裂纹;疲劳加载停止时,裂纹长度分别达到15mm和17mm。之后采用粘贴角钢加固法,将加固角钢分别与翼缘板和加劲肋粘接,根据有限元计算结果,采用尺寸为140mm×140mm×14mm(边宽×边宽×边厚)的等边角钢进行加固,如图3.12a)所示,加固完成后继续疲劳加载。

Ⅱ号试件在加固前以7~35kN的荷载幅共进行了233万次循环加载,加载频率为10Hz。当循环次数达到78万次和86万次时,在西北和西南侧的腹板-加劲肋焊趾处分别发现裂纹;当循环次数达到120万次时,西北侧和西南侧的裂纹长度分别达到8mm和15mm,在每条裂纹尖端各设置一个止裂孔;循环次数达到160万次时,两侧裂纹分别穿透止裂孔并继续扩展了10mm和4mm;循环次数达到186万次时,在西北侧设置第二个止裂孔;在循环次数达到233万次时试验停止。进而采用粘-栓混合加固方法,将加固角钢与翼缘板粘接并与加劲肋栓接。根据有限元计算结果,采用尺寸为140mm×140mm×14mm(边宽×边宽×边厚)的等边角钢进行加固,如图3.12b)所示,加固完成后继续疲劳加载。

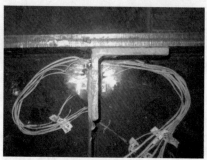 

a)粘贴角钢加固　　　　　　　　b)粘-栓角钢混合加固

图3.12　钢桥腹板间隙面外变形疲劳冷加固方式

3)冷加固效果评价

加固完成后对2个试件开展了加固后疲劳试验。Ⅰ号试件加固后依次以10~50kN、10~60kN、10~70kN和10~75kN的荷载幅进行了60万次、100万次、200万次和200万次加载。在整个加固后试验过程中,荷载幅逐级增加,但试件各细节均未发现新裂纹的产生,已有疲劳裂纹也未见扩展,说明粘贴角钢加固方法可以有效阻止新裂纹的萌生与旧裂纹的扩展。

Ⅱ号试件在角钢加固前的加载过程中,曾在西北侧与西南侧均设置了止裂孔,以阻止裂纹的继续扩展。但在设置止裂孔后仅循环加载了40万次,裂纹便穿透止裂孔再次扩展,可见设置止裂孔阻止裂纹扩展的效果有限,故在循环加载了233万次后对开裂细节进行了粘-栓角钢混合加固。加固后先按7~47kN荷载进行了300万次循环加载,试件各侧均未见新裂纹产生,已有疲劳裂纹也未见扩展;将循环荷载提升至7~65kN,又进行了61万次循环加载,而此时试件各侧腹板间隙疲劳敏感细节仍未见新裂纹产生,已有裂纹也未扩展,说明粘-栓角钢混合加固方法可以有效阻止新裂纹的萌生与旧裂纹的扩展。

试验过程中在腹板间隙疲劳敏感细节布置测点,通过动、静态应变采集系统测定各测点处的应力变化。两个试件的加劲肋—腹板焊趾处的应力幅随循环次数变化的曲线如图3.13所示。由图3.13分析可知,两种加固方法均可使焊趾处的应力幅显著降低,且加固后至试验结束前应力幅没有明显变化,趋于稳定。研究结果表明,两种角钢加固方法均可提升钢桥腹板间隙处的疲劳性能,具有良好的维护效果。

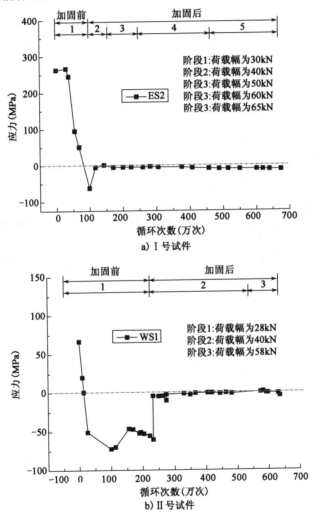

图3.13 面外变形Ⅰ号和Ⅱ号试件加固前后测点应力变化曲线

3.3.2 正交异性钢桥面板疲劳冷维护试验

1) 足尺疲劳试验模型

为验证疲劳冷维护方法在正交异性钢桥面板中的应用效果,开展了正交异性钢桥面板足尺疲劳试验,试验装置如图 3.14a)所示。模型由顶板、纵向加劲肋、横隔板和下翼缘组成,具体尺寸如图 3.14b)所示,轮廓尺寸为 6.1m×3.0m×0.53m(长×宽×高),纵向由三跨组成,跨径布置为 1.0m + 3.5m + 1.0m,中跨跨径采用实际工程中常采用的相邻两横隔板间距。横向包含 5 个闭口加劲肋,中心间距为 600mm,纵肋截面尺寸为 300mm × 280mm × 8mm。主要板件厚度为:顶板 14mm、纵肋 8mm、横隔板 10mm、下翼缘 16mm。纵向拼接位置设置在中跨跨中,顶板、纵肋均采用 8mm 对接焊缝连接,纵肋拼接段长度为 400mm。

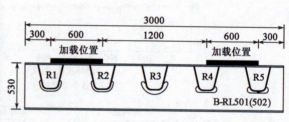

a)试验装置　　　　b)模型横截面图

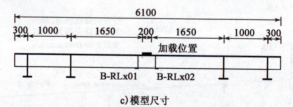

c)模型尺寸

图 3.14 正交异性钢桥面板疲劳试验模型(尺寸单位:mm)

2) 冷加固措施

当荷载循环次数累积达到 300 万次时,测点 B-RL502 应力明显下降;当荷载循环次数达到 328 万次时,肋 5 嵌补段出现疲劳裂纹;在①号裂纹尖端设置止裂孔,当荷载循环次数达到 335 万次时,①号裂纹穿过止裂孔,形成新的裂纹④[图 3.15a)]。采用粘贴钢板法对纵肋拼接段进行加固,根据有限元分析结果,加固钢板尺寸为 3400mm×180mm×10mm(长×宽×厚),如图 3.15b)所示。

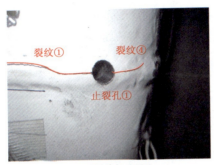
a) 纵肋拼接细节裂纹

b) 粘贴钢板加固

图 3.15　纵肋拼接细节粘贴钢板加固

3) 冷加固评价

加固前后各测点应力变化曲线,如图 3.16 所示,当荷载循环次数累积达到 300 万次时,肋 5 嵌补段出现疲劳裂纹,裂纹附近测点 B-RL502 应力降低了 12MPa。随着循环次数的进一步增加,测点 B-RL502 应力几乎降为零,测点 B-RL501 的应力降低了 10MPa,其余纵肋测点应力均未发生明显变化。分别在裂纹尖端打止裂孔处理,但开裂处测点应力基本没变化,在经过 7 万次循环次数后止裂孔边缘发现新的疲劳裂纹。

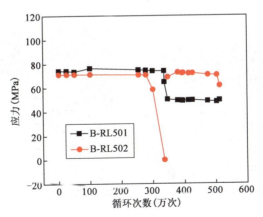

图 3.16　加固前后各测点应力变化曲线

粘贴钢板加固后，测点 B-RL502 应力达到之前的应力水平，测点 B-RL501 的测点应力水平略有下降但稳定保持在一定水平，表明粘贴的板件已经与纵肋协同工作。随疲劳荷载循环次数的累积，各纵肋底板的应力未出现明显变化。当疲劳循环次数累积达到 512 万次时，未发现疲劳裂纹扩展或新的疲劳裂纹出现，试验终止。研究结果表明，粘贴钢板加固可以有效抑制细节疲劳裂纹扩展。

3.4 针对面外变形疲劳问题的工程应用

3.4.1 冷加固概况

某铁路简支栓焊钢板梁桥（图 3.17）建于 1982 年，在 2005 年桥梁检查时发现主梁与端横梁下翼板连接的水平节点板有多处顺桥向由面外变形导致的疲劳裂纹，平均裂纹长度约为 200mm。为保证桥梁使用安全，对水平节点板的疲劳裂纹进行了冷维护。2006 年，在裂纹尖端设置了直径 10mm 的止裂孔，如图 3.17a）所示。2007 年在同一部位采取了粘-栓钢板混合加固，如图 3.17b）所示，钢板厚度为 10mm，尺寸与原节点板相适应，加强钢板与原节点板采用螺栓和高强结构胶共同连接。设置止裂孔后，在节点板上设置测点 10UPU 以监测节点板的活载应力。粘-栓钢板加固后，在原节点板上设置测点 10UPU-2，在加强钢板上设测点 10UPU-1。在 2006 年设置止裂孔后和粘-栓钢板混合加固后（2008 年），进行了 24h 运营应力监测。

a) 设置止裂孔

b) 粘-栓钢板混合加固

图 3.17　铁路钢桥节点板疲劳维护

3.4.2 加固效果评价

为对比分析开裂前后节点板的疲劳应力水平,选取一未开裂的节点板布置测点 9UPU,采用雨流计数法计算 24h 的应力谱,如图 3.18 所示。由图 3.18 可知,列车荷载作用下最大应力幅为 395MPa,其中 100~200MPa 的应力幅占大多数。根据 Eurocode 规范[49],计算未开裂节点板的等效应力幅为 96.1MPa。

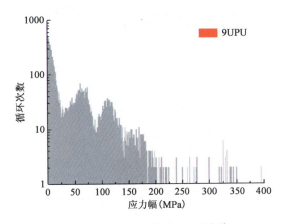

图 3.18 未开裂节点板的 24h 应力谱

测点 10UPU 的 24h 应力谱如图 3.19a)所示,最大应力幅为 250MPa,等效应力幅为 51.8MPa。在设置止裂孔维护一年以后,2007 年,疲劳裂纹穿过止裂孔进一步扩展,因此需采用粘-栓钢板维护方法对节点板进行加固。

粘栓钢板加固后,于 2008 年再一次对该节点板进行 24h 应力监测,测点 10UPU-1 和 10UPU-2 的监测应力谱结果如图 3.19b)、c)所示,可见原节点板和加固钢板的应力幅均有大幅下降:测点 10UPU-1 的最大应力幅为 96MPa,等效应力幅为 16.6MPa;测点 10UPU-2 的最大应力幅为 25MPa,等效应力幅为 6.5MPa,且原节点板未见疲劳裂纹扩展。

根据应力监测结果可知,设置止裂孔方法和粘-栓钢板混合加固方法均能降低疲劳敏感细节处的应力幅,且在实桥维护中可以避免中断交通,施工方便。设置止裂孔方法不能有效阻止裂纹扩展,但可为进一步维护赢得时间。粘-栓钢板混合加固方法可以有效阻止裂纹扩展,达到了合理延长桥梁使用寿命的目的。

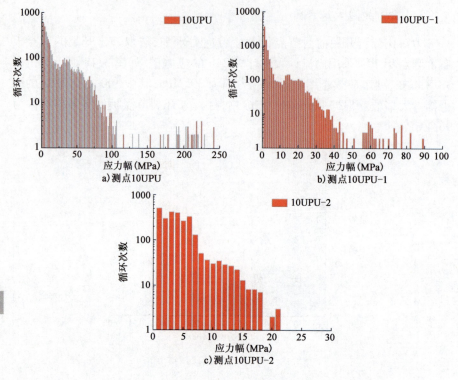

图 3.19 维护后节点板的 24h 实测应力谱

3.5 针对正交异性钢桥面板疲劳问题的工程应用

3.5.1 工程概况

某钢箱梁斜拉桥为双塔双索面的五跨连续半飘浮体系,主跨448m,桥宽37.1m,双向六车道布置。主梁为栓焊流线型扁平钢箱梁,横断面如图3.20所示。钢箱梁由顶板、底板、纵向加劲肋、纵隔板和横隔板组成,钢箱梁内设置两道中纵隔板,距箱梁中心线间距均为8.5m,横隔板标准间距3.75m。钢箱梁桥面板采用正交异性板结构,顶板厚14mm,纵向加劲肋尺寸为300mm×280mm×8mm,中心间距为600mm,纵隔板和横隔板厚度均为10mm,钢结构材料为Q345qD。

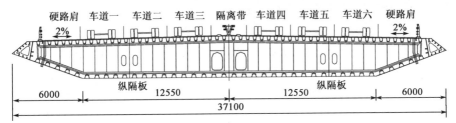

图3.20 钢箱梁横断面图(尺寸单位:mm)

该桥建成通车后不到十年便发现钢桥面板纵肋与横隔板连接位置处出现大量疲劳裂纹,疲劳裂纹长度一般在5~70mm之间。此桥的疲劳裂纹比较特殊的地方在于:一是纵肋与横隔板连接位置的疲劳裂纹均位于焊趾和横隔板上,并未发现往纵肋腹板发展的裂纹;二是在纵肋与顶板连接焊缝位置和纵肋纵向拼接位置等疲劳易损位置并未发现疲劳裂纹。纵肋与横隔板连接位置的疲劳裂纹主要有以下两种类型:①萌生于U肋与横隔板焊缝端部焊趾,并向横隔板扩展的疲劳裂纹;②萌生于挖孔边缘的疲劳裂纹。钢桥面板典型疲劳裂纹如图3.21所示。

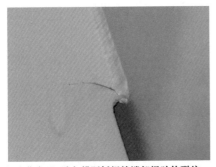
a)萌生于U肋与横隔板焊缝端部焊趾的裂纹

b)萌生于挖孔边缘的裂纹

图3.21 钢桥面板典型疲劳裂纹

根据裂纹检查结果统计,2013年8月检查出该桥钢桥面板疲劳裂纹约100条,而2014年6月检查出总计约350条裂纹,部分已有裂纹在继续扩展,同时出现更多的新裂纹,裂纹的横向分布情况如图3.22所示,这些裂纹的分布与增长具有以下特点:

(1)疲劳裂纹多集中在重车道与中车道,尤其这两个车道中靠近纵隔板的位置,该位置的桥面板受弯剪耦合作用,较重轮载作用频次高,纵向加劲肋与横隔板连接位置容易出现疲劳裂纹。

(2)新增裂纹较多,仅一年时间便新增 250 条裂纹,新增裂纹长度多集中在 5~20mm 之间,且下游侧新增裂纹与累计裂纹数量多于上游侧。

(3)20mm 以下的短裂纹增长较慢,并不活跃,20~50mm 的长裂纹增长较快,2013 年所检测到的 19 条裂纹由原来的 20~50mm 扩展至 50mm 以上。

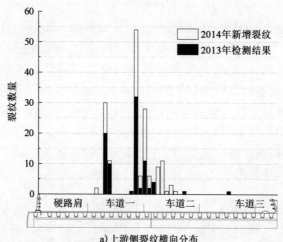

a)上游侧裂纹横向分布

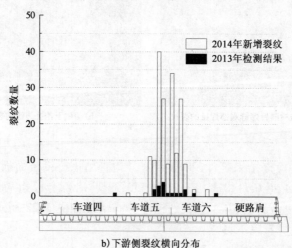

b)下游侧裂纹横向分布

图 3.22 疲劳裂纹横向分布

3.5.2 冷加固方案

采用 ABAQUS 钢箱梁半宽节段模型，模型纵向包括 5 道横隔板，疲劳裂纹位于 3 号横隔板纵肋 R11，裂纹长度 50mm，裂纹与纵肋腹板夹角 45°。桥面板采用 S4R 壳单元，沥青铺装和粘贴角钢范围内的角钢和桥面板采用 C3D20 实体单元，裂尖区域采用 C3D20RH 退化奇异实体单元，以获得裂尖区域真实的应力场。不考虑沥青与桥面板之间的黏结滑移，实体单元与壳单元采用绑定连接，为考虑裂纹的闭合情况，裂纹上下表面相互作用关系设置为无摩擦接触，钢桥面板有限元模型如图 3.23 所示。

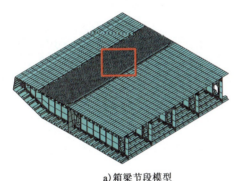
a) 箱梁节段模型

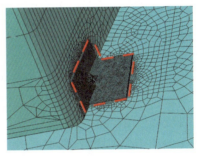
b) 局部实体子模型

图 3.23　钢桥面板有限元模型

假定在钢-胶层界面不发生相对滑移，胶层采用线性弹簧单元 Spring2 模拟，在角钢与桥面板对应节点之间建立 1 个轴向弹簧和 2 个切向弹簧，分别用于模拟胶层的轴向变形和剪切变形。弹簧单元轴向(z)和切向(x、y)刚度分别按下式计算：

$$K_i = \frac{G_a A_a}{t_a} \tag{3.1}$$

$$K_z = \frac{2(1-\nu_a)G_a A_a}{(1-2\nu_a)t_a} \tag{3.2}$$

式中：K_i——弹簧的切向刚度；

K_z——弹簧的轴向刚度；

A_a——弹簧单元所代表的胶层的面积；

t_a——胶层的厚度,$t_a=3.5\text{mm}$;

G_a、ν_a——胶层的剪切模量和泊松比,$G_a=1555\text{MPa}$,$\nu_a=0.35$。

钢材的弹性模量 $E=206\text{GPa}$,泊松比 $\nu=0.3$。

加载车辆采用《公路钢结构桥梁设计规范》(JTG D64—2015)[50]中的480kN 标准单车疲劳模型。车轮着地面积为 200mm×600mm,考虑15%的冲击系数。横向加载工况考虑在裂纹产生的该车道内以 150mm 间距移动,共 9 种横向加载工况。疲劳裂纹位于 3 号横隔板 11 号肋(R11),纵向加载范围为 2 号和 4 号横隔板之间。

现通过粘贴角钢来增强该细节的局部刚度,降低局部应力,以阻止裂纹进一步扩展。由于各位置裂纹长度不同,同时要保证角钢完全覆盖裂纹区域,为方便角钢制作和施工,各位置采用同一尺寸的角钢。该位置冷加固方案需要确定以下内容:①角钢的尺寸,如角钢宽度、长度和厚度;②角钢的粘贴位置。

建立的钢桥面板局部模型分析表明:当角钢下端与纵肋腹板直线段平齐时,结构整体受力均匀,焊趾处应力有效降低,若角钢粘贴位置再靠上,则局部胶体会发生应力集中,易导致胶体开裂。综合考虑加固部位构造特点、施工方便等方面因素,确定采用 Q345 等边角钢进行粘贴加固,等边角钢尺寸为 140mm×140mm×14mm,长度 220mm,角钢下缘与纵肋腹板直线段平齐,如图 3.24 所示。

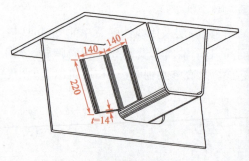 

a) 加固构造示意图　　　　　　　　b) 加固后的实桥构造细节

图 3.24　采用粘贴角钢加固实桥钢桥面板(尺寸单位:mm)

数值模拟结果表明,在使肋 R11 疲劳细节应力达到峰值的工况下进行纵向加载,裂尖前缘 5mm 处应力变化如图 3.25a)所示,加固前最大压应力为 25.3MPa,加固后最大压应力为 13.1MPa,裂尖应力降幅为 48.2%。纵肋与横隔板连接焊缝焊趾处应力变化如图3.25b)所示,加固前最大拉应力为57.1MPa,加固后最大拉应力为21.4MPa,降幅约60%。

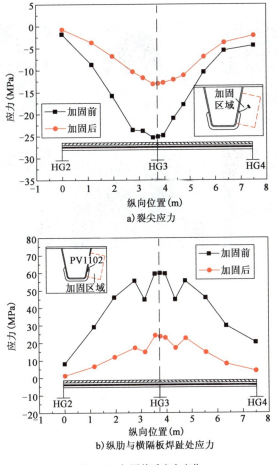

图3.25 加固前后应力变化

3.5.3 冷加固施工

对纵肋与横隔板焊趾处的疲劳裂纹按如下步骤进行粘贴钢板加固:①根据加固与监测位置选取原则,确定钢桥面板拟加固位置,打磨粘贴区域;②量测加固位置纵肋腹板与横隔板之间角度,对角钢进行打磨、切削等处理;③拌和结构胶;④在粘贴区域和角钢粘贴面上同时涂胶;⑤粘贴角钢,使得角钢与加固区域密贴,调节胶层厚度至设计厚度;⑥待结构胶基本固化,对加固区域进行防腐涂装,加固完成。粘贴钢板的主要加固流程如图3.26所示。

图3.26 粘贴钢板加固工艺流程

3.5.4 加固效果后评价

1)基于监测数据的加固后评价

为确定粘贴角钢疲劳冷加固效果,选取部分加固位置进行加固前后加载测试和动应变监测。加固前后选用四轴满载货车对加载位置进行加载测试,轴间距分别为1800mm、4500mm、1350mm,轴重分别为30kN、80kN、115kN、115kN。由于现场条件限制,无法封闭交通,故加载测试选择在夜间交通量较小时进行。加载测试前在桥面确定测试断面标志,加载车出发时与动应变采集设备时间设置同步,车辆经过测试断面时记录下经过时间。由于夜间交通量较小、车辆间距大,相邻车辆不会对测试区域造成影响,因此可以准确识别加载车辆经过时各测点的应力历程曲线,确保测试数据准确、可靠。

选取裂尖位置测点加固前后应力变化来说明粘贴角钢冷加固技术效果,图3.27为加固前后加载车辆经过测点C4101上方时的应力响应曲线。加固前后,加载车辆经过测点上方时,应力时程曲线形状非常相似,但是峰值变化显著。加固前裂尖位置应力达到43.2MPa,粘贴角钢后峰值应力降为21.1MPa,降低幅度为51.2%。

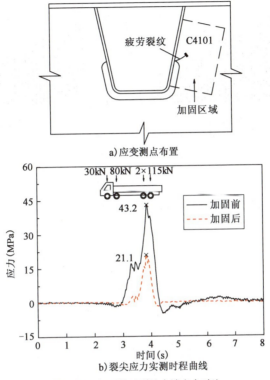

图 3.27 加固前后裂纹尖端应力对比

加固前后分别对加固位置进行运营状态下动应变监测,图 3.28 是加固前后 24h 内测点 C4101 的应力谱图,可以看出加固前该测点最大应力幅为 57.0MPa,加固后为 45.0MPa。对该桥动态称重数据进行分析后,发现每天通行车辆情况较相近。因此,可以通过对一定时间内开裂细节的加固前后运营应力监测数据对比分析,来进行加固效果评价。采用基于疲劳损伤累积理论和 S-N 曲线对监测细节进行加固前后疲劳损伤评估[1],则:

$$D_\mathrm{T} = \sum \frac{n_i}{N_i} \quad (3.3)$$

式中:D_T——在监测周期 T 内结构的疲劳累积损伤;

n_i——实测应力幅 S_i 对应的循环次数;

N_i——对应于应力幅水平 $\Delta\sigma_i$ 作用下疲劳破坏的循环次数。

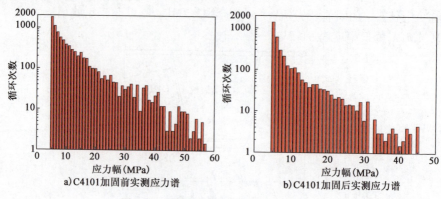

图 3.28 钢桥面板加固前后 24h 实测应力谱

采用 Eurocode3[49] 建议的 S-N 曲线,评估得到细节加固前 24h 监测疲劳损伤度为 2.7×10^{-5},加固后疲劳损伤度降为 3.4×10^{-6},疲劳损伤度下降达 87.4%。

2)基于数值断裂力学的加固后评价

正交异性钢桥面板纵肋与横隔板连接位置处受力复杂,一般难以获得裂纹尖端应力强度因子(SIF)的理论解,因而采用有限元法进行求解,在 ABAQUS 中计算裂尖应力强度因子采用的是相互作用积分法。计算表明,在车辆荷载作用下,该细节裂纹为复合型疲劳裂纹,如图 3.29 所示。目前关于复合型裂纹的断裂判据还没有统一的规定,工程中从偏于安全的角度出发,同时参考最小应变能密度因子理论,采用等效应力强度因子 K_e 进行判断,K_e 计算如下:

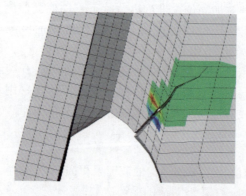

图 3.29 含裂纹的纵肋与横隔板连接细节模型

$$K_e = \sqrt{(K_I + K_{II})^2 + \frac{1}{1+2\nu}K_{III}^2} \qquad (3.4)$$

式中：K_I、K_{II}、K_{III}——Ⅰ、Ⅱ、Ⅲ型裂纹应力强度因子；
　　　ν——材料泊松比。

该桥两端设置有治超站，禁止超载车辆通过，通行的重载车辆中以六轴货车为主，总重上限为550kN。当采用六轴货车计算的加固效果满足使用要求时，则可以认为加固后的细节疲劳性能满足要求。进行数值断裂力学分析时，荷载采用六轴满载货车轴重和轴距信息如图3.30所示。

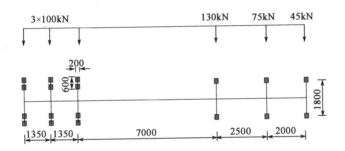

图3.30　六轴满载货车轴重和轴距(尺寸单位:mm)

加固前后裂尖等效应力强度因子K_e影响线如图3.31所示。加固前在六轴满载货车作用下等效应力强度因子K_e为299.6MPa$\sqrt{mm}$，采用粘贴角钢加固后降为154.9MPa$\sqrt{mm}$，降幅约为50%。线弹性断裂力学中判断裂纹是否扩展的方法主要有基于线弹性断裂力学(LEFM)的应力强度因子准则，裂纹扩展判据为：

$$\Delta K \geqslant \Delta K_{th} \qquad (3.5)$$

即当裂纹尖端应力强度因子幅值ΔK大于材料的应力强度因子阈值ΔK_{th}时，裂纹失稳扩展。材料疲劳裂纹扩展阈值ΔK_{th}与应力比有关，参考BS7910[51]，取Q345钢材的疲劳裂纹扩展阈值$\Delta K_{th} = 170$MPa$\sqrt{mm}$，加固前裂纹尖端等效应力强度因子幅值$\Delta K_e = 299.6$MPa$\sqrt{mm} > \Delta K_{th}$，加固后等效应力强度因子幅值$\Delta K_e = 154.9MPa\sqrt{mm} < \Delta K_{th}$，裂纹将不会继续扩展。因此，采用粘贴角钢加固能够有效延缓或阻止疲劳裂纹的进一步扩展。

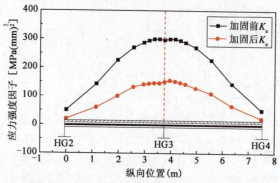

图 3.31 加固前后裂尖等效应力强度因子影响线

3.6 结语

(1)本章系统总结评价了钢桥疲劳损伤的各种维护方法,提出了冷连接板件法、UHPFRC冷连接组合层法等冷维护方法。针对钢桥典型疲劳细节,提出了合理的加固构造和冷连接形式,实现了对原结构零损伤或微损伤维护的技术目标,为钢桥疲劳维护提供了新的技术选择,具有推广应用价值。

(2)开展了钢桥面外变形细节足尺疲劳试验,并对腹板间隙细节处腹板-加劲肋焊缝的疲劳裂纹进行粘贴角钢加固和粘-栓角钢混合加固,疲劳试验结果表明这两种冷维护方法均可大幅降低疲劳细节处的应力幅,有效阻止裂纹的进一步扩展,显著提升钢桥腹板间隙细节的疲劳性能,延长疲劳寿命。开展了钢桥面板足尺疲劳试验,对纵肋纵向对接焊缝处疲劳裂纹进行打止裂孔和粘贴钢板加固,试验结果表明:止裂孔不能阻止该细节疲劳裂纹扩展,而粘贴钢板的冷加固法能够有效阻止疲劳裂纹扩展。

(3)以某铁路桥为工程背景,对该桥连接主梁与端横梁下翼板的水平节点板上出现的面外变形疲劳裂纹,采取设置止裂孔和粘-栓钢板混合加固的形式进行维修加固,加固前后的应力监测结果表明两种方法均可降低疲劳敏感细节处的应力幅,但设置止裂孔的方法不能有效阻止裂纹继续扩展,可为进一步采取维护措施赢得时间,粘-栓钢板混合冷加固法可有效阻止细节裂纹扩展。

(4)以某钢箱梁斜拉桥为工程背景,对该桥中钢桥面板纵肋与横隔板连接焊缝处出现的疲劳裂纹,采用粘贴角钢的方法进行加固。加固前后的实桥加载测试和应变监测均表明粘贴角钢冷加固方法使开裂位置处的局部应力降低51.2%,疲劳损伤降低87.4%;数值断裂力学分析结果表明:加固后等效应力强度因子幅值小于裂纹扩展门槛值,采用粘贴角钢的冷加固能够有效延缓或阻止疲劳裂纹的进一步扩展。

本章参考文献

[1] Wang C S, Zhai M S, Duan L, et al. Fatigue service life evaluation of existing steel and concrete bridges [J]. Advanced Steel Construction, 2015, 11(3): 305-321.

[2] Biezma M V, Schanack F. Collapse of steel bridges [J]. Journal of Performance of Constructed Facilities, 2007, 21(5): 398-405.

[3] Connor R J, Fisher J W. Identifying effective and incffective retrofits for distortion fatigue cracking in steel bridges using field instrumentation [J]. Journal of Bridge Engineering, 2006, 11(6): 745-752.

[4] 王春生,冯亚成. 正交异性钢桥面板的疲劳研究综述 [J]. 钢结构, 2009, 24(9): 10-13, 32.

[5] Gurney T. TRL state of art review 8: fatigue of steel bridge decks [M]. London: HMSO, 1992.

[6] Wang C S, Zhai M S, Li H T, et al. Life-cycle cost based maintenance and rehabilitation strategies for cable supported bridges [J]. Advanced Steel Construction, 2015, 11(3): 395-410.

[7] 钱冬生. 关于正交异性钢桥面板的疲劳 [J]. 桥梁建设, 1996(2): 8-13, 7.

[8] Wolchuk R. Lessons from weld cracks in orthotropic decks on three European bridges [J]. Journal of Structural Engineering, 1990, 116(1): 75-84.

[9] 钱冬生. 钢桥疲劳设计 [M]. 成都: 西南交通大学出版社, 1986.

[10] Kolstein M H, Wardenier J. A new type of fatigue failures in steel orthotropic bridge decks [C]. Proceedings of Fifth Pacific Structural Steel Conference. Seoul: 1998. 483-488.

[11] De Jong F P B. Renovation techniques for fatigue cracked orthotropic steel bridge decks [D]. Delft: Delft University of Technology, 2007.

[12] Miki C. Fatigue damage in orthotropic steel bridge decks and retrofit works [J]. International Journal of Steel Structures, 2006, 6(4): 255-267.

[13] Sugioka K, Tabata A, Takada Y, et al. Investigation and reinforcement for fatigue crack damages on an orthotropic steel deck bridge [C]. Proceedings of 8th Pacific Structural Steel Conference-Steel Structures in Natural Hazards. Wairakei: 2007(2): 173-178.

[14] 中国大桥编写组. 中国大桥 [M]. 北京: 人民交通出版社, 2003.

[15] 吉伯海, 叶枝, 傅中秋, 等. 江阴长江大桥钢箱梁疲劳应力特征分析 [J]. 世界桥梁, 2016, 44(2): 30-36.

[16] 闫生龙. 钢桥腹板间隙面外变形疲劳机理试验研究 [D]. 西安: 长安大学, 2013.

[17] Rodriguez-sanchez J E, Dover W D, Brennan F P. Application of short repairs for fatigue life extension [J]. International Journal of Fatigue, 2004, 26(4): 413-420.

[18] Kolstein M H. Fatigue classification of welded joints in orthotropic steel bridge decks [D]. Delft. Delft University of Technology, 2007.

[19] Bowman M D, Fu G K, Zhou Y E, et al. Fatigue evaluation of steel bridges [R]. Washington DC: Transportation Research Board, 2012.

[20] Dupart D, Campassens D, Balazno M, et al. Fatigue life prediction of interference fit fastener and cold worked holes [J]. International Journal of Fatigue, 1996, 18(8): 515-521.

[21] Choi J H, Kim D H. Stress characteristics and fatigue crack behavior of the longitudinal rib-to-cross beam joints in an orthotropic steel deck [J]. Advances in Structural Engineering, 2008, 11(2): 189-198.

[22] Mehue P. Repair procedures for cracks in steel orthotropic decks [C]. Proceedings of the 3rd International Workshop on Bridge Rehabilitation. Darmstadt: 1992. 159-163.

[23] 王春生, 孙宇佳, 王茜, 等. 基于粘贴角钢的钢桥面外变形疲劳加固构造. 中国: 201420359658.7 [P]. 2015-1-28.

[24] 王春生, 孙宇佳, 王茜, 等. 基于栓接角钢的钢桥面外变形疲劳加固构造. 中国: 201420361288.0 [P]. 2014-12-03.

[25] 吴冲, 刘海燕, 张胜利, 等. 桥面铺装对钢桥面板疲劳应力幅的影响 [J]. 中国工程科学, 2010, 12(7): 39-42.

[26] Buitelaar P, Braam R, Kolstein H, et al. Reinforced high performance

concrete for rehabilitation of orthotropic steel bridge decks [C]. 11th International Conference and Exhibition. Edinburgh: 2006.

[27] Walter R, Olesen J F, Stang H, et al. Analysis of an orthotropic deck stiffened with a cement-based overlay [J]. Journal of Bridge Engineering, 2007, 12(3):350-363.

[28] Ono S, Hirabayashi Y, Shimozato T, et al. Fatigue properties and retrofitting of rxisting orthotropic steel bridge decks [J]. Doboku Gakkai Ronbunshuu A, 2009, 65(2): 335-347.

[29] Kodama T, Ichinose Y, Kagata M, et al. Effect of reducing strains by SFRC pavement on orthotropic steel deck of ohira viaduct [J]. Journal of Structural Engineering. A, 2010, 56A:1249-1258.

[30] Li M, Hashimoto K, Sugiura K. Influence of asphalt surfacing on fatigue evaluation of rib-to-deck joints in orthotropic steel bridge decks [J]. Journal of Bridge Engineering, 2014, 19(10): 04014038.

[31] 吴冲, 刘海燕, 张志宏, 等. 桥面铺装温度对正交异性钢桥面板疲劳的影响 [J]. 同济大学学报(自然科学版), 2013, 41(8):1213-1218.

[32] 宋永生, 丁幼亮, 王晓晶, 等. 运营状态下悬索桥钢桥面板疲劳效应监测与分析 [J]. 工程力学, 2013, 30(11): 94-99.

[33] 唐细彪. 正交异性板及桥面复合铺装影响面测试试验研究 [J]. 铁道工程学报, 2015, 32(3): 37-40, 56.

[34] 李嘉, 冯啸天, 邵旭东, 等. STC 钢桥面铺装新体系的力学计算与实桥试验对比分析 [J]. 中国公路学报, 2014, 27(3): 39-44, 50.

[35] 丁楠, 邵旭东. 轻型组合桥面板的疲劳性能研究 [J]. 土木工程学报, 2015, 48(1): 74-81.

[36] Makita T, Brühwiler E. Tensile fatigue behaviour of ultra-high performance fibre reinforced concrete combined with steel rebars (R-UHPFRC) [J]. Materials and Structures, 2014, 47(3): 475-491.

[37] Dieng L, Marchand P, Gomes F, et al. Use of UHPFRC overlay to reduce stresses in orthotropic steel decks [J]. Journal of Constructional Steel Research, 2013, 89(5): 30-41.

[38] Kennedy D J L, Dorton R A, Alexander S D B. The sandwich plate system for bridge decks [C]. 2002 International Bridge Conference. Pittsburgh: 2002:1-13.

[39] 程斌, 汤维力. SPS 夹层板桥面系统的研究应用进展 [J]. 桥梁建设, 2015, 45(1): 13-19.

[40] 单成林, 汪晓天, 许薛军. 聚氨酯-钢板夹层正交异性桥面板试验研究 [J]. 工程力学, 2012, 29(3): 115-123.

[41] Kennedy S J, Martino A E. SPS bridge decks for new bridges and strengthening of existing bridge decks [J]. Steel Construction, 2015, 8(1): 21-27.

[42] Battista R C, Pfeil M S. Strengthening fatigue-cracked steel bridge decks [J]. Proceedings of the Institute of Civil Engineers, 2004, 157(2): 93-102.

[43] Harris D K, Cousins T, Murray T M, et al. Field investigation of a sandwich plate system bridge deck [J]. Journal of Performance of Constructed Facilities, 2008, 22(5): 305-315.

[44] Feldmann M, Sedlacek G, Geßler A. A system of steel-elastomer sandwich plates for strengthening orthotropic bridge decks [J]. Mechanics of Composite Materials, 2007, 43(2): 183-190.

[45] 刘莉媛, 王元清, 石永久, 等. 正交异性板疲劳裂纹夹芯板加固方案的力学分析 [J]. 铁道工程与科学学报, 2010, 7(5): 12-19.

[46] Roy S, Fisher J W, Yen B T. Fatigue resistance of welded details enhanced by ultrasonic impact treatment (UIT) [J]. International Journal of Fatigue, 2003, 25(9): 1239-1247.

[47] Yamada K, Ishikawa T, Kakiichi T. Rehabilitation and improvement of fatigue life of welded joints by ICR treatment [J]. Advanced Steel Construction, 2015, 11(3): 305-321.

[48] Tabata A, Aoki Y, Takada Y. Study on improvement of the fatigue durability by filling of mortar in U-shaped rib of orthotropic steel deck [C]. Proceedings of the 5th International Conference on Bridge Maintenance, Safety and Management. London: Taylor & Francis, 2010. 2799-2805.

[49] BS EN 1993-1-9, Eurocode 3: Design of steel structures-Part 1-9: Fatigue [S]. European Committee for Standardization (CEN): Brussels, Belgium, 2005.

[50] 中华人民共和国行业标准. JTG D64—2015 公路钢结构桥梁设计规范 [S]. 北京: 人民交通出版社股份有限公司, 2015.

[51] BS7910: 2005, Guide to Methods for Assessing the Acceptability of Flaws in Metallic Structures [S]. British Standard Institution (BSI): London, UK, 2005.

第3章 钢桥疲劳冷维护方法研究与应用

王春生　教授

博士、博士生导师。本科、硕士毕业于西安公路交通大学桥梁工程专业,博士毕业于同济大学桥梁与隧道工程专业,2006年清华大学博士后出站,瑞士洛桑联邦理工学院高级访问学者,美国普渡大学、里海大学访问学者,香港理工大学助理研究员。现为长安大学公路学院桥梁所教授、博导,桥梁结构安全技术国家工程实验室技术委员会委员,教育部高等学校道路运输与工程教学指导分委员会委员,中国公路学会桥梁和结构工程分会常务理事,中国钢结构协会桥梁钢结构分会、结构稳定与疲劳分会理事,结构抗振控制与健康监测专业委员会委员,茅以升科技教育基金会桥梁委员会委员,美国土木工程师协会、国际桥梁与结构工程协会、国际桥梁安全与维护协会会员,全国百篇优秀博士论文奖获得者,获国务院政府特殊津贴,入选国家中青年科技创新领军人才计划和教育部新世纪优秀人才支持计划。

主要从事钢与组合结构桥梁、桥梁耐损性设计方法与安全维护技术、长寿命高性能桥梁结构理论研究,主持承担了6项国家自然科学基金、2项973项目子题,以及教育部新世纪优秀人才基金、霍英东青年教师基金、交通运输部科技项目等省部级科研项目20余项,参与编制了交通运输部《公路钢结构桥梁设计规范》(JTG D64)、《公路工程结构可靠度设计统一标准》(GB/T 50283)2部国家和行业技术标准,主持编写陕西省地方标准2部。在 Journal of Bridge Engineering(ASCE)、Journal of Constructional Steel Research、土木工程学报、中国公路学报等国内外重要学术期刊和国际会议发表论文100余篇,其中70余篇论文被SCI、EI收录,出版专著1部,获准国家发明专利6项。获国家科技进步二等奖1项、省级和学会科技奖10项,以及交通运输部交通青年科技英才、陕西省青年科技奖、陕西省师德先进个人、陕西青年五四奖章等荣誉称号。

第4章 悬索桥主缆内部温湿度变化机理

田浩

1. 浙江省交通运输科学研究院,浙江省杭州市青山湖科技城岗阳街 188 号,311315
2. 浙江省桥梁维护与安全技术实验室,浙江省杭州市青山湖科技城岗阳街 188 号,311315

4.1 引言

悬索桥的主缆是悬索桥主要承力和传力构件,对悬索桥的安全和使用寿命起着决定性作用[1]。主缆主要材料为钢丝,如果长期处于潮湿易腐蚀的环境中,很可能生锈断裂而影响大桥的安全。传统的防护方式[2]是在主缆钢丝进行紧缆处理后,首先沿主缆连续缠绕一层钢丝,形成第一道防护;然后在钢丝外再缠聚乙烯带或橡胶防腐带,形成第二道防护;最后用特殊涂料安装在聚乙烯带或橡胶防腐带外,形成第三道防护。通过这三道防护,悬索桥主缆涂装体系能起到一定的水密性和气密性作用[3]。但是,通过对国内外悬索桥的主缆检测,发现主缆钢丝都受到不同程度的腐蚀[4]。

近年来,国内外学者对悬索桥主缆的温湿度和腐蚀均进行了一定的研究。阙家奇等[5]对大跨悬索桥主缆防腐及内部温湿度变化机理研究进行了

第4章 悬索桥主缆内部温湿度变化机理

综述。陈胜[6]论述了大跨悬索桥主缆的除湿干燥防护方法。张伟[7]对日照辐射下重庆鱼嘴长江大桥悬索桥主缆热应力理论及结构温度效应进行了研究。江阴长江大桥主缆钢丝开缆检查时发现主缆内部湿度较大,主缆侧面和底部锈蚀比较严重,文献[8]着重介绍了该桥新增主缆除湿系统的关键技术。陈策[9]总结了我国悬索桥主缆除湿系统的最新进展研究。叶觉明[10]探讨了现代悬索桥主缆防护的现状。范厚彬[11]开展了悬索桥主缆内部温湿度变化机理模型试验。刘舟峰[12]开展了悬索桥主缆系统温湿度监测和除湿研究。

日本学者长谷川[13]进行过温度场分布试验,测量了模型索的热物性参数。Keita Suzumura[14]对因岛大桥主缆钢丝进行检查时发现主缆内部湿度较大,主缆侧面和底部锈蚀比较严重,并对主缆的内部环境进行了模拟腐蚀试验。Saeki Shoichi[15]从美国纽约地区的桥梁主缆开放性监测中发现,由于主缆腐蚀的原因导致了主缆强度损失,最大达到35%。Bear Mountain 桥主缆外层钢丝的腐蚀相当严重,但是主缆内部的钢丝锈蚀较轻[16],如图4.1所示。

a) 主缆钢丝腐蚀　　　　　　　　b) 紧缆钢丝腐蚀

图4.1 悬索桥主缆钢丝腐蚀

目前,国内外学者已有研究成果也缺乏主缆升降温、不同断面的温湿度分布规律的研究,缺乏温湿度耦合作用和温度场导致的温度效应等研究。本章以西堠门大桥为背景,通过开展室外监测试验、室内模型试验和主缆温湿度的数值模拟,监测主缆内部温湿度,测量主缆重要热物性参数并总结含湿量变化规律,分析主缆内部温湿度变化机理。此机理的研究可为主缆防腐提供技术支持,对制定相关主缆养护手册或规范提供合理建议,以期合理分配有限的桥梁养护资源,达到桥梁主缆在承受一定程度的腐蚀所带来的承载力下降的情况下,既能安全运营,又能最大化解决桥梁全寿命周期内养护费用的目的。

4.2 室外温湿度监测试验

4.2.1 工程背景

西堠门大桥[17]是世界第二、我国第一大跨度悬索桥,但其主缆防护采用的是传统的主缆防护体系。从国内外悬索桥主缆防腐普遍存在的问题来看,传统的主缆防护方式虽然短期内有效,但是长期效果并不理想。有些大型悬索桥的主缆由于各种不利环境的侵蚀导致主缆钢丝产生较为严重的锈蚀。可以预见西堠门大桥主缆及锚固区现在以及将来必然会出现类似问题。因此,研究西堠门大桥主缆及锚固区内部温湿度变化机理,提出预养护策略迫在眉睫。为了给西堠门大桥主缆节段足尺温湿度变化数值模型提供环境温度参数,在主缆不同高度、不同位置处设置若干个温湿度传感器,实时记录主缆不同位置处环境气温数据和相对湿度数据。其中温湿度的实测值可为数值模拟计算(见第 4.4.3 节)调用。

4.2.2 测点布置

根据西堠门大桥所处的实际环境情况,选择主缆的 1 个鞍座保护罩、1 个锚碇锚室,在保护罩与锚碇锚室内布置温湿度传感器,放置同条件试验钢丝构件(图 4.2),并进行 1 年的实时监测,利用监测数据,修正室内试验温湿度变化机理。同时,在外部空间中布设大气环境监测设备监测大气温湿度变化,并结合西堠门大桥现有健康监测系统中的风速监测仪、锚室中温度湿度监测仪,获取大气、鞍座内部、锚室内部的温湿度空间分布。结合数值模拟与试验结果预测主缆内部温湿度变化规律,为下一步理论分析提供数据。

a) 鞍座

b) 锚固区场图

图 4.2 主缆及锚固区现场试验图

4.2.3 监测结果

根据2015年12月10日到2016年8月29日的监测(传感器仍在持续监测中)数据,索鞍处传感器温湿度变化情况如图4.3所示,传感器每小时记录一次数据。图中左轴为温度,右轴为相对湿度,粗实线为温度时程曲线,虚线为相对湿度时程曲线。从图中可以看出温度浮动较大,1月27日08:21温度为-5.7℃,7月22日14:16温度最高达46.1℃,温差达51.8℃;相对湿度5月17日15:56为22.9%,4月2日0:40为85.5%,浮动也比较大。

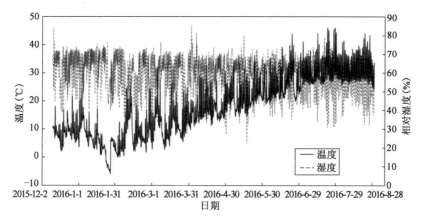

图4.3 索鞍处温湿度变化现场实测曲线

根据2015年12月10日到2016年8月29日的监测(传感器仍在持续监测中)数据,锚室内传感器温湿度变化情况如图4.4所示,传感器每小时记录一次数据。图中左轴为温度,右轴为相对湿度,粗实线为温度时程曲线,虚线为相对湿度时程曲线。从图中可以看出温度在9.1~33.4℃之间浮动,温差较小。相对湿度在1月18日和3月11日分别出现突变,这是因为锚室开展了两次除湿作业,湿度整体浮动不明显。由于锚室受局部管道地区漏水的影响,业主单位积极采取养护除湿作业。通过监测数据可知,建设养护单位养护作业效果显著,湿度始终控制在45%以下。

对比锚室内与索鞍处温湿度变化情况,可以看出锚室内温度变化幅度较小,且湿度时程曲线波动平缓;索鞍处温度变化幅度巨大,且温度时程曲线与湿度时程曲线波动剧烈。这些情况说明锚室具有极好的隔热效果,内部温湿度受外界环境影响很小,而索鞍内温湿度由环境光照及气温决定。

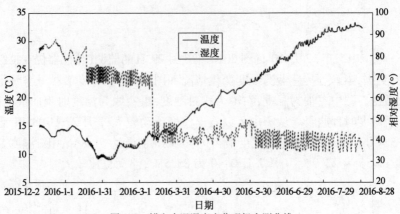

图 4.4 锚室内温湿度变化现场实测曲线

4.2.4 分布规律研究

1)工况划分

根据日气温变化、天气状况,将一年中的天数划分成以下 14 个工况:0～10℃、晴/多云,0～10℃、阴/雨,5～15℃、晴/多云,5～15℃、阴/雨,10～20℃、晴/多云,10～20℃、阴/雨,春夏 15～25℃、晴/多云,春夏 15～25℃、阴/雨,秋冬 15～25℃、晴/多云,秋冬 15～25℃、阴/雨,20～30℃、晴/多云,20～30℃、阴/雨,25～35℃、晴/多云,25～35℃、阴/雨。根据气象台历史数据及西堠门(舟山)历年健康监测数据,统计结果见表 4.1。

舟山天气工况年概率分布统计　　　　表 4.1

日气温分布	天 气 状 况	
	晴/多云	阴/雨
0～10℃	0.0575	0.0932
5～15℃	0.0548	0.1151
10～20℃	0.0411	0.1233
春夏 15～25℃	0.0329	0.0685
秋冬 15～25℃	0.0438	0.0630
20～30℃	0.0493	0.2164
25～35℃	0.0137	0.0329

以 2015 年全年天气为例,每个工况都有其代表日期,分别是:2015 年 1 月 8 日、2015 年 1 月 7 日、2015 年 1 月 11 日、2015 年 1 月 20 日、2015 年 3 月

22日、2015年2月15日、2015年4月2日、2015年3月31日、2015年10月14日、2015年10月19日、2015年7月13日、2015年8月14日、2015年7月29日、2015年8月7日。假设这些日期可以代表其所在天气工况的主缆截面湿度变化水平，则只须模拟这14天的主缆湿度变化情况，则可以大致推知主缆在一年中每天的湿度变化情况。

2）年概率分布

选取典型工况日的实测数据，通过8次多项式$[f(x) = a_0 + a_1x^1 + a_2x^2 + a_3x^3 + a_4x^4 + a_5x^5 + a_6x^6 + a_7x^7 + a_8x^8]$进行函数拟合，得到气温日变化函数曲线。对索鞍处晴天、阵雨、小雨和雪天等极端特殊工况日进行气温日变化函数曲线拟合，如图4.5所示。温度拟合曲线多项式各项系数见表4.2。

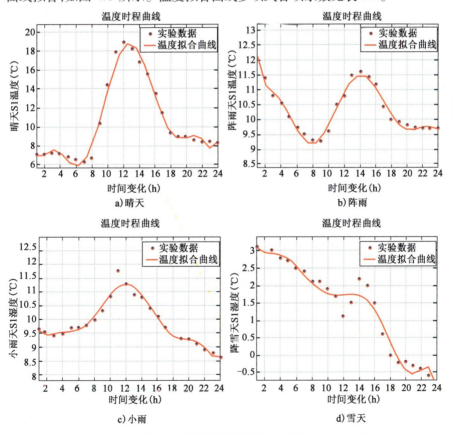

图4.5 索鞍处气温日变化拟合曲线

温度拟合曲线多项式各项系数　　　　　表4.2

天气	a_8	a_7	a_6	a_5	a_4	a_3	a_2	a_1	a_0
晴天	4.394×10^{-7}	-4.370×10^{-5}	0.002	-0.037	0.418	-2.580	8.101	-11.478	12.556
阵雨	6.775×10^{-8}	-7.348×10^{-6}	3.248×10^{-4}	-0.008	0.097	-0.690	2.616	-5.142	15.196
小雨	6.564×10^{-8}	-6.425×10^{-6}	2.546×10^{-4}	-0.005	0.060	-0.375	1.277	-2.111	10.761
雪天	-2.212×10^{-8}	1.668×10^{-6}	-4.46×10^{-5}	4.28×10^{-4}	0.001	-0.052	0.323	-0.806	3.663

注：从左向右依次为从低到高的多项式系数。

由图4.5可知：晴天时，日气温受太阳辐射强度的影响比较明显，中午气温最高，凌晨气温最低。而降雨或降雪会使气温下降，不同气候条件，降温幅度各不相同。同时，也对日气温太阳辐射规律产生一定的影响。

4.3　缩尺模型试验

4.3.1　环境模拟房设计

制作一个相对封闭的环境模拟房。环境模拟房为全铁质，具备良好的保温性能，尺寸为：6058mm×2438mm×2591mm，可模拟阳光、雨水（内循环）、风力，可以进行温度控制，模拟外界风、雨、光照等自然环境。在模拟房内放置一段与西堠门大桥主缆材料、编索方式相同的主缆模型（直径30cm，长度4m，含2个索夹）进行主缆缩尺模型试验。在环境模拟房内布置温湿度传感器，配置采集设备，对主缆内部温湿度、外部温湿度等进行监测。其中，利用太阳灯与空调设备，模拟环境温度；利用雨雾喷水头，模拟降雨条件；利用鼓风机模拟风环境。采集系统包括温湿度传感器、采集仪。主缆缩尺模型室内试验现场如图4.6所示。

从图4.6可以看出，试验模型是封闭的，相当于一个黑匣子，而通过环境房及其附属设备可以向主缆节段缩尺模型输入荷载，通过传感器及采集仪输出主缆内部温湿度响应。由此可分析得到输入与输出之间的关系。

第4章 悬索桥主缆内部温湿度变化机理

a) 环境模拟房外部

b) 环境模拟房内部

图 4.6 主缆缩尺模型室内试验现场

4.3.2 主缆模型介绍

西堠门大桥主缆采用预制平行钢丝索股[17],每根主缆中,从北锚碇到南锚碇的通长索股有 169 股,北边跨另设 6 根索股(背索)在北主索鞍上锚固,南边跨设 2 根背索在南主索鞍上锚固。每根索股由 127 根直径为 5.25mm、公称抗拉强度为 1770MPa 的高强度镀锌钢丝组成。其索夹内直径为 860mm(北边跨)、845mm(中跨)和 850mm(南边跨),索夹外直径为 870mm(北边跨)、855mm(中跨)和 860mm(南边跨)。主缆防护设计方案为[17]:ϕ4mm 镀锌缠绕钢丝 + 涂装防护。主缆钢丝涂覆磷化底漆;缠绕钢丝和主缆钢丝之间涂抹不干性防护腻子;缠绕钢丝涂覆磷化底漆;缠绕钢丝之间用聚硫密封剂嵌缝,涂氟碳树脂或脂肪簇丙烯酸聚氨酯面漆。为了保证研究结果的准确性,采用与西堠门大桥主缆材料、编索方式一致的主缆模型进行主缆缩尺模型试验,模型总质量约 1.8t。主缆加工成型如图 4.7 所示。主缆模型制作要求如下:

(1) 模型采用实桥索段模型,规格为 19 - 127ϕ5,大缆外径约为 300mm,总长为 4m,中间设置两个索夹,索夹长度为 400mm,索夹距离两端为 500mm。

(2) 主缆制作完成后在其表面根据主缆防护的要求进行缠丝防腐,两端面采用丁基橡胶进行密封,然后再采用不锈钢端罩保护。

(3) 根据内部检测要求,需在大缆内部设置检测元件。拟在两个截面各设置 7 个传感器(共 14 个)。传感器安装截面位置如图 4.8 所示。

(4)传感器具体分布如图4.8中$A-A/B-B$截面所示,共7处(红星表示传感器探头)。其中,5处位于索股中心位置,2处位于索股边缘中间位置(距边缘一到两层钢丝厚度)。

(5)传感器导线从同一端接出,索夹上需要配有吊钩。

图4.7 主缆加工成型图

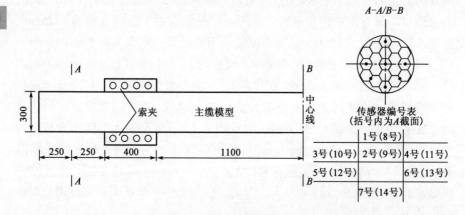

图4.8 索夹、传感器安装截面位置示意图(尺寸单位:mm)

4.3.3 传感器测点布置

室内试验主缆节段直径30cm、长4m。在靠近两个端面70cm各安装1个索夹,共2个索夹。选择两个断面为测试断面,一个位于距离端面25cm处(即索夹与端面中间,截面A),另一个位于主缆模型中点(距两端200cm,截面B)。选择主缆中间和靠近端部这两个测试断面是为了体现试验的三维性,对于探索湿度沿纵向的分布规律有所帮助。索夹安装位置及测试断面位置如图 4.8 所示。

温湿度传感器采用瑞士罗卓尼克生产的 HC2-C04,它的探头大小近似于一支火柴,导线直径略细于一根钢丝。在需要安装传感器的位置处抽出与传感器探头加导线长度相同的一根钢丝,代之以传感器探头及导线,这种安装传感器的方法可以确保传感器探头及导线不被周围钢丝挤压失效。

试验采用 14 个 HC2-C04 温湿度传感器,分别安装在两个测试断面上,每个断面安装 7 个。上下左右靠近主缆表面处各安装 1 个,中心安装 1 个,右下方、左下方各安装 1 个。主缆上部的位置和中心的位置起着对比试验的作用,而左、左下、右、右下及下部的位置是经过查阅文献、调研后发现腐蚀较为严重的位置,应重点关注这些位置。

通过测量距离主缆中心不同距离处的温度差,还可以计算出一些重要的热物性参数。传感器安装具体位置如图 4.8 中 $A-A/B-B$ 截面所示,其中截面 B 编号为 1~7 号传感器,截面 A 编号为 8~14 号传感器。

4.3.4 试验工况

环境温度和主缆内部总含水率是主缆内部温湿度分布的决定性因素。主缆模型初始状态不含水,若要改变含水率,则必须往内部注水,且此过程不可逆。在不同含水率状态下,温度的影响会有所不同,因此每次注水后应重新进行温度测试。主缆模型的试验工况见表 4.3。其中,基准工况的温度值 15℃为试验当月的平均温度。

主缆模型的试验工况　　　　　　　表 4.3

工 况	注水量(mL)	温度值(℃)	局部热源(W)
基准	0	15	—
1	0	25	—
2	500	30	—
3	500	—	1200(升温)
4	500	—	1200(降温)

注:表中温度值为升温后达到的温度。

4.3.5 试验结果分析

1)主缆内部温湿度变化规律

首先设置空调温度为 25℃,利用环境模拟房对主缆节段模型进行均匀加热,直至主缆节段内部温度场达到稳定(工况1)。在此过程中连续测试各截面测点的温度和含湿量。工况1下主缆各截面的温湿度实测值如图4.9所示(试验过程中7号、12号传感器数据部分失效,故图中未列出该测点数据)。由图4.9可知:升温至25℃,经过20h后,截面A的温湿度达到稳定,温度从19.5℃上升到25.5℃,截面温差变化不大,含湿量从0.011上升到0.015;而截面B在经过30h后温湿度达到稳定,温度从19.5℃上升到24.5℃,截面温差变化不大,含湿量从0.010上升到0.014;截面A温湿度达到稳定状态的时间比截面B快10h。

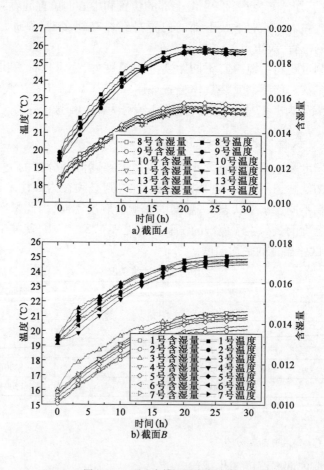

图4.9 工况1主缆温湿度实测值

工况1完成后,向主缆内部注入500mL水,将空调温度设置为30℃,均匀加热至温度场稳定(工况2)。工况2下主缆各截面温湿度实测值如图4.10所示。由图4.10可知:注水500mL并升温至30℃,经过20 h后,截面 A 的温湿度达到稳定,温度从22℃上升到30℃,含湿量从0.016上升到0.026;而截面 B 在经过25 h后温湿度达到稳定,温度从21.5℃上升到28℃,含湿量从0.016上升到0.024;截面 A 温湿度达到稳定状态的时间比截面 B 快5h,截面温差几乎不变。在升温过程中截面温度存在波动上升的情况,这是由于空调调节作用所致。

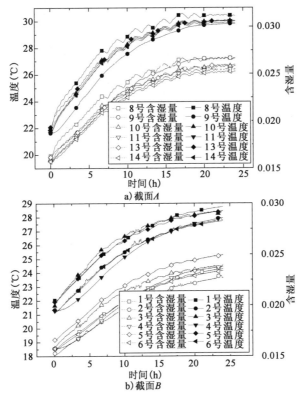

图4.10 工况2主缆温湿度实测值

关闭空调,待温度降低至基准温度后,开启截面 B 正上方太阳灯(照明功率为1200 W)进行局部加热(工况3)。工况3下主缆各截面温湿度实测值如图4.11所示。由图4.11可知:经过25 h后,截面 A 的温湿度达到稳定,温度从20.5℃上升到29℃,含湿量从0.014上升到0.024;而截面 B 在经过25 h后温湿度达到稳定,温度从20.5℃上升到33℃,含湿量从0.015上升到0.03;截面A与截面B温湿度同时达到稳定状态;截面B温度分布不均匀,从截面顶部到底部存在明显的温度梯度,截面顶、底部温差约为6℃;截面A温度分布相对均匀,截面温差为0.8℃,且平均温度低于截面B的平均温度。

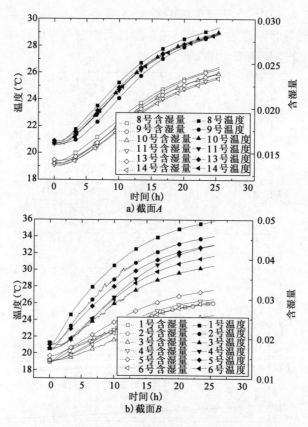

图4.11 工况3主缆温湿度实测值

工况3完成后,关闭太阳灯使主缆模型自然冷却(工况4)。工况4下主缆各截面温湿度实测值如图4.12所示。由图4.12可知:经过23 h后,截面A的温湿度达到稳定,温度从29℃下降到20℃,含湿量从0.024下降到0.014;截面B也在经过23 h后温湿度达到稳定,温度从33℃下降到20℃,含湿量从0.028下降到0.014;截面A与截面B温湿度同时达到稳定状态,截面B的截面温差减小;含湿量分布规律与温度分布规律相似。

第4章 悬索桥主缆内部温湿度变化机理

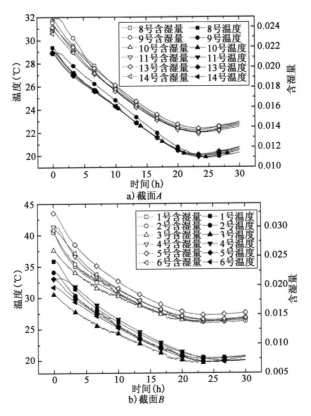

图4.12 工况4 主缆温湿度实测值

将西堠门大桥健康监测系统中实时采集的主缆温度数据与相同情况下模型试验的数据进行对比分析可知,模型试验结果与实际监测结果基本相符。因此,可认为试验结果能代表主缆的实际情况。

2) 热传导率及热交换系数测试

由于主缆内部为紧密钢丝束,结构复杂,传热需通过接触热阻,其热传导率不能依靠简单计算表观热传导率的方法计算得到。而主缆保护层包含缠丝、腻子及多层涂料,物理性质复杂,无法直接通过各种材料属性计算得到主缆和环境之间的热交换系数。因此这2个参数需要通过试验测得。热交换系数 k 和热传导率 h 的计算公式分别为[18]:

$$k = \frac{C\rho(r_2^2 - r_1^2)(t_1 - t_0)(\ln r_2 - \ln r_1)}{2(t_{w2} - t_{w1})} \quad (4.1)$$

$$h = \frac{C\rho\pi r^2 L(T_1 - T_0) - \varepsilon\sigma\int_0^s (T_w^4 - T_\infty^4)\mathrm{d}t}{A \cdot \int_0^s [T_\infty - T_w(t)]\mathrm{d}t} \quad (4.2)$$

式中： C——主缆内部比热容，取 502J/(kg·K)；

ρ——主缆内部表观密度，取 6400kg/m³；

r_1、r_2——主缆上、下测点至主缆中心的距离，取值分别为 0.14m、0.135m；

$t_1 - t_0$、$T_1 - T_0$——2 次稳定状态之间的温度差；

t_{w1}、t_{w2}——半径 r_1 和 r_2 处的温度；

r——测点到主缆中心的距离；

L——主缆长度；

ε——主缆表面涂层辐射率，取 0.9；

σ——斯蒂芬—波尔兹曼常数，取 5.670373×10^{-8} W/(m²·K⁴)；

s——主缆温度变化时程总时长，取 30h；

T_w、T_∞——主缆表面温度和环境温度；

t——时间；

A——主缆侧面面积。

利用环境模拟房对主缆模型进行均匀加热，设置空调温度为 25℃。平均温度由初始状态的 $t_0 = 19.7$℃升至 $t_1 = 25.6$℃，稳定后的温度分别为 $t_{w1} = 26$℃、$t_{w2} = 25.5$℃。将上述数据代入式(4.1)、式(4.2)，得到热传导率系数 $k = 38$ W/(m·K)，热交换系数 $h = 7.7$ W/(m²·K)。

4.4 数值模拟与分析

4.4.1 基本原理

对于大跨度悬索桥而言，主缆内部的温度传递主要源于阳光照射及地面反射的辐射作用、桥梁结构和外部空气之间的热对流以及相互接触的构件之间的热传导三种热作用形式。热辐射规律满足 Stefan-Boltzmann 方程，即

$$q = \varepsilon\sigma T_s^4 \quad (4.3)$$

式中:q——热辐射力;

ε——发射率(黑度);

σ——斯蒂芬—波尔兹曼常数,$W/(m^2 \cdot K^4)$;

T_s——辐射面的表面温度,K。

桥梁结构和外部空气之间的热对流属于自然对流,其传热满足牛顿冷却公式:

$$q'' = h\Delta T \tag{4.4}$$

式中:q''——单位面积的热流量,W/m^2;

h——热对流传热系数,$W/(m^2 \cdot K)$;

ΔT——温差,K。

主缆内构件的热传导满足傅里叶定律,其表达式可表示为[19]

$$\frac{k}{\rho \cdot c} \cdot \left(\frac{\partial^2 T}{\partial x^2} + \frac{\partial^2 T}{\partial y^2} + \frac{\partial^2 T}{\partial z^2} \right) = \frac{\partial T}{\partial t} \tag{4.5}$$

式中:k——导热系数,$J/(s \cdot m \cdot K)$;

c——材料比热容,$J/(kg \cdot K)$;

ρ——材料密度,kg/m^3;

T——温度,K;

t——时间,s。

主缆内部为多孔介质,其水分扩散和湿度变化规律,必须考虑液态水的渗流以及气态水的非稳态扩散效应。

主缆内部气态、液态水的渗流和扩散,与非饱和土中的水分的传输具有相似性[20]。假定其渗流满足达西定律,将其代入连续性方程,并在连续性方程中引入饱和度,即可得到非饱和多孔介质渗流偏微分方程[21]:

$$v = K(\theta) \times J \tag{4.6}$$

$$\frac{\partial}{\partial t}(\rho n \Delta x \Delta y \Delta z) + \nabla \cdot (\rho v) \Delta x \Delta y \Delta z = 0 \tag{4.7}$$

$$\frac{\partial}{\partial x}\left[K(\theta) \frac{\partial H}{\partial x} \right] + \frac{\partial}{\partial y}\left[K(\theta) \frac{\partial H}{\partial y} \right] + \frac{\partial}{\partial z}\left[K(\theta) \frac{\partial H}{\partial z} \right] = \frac{\partial \theta}{\partial t} \tag{4.8}$$

式中:K——渗透系数二阶张量;

θ——含水率;

v——渗流速度矢量;

J——水力坡度矢量;

H——水头；
ρ——液体密度；
n——孔隙度；
∇——梯度算子。

气态水的扩散是气体分子的内迁移现象[22]，主缆内气态水的扩散属于非稳态扩散，扩散规律可以用菲克第二定律描述[23]：

$$\frac{\partial C}{\partial t} = \nabla(D \nabla C) \tag{4.9}$$

式中：C——扩散物质(组元)的体积浓度；
D——扩散系数二阶张量；
t——时间。

4.4.2 太阳辐射模拟

由于湿度的变化速度远远慢于温度场的变化速度，两者的耦合关系并不强烈。湿度变化由温度场驱动，而反过来对温度场变化影响微弱，可以说温度场决定了湿度分布。因此，主缆温度场分布研究非常重要。主缆在一天中的温度变化主要受太阳辐射作用影响，因此拟通过数值方法研究主缆在太阳辐射下的温度场分布。西堠门大桥桥址位于东经122°、北纬30°，东北—西南走向，取主缆跨中处水平节段，其方位与太阳运行轨迹的关系如图4.13所示。

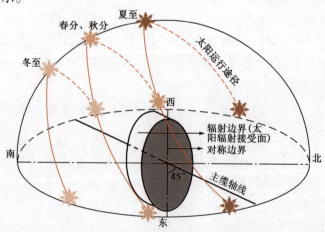

图4.13 主缆方位与太阳运行轨迹的关系示意图

4.4.3 主缆数值模型

现采用 Fluent 进行数值模拟工作，共涉及三种模型：缩尺温湿度数值模型、足尺传热数值模型、足尺传湿数值模型。数值模拟具体步骤为：第一步，建立与室内缩尺模型相似的数值模型（直径 30cm，称为缩尺温湿度数值模型），利用此模型模拟室内试验条件，得到温湿度分布规律，将此规律与室内试验实测数据进行对比，修正缩尺数值模型，直至两者结果接近或相同。至此，可认为该数值模拟算法可行，即模拟出的结果可信。第二步，建立一个与现场主缆节段相似的传热数值模型（直径 80cm，称为足尺传热数值模型），利用 Discrete-Ordinates（后文简称 DO）算法，施加太阳辐射荷载，得到足尺数值模型在一天（24h）内的温度场分布规律，将此规律与已有文献（《西堠门大桥主缆横断面温度场研究》）对比并修正热力学参数，直至两者结果相近。至此，可认为 DO 算法可模拟出准确的实桥温度场分布时程。第三步，建立一个与现场主缆节段相似的传湿数值模型（直径 80cm，称为足尺传湿数值模型），在其上施加第二步中所得温度场时程，采用与第一步相同的传湿算法计算并总结湿度分布规律。

1）主缆太阳辐射模型

首由主缆节段模型侧面受日光照射，在数值模型中设为辐射边界，两个端面则为对称的非辐射边界；主缆内部设置为热传导区域。主缆侧面设为温度壁面，以此对模型施加环境辐射和空气对流等边界条件。主缆的温度变化数值模拟模型如图 4.14 所示。

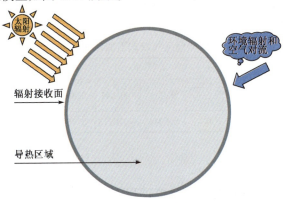

图 4.14　主缆太阳辐射模型

2) 主缆温湿度变化模型

主缆在施工架设时会存在一部分的初始积水,在重力作用下积于断面底部,现取其积水断面进行研究:将主缆内部简化为非饱和多孔介质,保护层则抽象为主缆边界;初始积水液面以上为气液混合相(由蒸发、扩散、渗流所致),如图4.15所示。由于式(4.9)的扩散系数受温度变化影响较大,因此建立传湿数值模型时必须考虑温度场数值模拟的结果。

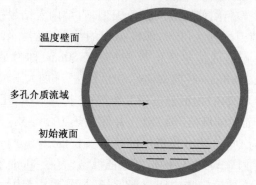

图4.15 主缆传湿数值模型示意图

太阳光辐射到主缆表面的能量可由Fluent程序自带太阳轨迹数据库计算得出,辐射计算原理为式(4.3)所示的Stefan-Boltzmann方程。环境辐射和空气对流的影响主要由气温决定。考虑气温是一个不确定的量,因此需要现场实测数据辅助。现利用在桥址处的现场实测气温数据拟合出气温日变化函数(见第4.2.4节),并进一步通过编译用户定义函数(User Defined Function)将气温的影响输入模型。同一月份两种典型天气(阴雨天和晴天)状态下的气温拟合结果见表4.4。

两种典型天气状态下的拟合结果　　　　表4.4

系数	a_8	a_7	a_6	a_5	a_4	a_3	a_2	a_1	a_0
阴雨天	-3.34×10^{-8}	3.45×10^{-6}	-1.44×10^{-4}	0.003	-0.041	0.300	-1.189	2.213	6.613
晴/多云	0	0	0	0.0015	-0.0218	0.169	-0.670	1.1212	10.821

4.4.4 模型参数

在主缆温湿度变化的数值模拟过程中,传热传湿参数的取值对最终数值模拟结果的准确性至关重要。

在传湿模型中,需要确定的基本参数有:渗透系数 K、孔隙度 n、扩散系数 D、初始积水量及水的蒸发冷凝饱和温度。孔隙度 n 取所有高强钢丝总截面积与主缆横截面面积之比;渗透系数 K 可按照泰勒推导的渗透系数经验公式计算[24];目前,国内外尚无主缆内部扩散系数 D 取值的理论和试验研究,因此扩散系数暂设为软件对多孔介质材料的默认取值;由于西堠门大桥建成后未进行开缆工作,初始积水量为未知数据,此处借鉴江阴长江大桥的开缆结果;水的蒸发冷凝饱和温度取 100℃。传湿模型参数取值见表4.5。

西堠门大桥传湿模型参数取值表　　　　表4.5

传湿模型参数	取值
渗透系数 K(cm/s)	0.12
孔隙度 n	0.18
扩散系数 D(m/s^2)	软件默认
初始积水量(mm)	30
蒸发冷凝饱和温度(℃)	100

在传热模型中,需要确定的基本参数有:主缆护套的辐射发射率 ε,主缆导热系数 k,对流换热系数 h、主缆密度 ρ、比热容 c。文献[25]统计了常见材料在不同色彩下的辐射发射率;文献[18]通过室内缩尺模型试验获得西堠门大桥主缆的导热系数及对流换热系数;比热容和主缆密度均考虑主缆孔隙度 n 的影响;其余参数取其在常温和标准大气压下的标准值。综合上述研究成果,其热力学参数取值统计见表4.6。

西堠门大桥传热模型参数取值表　　　　表4.6

热力学参数	取值
辐射发射率 ε	0.9(护套)
对流换热系数 h[W/(m^2×K)]	7.7
密度(kg/m^3)	6400
导热系数 k[J/(s·m·K)]	1.2
比热容 c[J/(kg·K)]	410(钢丝),920(护套)

4.4.5　一日内主缆积水断面温湿度分布

1)温度变化数值模拟结果

选取表4.4中的晴天为例,分析主缆一日内积水断面的温湿度分布规律。一日内温度场的模拟首先需确定初始状态的温度场,通过施加环境条件(如气温、光照等因素)进行数值模拟获取初始温度场,具体步骤为:第一步,将整段主缆模型初始温度场设为300K;第二步,加载太阳光照、环境辐射和空气对流,从零时开始模拟24h,结束状态为24:00,即第二天零时;第三步,将第二步中24:00温度场设为初始零时温度场,重新进行第二步的计算;第四步,重复第二、三步,直至前后两日的零时温度场重合,此时可认为迭代计算收敛,该温度分布能作为初始温度场。

以确定的初始温度场模拟该日的温度场变化。图4.16依次表示8:00、12:00、16:00、20:00四个时间点主缆横截面温度场分布情况。8:00主缆上东侧受太阳光直射,西下侧为背阳面,因此在横截面上反映为左上侧温度最高,但最低温出现在右侧稍靠上位置而非右下侧,原因在于地面反射了一部分阳光,使得受光照强度最弱的位置出现在西侧略靠上;主缆中心区域比背

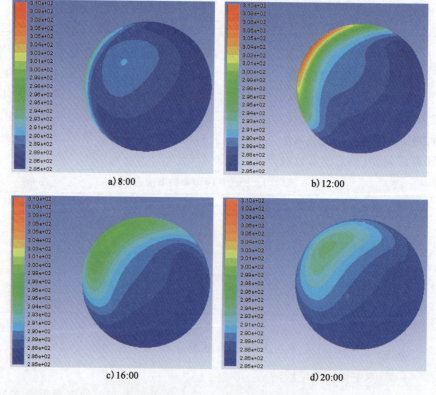

图4.16 冬季晴天一日温度场变化数值模拟

阳面温度高,原因在于主缆向周围环境散热,靠近表面的区域散热快,而中心区域散热较慢。12:00 主缆上侧略靠东受太阳光直射,下侧略靠西为背阳面,因此在横截面上反映为上侧略靠左位置温度最高。由于太阳高度角较 8:00 变大,因此主缆受阳光直射位置向顶部移动,最高温的出现位置相比 8:00 更靠近顶部,在阳光和地面反射的共同作用下,主缆最低温出现位置相比 8:00 发生下移。16:00 主缆西上侧受阳光直射,东下侧为背阳面,而此时主缆横截面上侧靠右位置温度最高,下侧靠右位置温度最低,原因在于日照强度减弱,对温度场的调节能力大幅降低,与 12:00 相比,最高温有所下降,最低温则由于热传导效应有所上升。20:00 主缆不受光照,持续向环境散热,在横截面上反映为整体温度下降,但中心区域下降幅度相对较小,最高温区域由主缆表面向中心移动。

2) 湿度变化数值模拟结果

将主缆温度场变化时程数据加载至湿度数值模型中,经过瞬态分析后得到主缆内部湿度变化时程数据如图 4.17 所示。可以看出,从 8:00 到

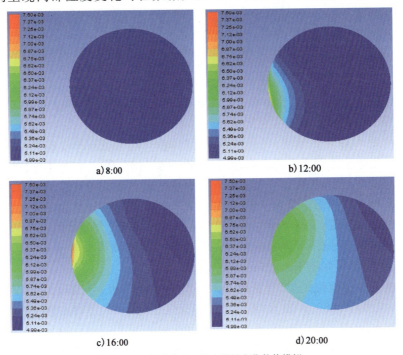

图 4.17 冬季晴天一日含湿量变化数值模拟

20:00,主缆含湿量最大值一直上升,主缆内部单位体积含湿量由底部向顶部呈现扩散趋势。由于主缆东侧最先接收光照,该侧温度较高,水分更易蒸发,含湿量也较高。

4.4.6 主缆截面含湿量概率年分布

按照温湿度变化的数值模拟方法,修改气温日变化函数与太阳运行轨迹等参数,依次进行14个工况(见4.2.4节)的数值模拟,并提取图4.18所示关键点的温湿度数据。

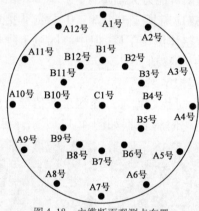

图4.18 主缆断面观测点布置

以工况1(0~10℃,晴/多云)、工况2(0~10℃,阴/雨)和工况14(25~35℃,阴/雨)为例,温湿度变化结果如图4.19所示。

由图4.19可以得出:气温越高,单位体积含湿量分布梯度越大,即气温越高主缆单位体积含湿量分布越不均匀。同样的气温水平下,晴天单位体积含湿量高于阴天,且其分布较阴天更不均匀。在较低的气温水平下,太阳辐射主导单位体积含湿量分布,最先受到日光照射的部分含湿量最高;在较高的气温水平下,气温变化主导单位体积含湿量分布,含湿量的分布呈现截面底部最大,并向顶部递减的规律。结合温度时程曲线与含湿量时程曲线来看,含湿量存在随积温上升的趋势。

根据数值模拟结果,将含湿量水平分为4个等级,分别为:0.01以下、0.01~0.03、0.03~0.06、0.06以上。则天气工况1~4,可归入第一等级;天气工况6,可归入第二等级;天气工况5及天气工况7~10,可归入第三等级;天气工况11~14,可归入第四等级。从表4.7可以看出,全年中含湿量在第一等级和第四等级的概率各占1/3,含湿量超过第二等级的概率大于1/2。

第4章 悬索桥主缆内部温湿度变化机理

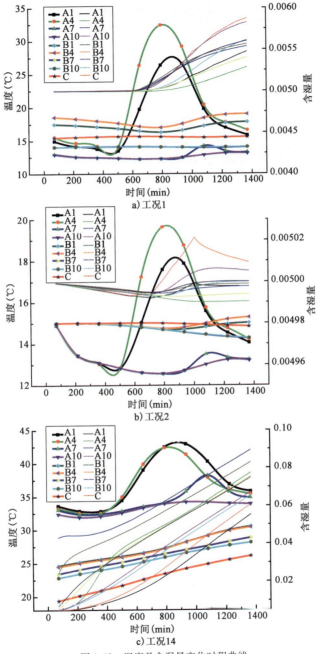

a) 工况1

b) 工况2

c) 工况14

图 4.19 温度及含湿量变化时程曲线

主缆截面含湿量概率年分布　　　　　　　　表4.7

含 湿 量	天　数	概　率
0.01 以下	117	0.32
0.01～0.03	45	0.12
0.03～0.06	89	0.24
0.06 以上	114	0.32

4.5　主缆内部温湿度变化机理

现着重模拟主缆内部在温度等因素作用下的水分迁移的物理现象。对于存在初始积水的主缆截面来说，主要有三种水分迁移途经：

（1）主缆截面温度分布不均匀且随时间变化，对于体系温度变化而言，白天积水蒸发，水蒸气在钢丝之间扩散，晚上温度下降，水蒸气在截面上部钢丝上凝结；对于截面梯度温度而言，温度较高处积水蒸发，水蒸气扩散至温度较低处冷凝。其中，水蒸气的扩散可用菲克定律描述，需要设置的参数为扩散系数；水蒸气的蒸发和冷凝可以用 Fluent 自带的蒸发冷凝模型来模拟，需要设置的参数为蒸发率、冷凝率和蒸发饱和温度。

（2）由于钢丝排列紧密，孔隙较小，会产生一定的毛细管压力，驱动积水在主缆内部渗流（有横截面内部的和沿主缆纵向的）。

（3）由于主缆截面实际上是倾斜的，积水会在重力作用下沿主缆纵向渗流。

根据上述三种迁移途径，结合数值模拟计算结果，总结温湿度变化机理，如图4.20所示。

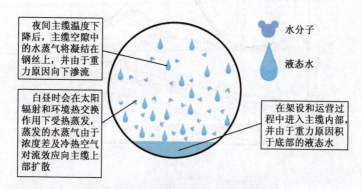

图4.20　主缆内部温湿度变化机理示意图

4.6 结语

本章依托西堠门大桥主缆体系,根据主缆缩尺模型试验结果和室外监测数据,掌握了主缆截面各部位温湿度分布规律,揭示出悬索桥主缆内部温湿度变化机理。主要成果及结论如下:

(1)通过主缆温湿度现场监测试验,得到西堠门大桥桥位处在晴天、阴天、降雨、降雪等不同天气状况气温日变化规律,分析太阳辐射和冷热空气团对气温变化的驱动作用。

(2)依据主缆及锚固区现场实测温湿度及西堠门大桥健康监测系统历史数据,分析并提炼气温日变化函数,将全年气温纳入14个不同气温水平、天气状况及太阳运行轨迹的组合工况,并统计上述工况的年发生概率分布。

(3)通过室内缩尺模型试验,得到主缆内部的温度和含湿量的分布规律,通过温湿度传感器测试主缆的热传导率及热交换系数。

(4)通过主缆节段足尺数值模型,输入日气温变化边界条件及太阳运行轨迹,模拟自然条件下实际桥位处主缆内部温度及含湿量时程变化,通过改变节段模型的方向,可以得到主缆任何一个横截面的温度及含湿量变化规律,进而结合天气工况分布情况,推出主缆内部含湿量年概率分布。

本章对西堠门大桥主缆内部温湿度变化机理进行研究,取得了一些成果,但尚有许多研究内容有待进一步开展和深化,如数值模拟研究中相渗透率的测量。由于试验条件所限,未通过室内试验手段测量这些参数,而是通过室内试验与数值模拟结果的对比修正系数。此外,主缆高强钢丝的腐蚀问题、主缆纵向的传湿规律和可靠度评估等将在后续进行研究。

本章参考文献

[1] 顾安邦,范立础. 桥梁工程(下册)[M]. 北京:人民交通出版社,2000.
[2] Kathy Riggs Larsen, Staff Writer. Dry Air Combats Corrosion on Suspension Bridge Cables[J]. Materials Performance, 2008,47(4):30-33.
[3] 王敬民. 大跨径悬索桥的主缆防护[J]. 公路,2000,3(30):121.
[4] Chen A, Frangopol D M, Ruan X. Bridge Maintenance, Safety, Management and Life Extension[Z]. CRC Press Boca Raton, FL, USA, 2014.

[5] 阙家奇,曹素功,范厚彬.大跨悬索桥主缆防腐及内部温湿度变化机理研究综述[J].长沙大学学报,2016,30(5):17-21.

[6] 陈胜.大跨悬索桥主缆防护的分析研究[D].大连:大连理工大学,2012.

[7] 张伟.基于日照辐射的悬索桥主缆热应力理论及结构温度效应研究[D].重庆:重庆大学,2015.

[8] 江苏扬子大桥股份有限公司.江阴大桥增设主缆除湿系统关键技术[M].北京:科学出版社,2016.

[9] 陈策.我国悬索桥主缆除湿系统研究的最新进展[J].中国工程科学,2010,12(4):95-99.

[10] 叶觉明.大跨度三塔悬索桥主缆系统施工技术创新及改进[J].桥梁建设,2015,45(1):6-12.

[11] 范厚彬,田浩,曹素功,等.悬索桥主缆内部温湿度变化机理模型试验研究[J].桥梁建设,2017,47(02):42-47.

[12] 刘舟峰,张勇,曹素功,等.悬索桥主缆系统温湿度监测和除湿养护研究[J].中国市政工程,2017,(02):102-104,107,129.

[13] 黄铁生.大岛大桥主缆施工[J].世界桥梁,1993(3):175-180.

[14] Keita Suzumura, Shunichi Nakamura. Environmental Factors Affecting Corrosion of Galvanized Steel Wires [J]. Journal of Materials in Civil Engineering, 2004, 16(1):1-7.

[15] Saeki Shoichi, Furuya Kazuhiko. Corrosion Protection of Suspension Bridge Cables [J]. Construction of Civil Engineering Structures. 1997, 38(7):35-37.

[16] 温文锋,张宇峰,马爱斌,等.悬索桥主缆的防腐与防护[J].腐蚀与防护,2007,28(11):82-93.

[17] 宋晖,王晓冬.舟山大陆连岛工程西堠门大桥总体设计[J].公路,2009(1):8-16.

[18] 程嘉稀.西堠门大桥主缆及锚固区内部温湿度变化机理研究[D].上海:同济大学,2016.

[19] 张东晖,施明恒.分形多孔介质中的热传导[J].工程热物理学报,2004(01):112-114.

[20] 马峰.基于FLUENT的高温热湿迁移数值模拟[D].天津:河北工业大

[21] 杨昱.饱和非饱和渗流基本微分方程的推导[J].河南水利与南水北调,2015(14):76-79.

[22] 谢绍东,张远航,唐孝炎.机动车排气污染物扩散模式[J].环境科学,1999(01):105-110.

[23] 马亮,何榕.分形多孔介质中气体的非稳态扩散[J].化工学报,2013,64(09):3139-3144.

[24] Taylor D W. Fundamentals of soil mechanics [M]. New York: John Wiley&Sons,1948.

[25] Muth J F, Lee J H, Shmagin I K, et al. Absorption coefficient, energy gap, exciton binding energy, and recombination lifetime of GaN obtained from transmission measurements [J]. APPLIED PHYSICS LETTERS. 1997, 71(18): 2572-2574.

田浩　高级工程师

博士,高级工程师。2000～2009年就读于同济大学桥梁与隧道工程系,2009年获得同济大学工学博士学位,2010～2011年于美国里海大学ATLSS国家级工程技术研究中心从事博士后研究,2011年～至今于浙江省交通运输科学研究院工作,现为浙江省交通运输科学研究院桥隧工程研究所副所长、浙江省桥梁维护与安全技术实验室主任、桥梁维护与安全技术研究中心副主任。

主要从事桥梁全寿命性能演变分析、结构加固和性能优化、大跨桥梁结构健康监测数据分析与安全评估方面的研究。攻读博士学位及在美国做博士后期间,作为主要成员先后参与了国家自然科学基金项目——"混凝土桥梁构件耐久性数值模拟"、863计划重大交通基础设施核心技术项目——"基于全寿命周期的混凝土桥梁耐久性能设计方法和过程"、西部交通建设科技项目——"混凝土桥梁耐久性设计方法和设计参数研究"等多项国家级、省部级科研项目。科研项目中已完成鉴定项目4项(成果水平1项国际先进,2项国内领先,1项国内先进),已完成验收项目4项。以第一作者完成著作1部(近30万字),参编著作3部。发表学术论文近30篇,其中SCI收录4篇、EI收录13篇、ISTP收录6篇。获发明专利2项,实质性审查中发明专利2项,获实用新型专利5项,获国家计算机软件著作权6项。

已完成课题主要有:

(1) 国家交通战备办公室科研项目——《大跨径斜拉装配式公路钢桥研制》(主要成员,已鉴定,国际先进);

(2) 浙江省交通运输厅科技计划项目——《基于监测数据的缆索承重桥梁钢箱梁结构性能评价及养护管理策略研究》(项目负责人,已鉴定,国内领先);

(3) 浙江省交通运输厅科技计划项目——《在役中小跨径混凝土桥梁结构监测系统开发与应用研究》(项目负责人,已鉴定,国内领先);

(4) 浙江省交通运输厅科技计划项目——《超载作用对公路桥梁承载能力的影响研究》(主要成员,已鉴定,国内先进)。

目前在研课题主要有:

(1) 国家自然科学基金项目——《细观尺度下正交异性钢桥面板疲劳机理研究》(排名第4);

(2) 浙江省自然科学基金项目——《基于概率的既有钢筋混凝土梁式桥加固措施分类及影响机理研究》(主持);

（3）浙江省交通运输厅科技计划项目——《西堠门大桥主缆及锚固区内部湿度变化机理及预养护策略研究》（排名第2）；

（4）浙江省科技厅培育创新载体项目——《浙江省桥梁维护与安全技术实验室建设》（主持）；

（5）浙江省科技厅协同创新项目——《基于监测大数据的跨海大桥结构安全评估方法研究》（排名第2）；

（6）浙江省交通运输厅科技计划项目——《大跨度缆索承重桥梁涡激振动动态监控研究》（主持）；

（7）浙江省科技厅培育创新载体项目——《浙江省长大桥梁健康监测数据中心》（主持）。

2015年入选浙江省151人才第三层次培养人员，杭州市下城区258人才第二层次培养人员。获中国计量测试学会科学技术进步三等奖1项，获2016年度"最美浙江人——青春领袖"提名奖、浙江省交通运输厅"优秀共产党员"、杭州市交通运输协会首届"优秀科技工作者"等荣誉称号。目前为国际桥梁加固与安全协会（IABMAS）会员、国际全寿命土木工程协会（IAL-CCE）会员、国际桥梁维护与安全协会中国团组理事、浙江省公路学会会员、杭州市交通运输协会专家。

第5章 桥梁车致火灾概率模型

陈艾荣,马明雷,马如进
同济大学桥梁工程系,上海市四平路1239号,200092

5.1 引言

　　桥梁火灾的危险源主要为各种类型的车辆,其发生概率的确定对于桥梁抗火设计和安全维护具有十分重要的意义。目前,国内外关于桥梁火灾发生概率的研究较少,主要针对桥梁火灾事故进行研究[1,2],或者对火灾发生的影响因素进行分析[3]。文献[4]采用故障树理论对车辆致桥梁火灾概率进行了研究,主要侧重于车辆因素的影响。文献[5]采用熵权模糊评价的方法对车辆致桥梁火灾风险进行分析,并取得了较好的效果,但对于桥梁火灾发生概率评价标准的确定,仍须深入研究。综上所述,目前国内外关于桥梁火灾风险概率的研究取得了一些成果,但如何在全面考虑桥梁火灾发生概率影响因素的基础上,建立科学合理的概率评价模型及评价标准,仍有待于进一步研究。

　　本章全面考虑车致桥梁火灾发生概率的影响因素,采用综合模糊评价的方法对车致桥梁火灾发生概率进行研究;采用层次分析(AHP)和熵权相结合的方法确定各指标权重,既充分吸收专家的经验和专业知识,体现各指标的相对重要度,又尽量消除人为主观因素的影响。同时,采用灰色模糊理论对初始矩阵进行处理,使评价结果更为科学合理。由于桥梁火灾与隧道火灾具有很大的相似性,因此参考隧道火灾统计数据,建立不同类型车辆导致的桥梁火灾频率评价标准,并最终建立车致桥梁火灾发生概率的评价模型。

5.2 基于熵权模糊层次分析的综合评价模型

5.2.1 基于熵权模糊层次分析的原理及基本步骤

模糊层次分析法(Fuzzy Analytic Hierarchy Process,FAHP)是层次分析法的衍生及发展,其将模糊综合评价法和模糊层次分析法进行有机结合,通过层次分析法确定因素的权重,通过隶属函数对专家评语进行处理,在此基础上进行模糊运算,对评价对象进行评判[6,7]。熵权法是对层次分析的修正,通过将熵权和层次分析权重相结合,尽量消除评判专家的个人喜好和判断误差,避免了层次分析法中主观因素的影响,在此基础上进行模糊综合评判,使评价结果更加客观合理[8,9]。

基于熵权的模糊层次分析法的基本步骤为:

(1)选取评价对象的影响因素,构建不同层次级别的评价因素影响集合。

(2)划分评价目标的评价等级,构建评语集合。

(3)建立隶属函数,对专家评语进行处理。

(4)计算模糊评价矩阵。

(5)采用层次分析法计算各级指标权重。

(6)采用熵权法计算各指标权重。

(7)对层次分析权重和熵权进行组合,确定指标的综合权重。

(8)通过模糊运算,进行模糊综合评价。

5.2.2 桥梁火灾发生概率评价指标体系研究

1)评价指标体系

桥梁火灾发生概率影响因素可分为行车环境、管理因素、人员因素、车辆因素、消防因素等5个一级指标,各一级指标又可划分为若干二级指标。

根据各指标之间的层次关系,全面考虑火灾发生的各影响因素,建立车辆致桥梁火灾风险评价指标体系,见表5.1。

车辆致桥梁火灾风险评价指标体系　　　　　表5.1

目　标　层	一级指标	二级指标
车辆致桥梁火灾风险评价 U	交通环境 u_1	桥梁长度 u_{11}
		桥梁车道数 u_{12}
		交通饱和度 u_{13}
		车速 u_{14}
		车型比例 u_{15}
		桥梁线型、坡度 u_{16}
		路面状况(防滑、平整度等)u_{17}
		桥梁照明、防炫设施 u_{18}
		天气情况(冰、雨、雪等)u_{19}
	管理因素 u_2	火灾安全宣传与教育 u_{21}
		交通执法水平 u_{22}
		桥梁防火管理制度的有效性 u_{23}
		桥梁防火管理制度落实情况 u_{24}
		交通疏导能力 u_{25}
	人员因素 u_3	人为纵火 u_{31}
		驾乘人员操作失误致火 u_{32}
		驾乘人员灭火能力 u_{33}
		桥梁管理人员灭火能力 u_{34}
		桥梁管理人员指挥协调能力 u_{35}
	车辆因素 u_4	运载可燃物类型 u_{41}
		车辆碰撞起火 u_{42}
		车辆自燃 u_{43}
	消防因素 u_5	桥梁消防设施 u_{51}
		火灾应急预案的合理性 u_{52}
		火灾应急演练执行情况 u_{53}
		消防能力培训情况 u_{54}
		当地消防救援力量 u_{55}

(1)行车环境

行车环境是指桥梁本身的交通结构形式、桥上的交通运营状况以及天气状况等,具体包括桥梁长度、桥梁车道数、交通饱和度、车速、车型比例、桥梁线型及坡度、路面状况(防滑、平整度等)、桥梁照明设施、天气情况(冰、雨、雪等)因素。

桥梁线路越长、车道数越多,车流量有可能越大,越容易增加车辆驾驶人员的心理压力和驾驶疲劳感,越容易导致交通事故的发生,并诱发火灾。

桥梁平面线型包括直线和曲线两种。直线线型过长、过小的曲线半径及过大的坡度易导致车辆驾驶人员频繁使用刹车,产生疲倦、视觉误差及急躁情绪,导致交通事故的发生,并诱发火灾。

桥梁交通饱和度对火灾发生频率有直接影响。当交通饱和度较小,前后车辆距离较大,不易交通事故并引发火灾;随着交通饱和度增大,前后车距减小,易发生车辆追尾事故并引发火灾;若车辆流量过大形成饱和车流甚至发生交通堵塞,则车速较小,车辆导致的交通事故减小,由此引发的火灾事故也会有所减小。

车速越大,交通危险性越高,发生火灾的可能性越大。随着车辆速度的增大,交通事故率成几何级数增长[10,11],由此导致的桥梁火灾频率也会随之增大。

车型比例也影响交通事故的数量。当小型车辆占整个交通流量的比例大于20%且小于80%时,大型车辆容易与小型车辆发生碰撞导致交通事故[12],并引发火灾。而当小型车比例小于20%或者大于80%时,交通流趋于稳定,发生交通事故并引发火灾的可能性相对小一些。

桥面磨损、剥落、污染等原因造成的桥面平整度和防滑性能降低,增大了交通事故发生的概率,桥梁火灾频率也会随之增加。

桥梁夜间照明系统出现故障或者灯光防炫设施未达标,也可能诱发交通事故并引发火灾事故。

雨、雪、结冰等天气会造成路面湿滑,桥面附着力下降,雾、风沙、大雨等天气,导致能见度降低,均易诱发交通事故并引发桥梁火灾。

(2)管理因素

桥梁防火管理内容主要包括交通执法管理、交通疏导、桥梁防火管理制度的制定及落实、火灾安全与教育等。桥梁防火管理不足主要表现为交通运营混乱、车辆经常出现超速和超载等违规现象、车辆运载危险易燃品未采取有效防火措施、缺乏桥梁火灾安全宣传与教育、车辆驾驶人员缺乏防火安全意识、桥梁防火管理制度未能有效制定及落实等,上述情况均是桥梁火灾发生的潜在因素。

(3) 人员因素

人员因素包括驾驶人员车辆驾驶能力和消防能力、乘客的防火意识及消防能力、桥梁管理人员的消防能力和火灾应急协调能力、人为纵火等。驾驶人员出现疲劳驾驶、酒后驾驶或因操作不当,可能导致交通事故并引发火灾。车辆驾驶人员和乘客的防火意识及消防能力也很重要,若不具备良好的防火意识,则可能因错误操作,如抽烟、携带易燃危险品等引发火灾。此时若不具备一定的消防知识和消防能力,一旦发生火灾,则不能在火势扩大前将其扑灭,进而引发严重的火灾事故。桥梁管理人员应具备足够的消防能力,并应与当地消防部门和交通管理部门协调合作,当发生火灾时能够有效控制火势并将其扑灭,同时及时疏导交通,避免引发严重的火灾事故。此外,人为蓄意纵火已成为桥梁火灾不可忽略的一个因素,目前我国已发生多起公交车人为纵火事件,并导致严重的人员伤亡。若此类事件发生在桥上,则可能对桥梁结构造成损坏,影响桥梁的安全运营。

(4) 车辆因素

对于桥梁火灾而言,车辆因素主要指车辆运载的可燃物、车辆的燃烧性能(包括碰撞起火及自燃等)。若桥梁车辆频繁运载易燃物危险品,则容易因交通事故或者驾驶人员操作不当,导致易燃物燃烧造成严重的火灾事故。车辆若存在线路老化、油箱漏油、发动机温度过高、轮胎与地面摩擦产生高温等,容易导致自燃,引发火灾。此外,若车辆制动性和稳定性不足,则容易发生车辆碰撞,引发火灾事故。

(5) 消防因素

桥梁消防因素包括桥梁防火设施、火灾应急预案的制定及演练执行、桥梁运营管理人员的消防培训情况、桥梁所在地的消防救援力量等。桥梁消防设施,如火灾自动报警系统、消防栓、自动喷水灭火系统、泡沫灭火器等能够有助于及时发现火灾,将火灾控制在萌芽状态并将其扑灭。火灾应急预案的合理制定及演练执行,能够帮助桥梁运营管理人员合理有序地处置火灾情况,防止火势扩大。桥梁运营管理人员的消防培训能够尽量减小火灾发生的可能性,并能够有效处置火灾情况。桥梁所在地消防队能够迅速到达桥梁火灾发生地、消防救援力量足够强大,从而保证火势能够得到有效控制,对桥梁火灾安全而言非常关键。

2) 影响因素集

影响评判对象的各指标组成的集合称为因素集。按照桥梁火灾发生概率评价指标体系(表5.1),选取不同的指标,构建不同层次级别的桥梁火灾评价模型发生概率影响因素集。

(1) 目标层因素集

车致桥梁火灾风险评价因素集 $U = \{u_1, u_2, u_3, u_4, u_5\}$ = {交通环境,管理因素,人员因素,车辆因素,消防因素}。

(2) 一级指标因素集

交通环境因素集 $u_1 = \{u_{11}, u_{12}, u_{13}, u_{14}, u_{15}, u_{16}, u_{17}, u_{18}, u_{19}\}$ = {桥梁长度,桥梁车道数,交通饱和度,车速,车型比例,桥梁线型、坡度,路面状况,桥梁照明、防火层设施,天气情况};

管理因素集 $u_2 = \{u_{21}, u_{22}, u_{23}, u_{24}, u_{25}\}$ = {火灾安全宣传与教育,交通执法水平,桥梁防火管理制度的有效性,桥梁防火管理制度落实情况,交通疏导能力};

人员因素集 $u_3 = \{u_{31}, u_{32}, u_{33}, u_{34}, u_{35}\}$ = {人为纵火,驾乘人员操作失误致火,驾乘人员灭火能力,桥梁管理人员灭火能力,桥梁管理人员指挥协调能力};

车辆因素集 $u_4 = \{u_{41}, u_{42}, u_{43}\}$ = {运载可燃物类型,车辆碰撞起火,车辆自燃};

消防因素集 $u_5 = \{u_{51}, u_{52}, u_{53}, u_{54}, u_{55}\}$ = {桥梁消防设施,火灾应急预案的合理性,火灾应急演练执行情况,消防能力培训情况,当地消防救援力量}。

3) 评语集

评语集是评判专家对评价对象做出的所有的可能的评级结果所组成的集合。桥梁火灾发生概率评语集 $V = \{v_1, v_2, v_3, v_4, v_5\}$ = {很安全,比较安全,一般安全,较不安全,很不安全}。

用专家打分法对各指标进行打分,各等级对应的取值范围见表5.2。

桥梁火灾发生概率评价等级评语及取值范围 表5.2

等 级	描 述	概率区间	中 间 值
5	很不安全	0~30	15
4	较不安全	30~50	40
3	一般安全	50~70	60
2	比较安全	70~85	77.5
1	非常安全	85~100	92.5

5.2.3 评价矩阵的建立

1)建立初始评价矩阵

聘请 k 位专家按照评语集 V 给一级指标因素集中的各元素(即各二级指标)进行打分,建立初始评价矩阵。一级指标层因素集 u_i 的初始评价矩阵 A_i 可表示为:

$$A_i = \begin{bmatrix} a_{i11} & a_{i12} & \cdots & a_{i1k} \\ a_{i21} & a_{i22} & \cdots & a_{i2k} \\ \vdots & \vdots & \vdots & \vdots \\ a_{ij1} & a_{ij2} & \cdots & a_{ijk} \end{bmatrix} \quad (5.1)$$

其中,a_{imn} 为第 n 位专家对因素集 u_i 中的第 m 个指标给出的评语值。

2)构建灰色模糊评价矩阵

(1)建立桥梁火灾白化权函数

灰色模糊评价能够考虑专家评判信息的不完全性,增加专家打分的客观性和真实性。现采用中心点三角白化权函数对初始评价矩阵进行处理,建立灰色模糊评价矩阵,能够较为准确地反映评价指标隶属于某评语等级的程度。

根据评语集 V 将各指标划分为 5 个灰类,分别与各风险评语等级相对应,于是有 $\lambda_{\eta_v} = 5$。由表 5.2 可知,取各等级区间的中间值,对应于非常安全、比较安全、一般安全、较不安全、很不安全等 5 个等级,各灰类中心点分别为:$\lambda_1 = 92.5, \lambda_2 = 77.5, \lambda_3 = 60, \lambda_4 = 40, \lambda_5 = 15$。

根据灰色模糊理论,构建适合桥梁火灾发生概率等级评价的白化权函数。

①第 1 灰类"非常安全",上端级白化权函数为:

$$f_{im}^1(a_{imn}) = \begin{cases} 0 & a_{imn} \in (-\infty, 77.5] \\ \dfrac{a_{imn} - 77.5}{15} & a_{imn} \in [77.5, 92.5] \\ 1 & a_{imn} \in [92.5, +\infty) \end{cases} \quad (5.2)$$

②第 2 灰类"比较安全",中间级白化权函数:

$$f_{im}^2(a_{imn}) = \begin{cases} 0 & a_{imn} \notin [60,92.5] \\ \dfrac{a_{imn}-60}{17.5} & a_{imn} \in [60,77.5] \\ \dfrac{92.5-a_{imn}}{15} & a_{imn} \in (77.5,92.5] \end{cases} \quad (5.3)$$

③第 3 灰类"一般安全",中间级白化权函数:

$$f_{im}^3(a_{imn}) = \begin{cases} 0 & a_{imn} \notin [40,77.5] \\ \dfrac{a_{imn}-40}{20} & a_{imn} \in [40,60] \\ \dfrac{77.5-a_{imn}}{17.5} & a_{imn} \in (60,77.5] \end{cases} \quad (5.4)$$

④第 4 灰类"较不安全",中间级白化权函数:

$$f_{im}^4(a_{imn}) = \begin{cases} 0 & a_{imn} \notin [15,60] \\ \dfrac{a_{imn}-15}{25} & a_{imn} \in [15,40] \\ \dfrac{60-a_{imn}}{20} & a_{imn} \in (40,60] \end{cases} \quad (5.5)$$

⑤第 5 灰类"很不安全",下端级白化权函数:

$$f_{im}^5(a_{imn}) = \begin{cases} 0 & a_{imn} \in (40,+\infty) \\ 1 & a_{imn} \in [0,15] \\ \dfrac{40-a_{imn}}{25} & a_{imn} \in (15,40] \end{cases} \quad (5.6)$$

(2)计算灰色模糊评价矩阵

根据灰类白化权函数,分别求解初始评价矩阵 $\boldsymbol{A}_i$ 的灰色统计数 $l_{im\eta}$ 和总灰色统计数 l_{im},即

$$l_{im\eta} = \sum_{n=1}^{k} f_{im}^{\eta}(a_{imn}) \quad (5.7)$$

$$l_{im} = \sum_{\eta=1}^{5} l_{im\eta} \tag{5.8}$$

因素集 u_i 中第 m 个指标所属的第 η 种评价等级(η 灰类)的灰色权值为:

$$r_{im\eta} = \frac{l_{im\eta}}{l_{im}} \tag{5.9}$$

在此基础上,便可构造出对应于因素集 u_i 的灰色模糊评价矩阵:

$$R_i = \begin{bmatrix} r_{i11} & r_{i12} & r_{i13} & r_{i14} & r_{i15} \\ r_{i21} & r_{i22} & r_{i23} & r_{i24} & r_{i25} \\ \vdots & \vdots & \vdots & \vdots & \vdots \\ r_{ij1} & r_{ij2} & r_{ij3} & r_{ij4} & r_{ij5} \end{bmatrix} \tag{5.10}$$

5.2.4 权重计算

1)层次分析法权重

(1)构造两两判断矩阵

通过构建桥梁火灾风险评价指标体系,建立不同层次的影响因素集。邀请专家对不同层次因素集内各指标进行两两比较,确定其相对于上一层次指标的相对重要性。通常采用"1-9 标度法"对指标进行两两量化比较[13],见表 5.3。

"1-9 标度法"及含义　　　　表 5.3

标 度	含 义
1	表示两个指标相比同样重要
3	表示两个指标相比,前者比后者稍微重要
5	表示两个指标相比,前者比后者明显重要
7	表示两个指标相比,前者比后者强烈重要
9	表示两个指标相比,前者比后者极端重要
2,4,6,8	表示上述相邻判断的中间值
倒数	若指标 x 与指标 y 的重要性之比为 d_{xy},则元素 y 与元素 x 的重要性之比为 $d_{yx} = 1/d_{xy}$

采用"1-9 标度法"构建各层次因素集两两判断矩阵。对于目标层因素集判断矩阵 D 和一级指标因素集 D_i 层判断矩,分别表示如下:

$$\boldsymbol{D} = \begin{bmatrix} d_{11} & d_{12} & d_{13} & d_{14} & d_{15} \\ d_{21} & d_{22} & d_{23} & d_{24} & d_{25} \\ d_{31} & d_{32} & d_{33} & d_{34} & d_{35} \\ d_{41} & d_{42} & d_{43} & d_{44} & d_{45} \\ d_{51} & d_{52} & d_{53} & d_{54} & d_{55} \end{bmatrix} \quad (5.11)$$

$$\boldsymbol{D}_i = \begin{bmatrix} d_{i11} & d_{i12} & \cdots & d_{i1j} \\ d_{i21} & d_{i22} & \cdots & d_{i2j} \\ \vdots & \vdots & \vdots & \vdots \\ d_{ij1} & d_{ij2} & \cdots & d_{ijj} \end{bmatrix} \quad (5.12)$$

式中:d_{xy}、d_{ixy}——分别表示目标层和各一级指标层因素集中元素重要性赋值 $(x,y=1,2,\cdots,j)$。

(2)计算相对权重向量

采用方根法对判断矩阵进行归一化处理,得到各因素的相对权重。以一级指标层中因素集 u_i 为例,其第 m 个指标的相对权重为:

$$w'_{im} = \frac{\sqrt[j]{\prod_{y=1}^{j} d_{ixy}}}{\sum_{z=1}^{j} \sqrt[j]{\prod_{y=1}^{j} d_{izy}}} \quad (5.13)$$

式中:w'_{im}——u_i 中第 m 个指标的相对权重;

d_{izy}——判断矩阵 $\boldsymbol{D}_i$ 的 z 行 y 列的元素,$z=1,2,\cdots,j$。

于是,可得因素集 u_i 的相对权重向量 $\boldsymbol{W}'_i$,即

$$\boldsymbol{W}'_i = (w'_{i1}, w'_{i2}, \cdots, w'_{ij}) \quad (5.14)$$

同理,可得目标层因素集 U 中第 i 个指标的相对权重 W_i,及其相对权重向量 $\boldsymbol{W}$:

$$\boldsymbol{W} = (w_1, w_2, w_3, w_4, w_5) \quad (5.15)$$

(3)一致性检验

各指标相对权重是基于专家打分确定的,具有一定的主观性,可能导致评价结果逻辑上的不一致,因此必须进行一致性检验,保证判断矩阵具有完

全的一致性。可通过计算一致性比率 R_C 进行判断,若 $R_C < 0.1$,则判断矩阵具有满意的一致性;否则,应调整判断矩阵,使 $R_C < 0.1$。R_C 的计算如下:

$$R_C = \frac{I_C}{I_R} \tag{5.16}$$

式中:I_R——平均随机一致性指标,对于 $1 \sim 9$ 阶矩阵,其赋值见表 5.4;

I_C——判断矩阵的一致性指标,计算公式如下:

$$I_C = \frac{\lambda_{\max} - j}{j - 1} \tag{5.17}$$

式中:$\lambda_{\max}$——判断矩阵的最大特征根。

平均随机一致性指标 I_R　　　　　表5.4

n	3	4	5	6	7	8	9	10
I_R	0.58	0.90	1.12	1.24	1.32	1.41	1.45	1.49

2)熵权权重

(1)数据标准化处理

由于各指标可能存在量纲不同,各指标数值不在同一数量级。为便于比较,需对初始评价矩阵各元素进行标准化处理,使各指标转化为统一尺度。对初始评价矩阵 A_i 进行标准化处理,得到标准化矩阵 $A'_i = (a'_{imn})_{j \times k}$。对初始评价矩阵按照效益型指标进行标准化处理(指标值越大越好),如式(5.18)所示。

$$a'_{imn} = \frac{a_{imn} - \min_n(a_{imn})}{\max_n(a_{imn}) - \min_n(a_{imn})} \tag{5.18}$$

式中:$\max_n(a_{imn})$、$\min_n(a_{imn})$——分别为第 n 位专家给出的最大评语值和最小评语值。

(2)熵权计算

熵是系统无序程度的度量,可以评价指标数据所包含的信息量,反映不同指标在决策中的权重。一级指标因素集 u_i 中第 m 个指标的熵值计算如下:

$$H_{im} = -\frac{1}{\ln k}\sum_{n=1}^{k} g_{im} \ln g_{im} \tag{5.19}$$

$$g_{im} = \frac{a'_{imn}}{\sum_{n=1}^{k} a'_{imn}} \tag{5.20}$$

式中,规定当 $g_{im}=0$ 时,有 $g_{im}\ln g_{im}=0$。

根据熵值可得一级指标因素集 u_i 中第 m 个指标的熵权:

$$w''_{im} = \frac{1-H_{im}}{\sum_{m=1}^{j}(1-H_{im})} \tag{5.21}$$

由式(5.21)可得一级指标因素集 u_i 的熵权向量为:

$$\boldsymbol{W}''_i = (w''_{i1}, w''_{i2}, \cdots, w''_{ij}) \tag{5.22}$$

3)综合权重的确定

将层次分析法权重和熵权权重进行合理组合,用熵权来修正层次分析法权重,可在一定程度上减小专家的主观因素造成的不利影响,进而使评价结果更为客观合理。

一级指标因素集 u_i 中第 m 个指标的综合权重为:

$$w_{im} = (1-\beta)w'_{im} + \beta w''_{im} \tag{5.23}$$

式中:β——权重线性组合参数,满足 $0 \leqslant \beta \leqslant 1$,且 β 通常取 0.5。

于是,可得因素集 u_i 的综合权重向量为:

$$\boldsymbol{W}_i = (w_{i1}, w_{i2}, \cdots, w_{ij}) \tag{5.24}$$

5.2.5 模糊综合评价

首先对一级指标层做模糊评价:

$$\boldsymbol{B}_i = \boldsymbol{W}_i \cdot \boldsymbol{R}_i = (b_{i1}, b_{i2}, b_{i3}, b_{i4}, b_{i5}) \tag{5.25}$$

式中:$\boldsymbol{B}_i$——因素集 u_i 的模糊评价向量;

$b_{i\eta}$——模糊评价结果,其含义为第 i 个一级指标对于评语集 $\boldsymbol{V}$ 中第 η 种评价等级的隶属度。

根据一级指标层模糊评价向量 $\boldsymbol{B}_i$,建立目标层模糊评价矩阵:

$$\boldsymbol{R} = (\boldsymbol{B}_1, \boldsymbol{B}_2, \boldsymbol{B}_3, \boldsymbol{B}_4, \boldsymbol{B}_5)^\mathrm{T} \tag{5.26}$$

然后,对目标层做模糊评价,求得车辆致桥梁火灾风险评价向量:

$$\boldsymbol{B} = \boldsymbol{W} \cdot \boldsymbol{R} = (b_1, b_2, b_3, b_4, b_5) \tag{5.27}$$

式中:b_η——最终的模糊评价结果,其含义为桥梁车致火灾风险对于评语集 $\boldsymbol{V}$ 中第 η 种评价等级的隶属度。

通过车辆致桥梁火灾频率评价标准,可建立评语集 V 中各等级与各种类型车辆火灾频率的一一对应关系,进而可得不同类型车辆火灾频率模糊综合评价值:

$$f_{ve} = B \cdot S^T \tag{5.28}$$

其中,f_{ve} 表示火灾频率,次/(10^8 辆·km);S 表示桥梁车致火灾频率评价标准值向量。

5.3 桥梁火灾频率评价标准

由于桥梁火灾的发生属于小概率事件,需要至少 10 年的统计数据才能得到具有代表性的数值。目前,国内外对于桥梁火灾事故的统计极少,很难在短时间内得到桥梁火灾的一般频率。目前国内外有一些关于隧道火灾事故的统计,由于公路隧道火灾与桥梁火灾具有很大的相似性,故可参考隧道火灾统计数据建立桥梁火灾频率评价标准。

1999 年,世界道路协会 PIARC(Permanent Internation Associaton of Road Congress)对大量隧道火灾事故进行调查统计,认为隧道火灾频率低于 25 次/(10^8 辆·km)[14]。日本吉田幸信认为,公路隧道火灾频率为 0.5 次/(10^8 辆·km)[15]。英国的通风专家 Alex Haeter 通过统计发现,隧道火灾频率约为 2 次/(10^8 辆·km)[16]。法国给出的隧道火灾频率值约为 0~10 次/(10^8 辆·km)[14]。我国《公路隧道设计规范》给出的隧道火灾频率推荐值为 4 次/(10^8 辆·km)。而文献[17]通过对目前各国及相关机构给出的隧道火灾频率推荐值进行了比较分析,认为取 2 次/(10^8 辆·km)比较合适。综上所述,由于各国的国情和文化差异、管理水平、隧道形式、交通状况、统计方法等不同,导致统计得到的隧道火灾频率值幅度较大。现根据上述数据,结合火灾风险评价等级,建立车辆致桥梁火灾频率总体评价标准,见表 3.1。

桥上车辆可大致分为四类:小汽车、客车、货车、油罐车,不同类型车辆发生火灾的频率不同。法国统计的各类隧道火灾事故中,客车火灾频率为 1~2 次/(10^8 辆·km),货车火灾频率约为 11.6 次/(10^8 辆·km)[14]。文献[18]对我国引发隧道火灾的车辆类型分布进行了统计分析,发现与货车有关的火灾事故约占全部隧道火灾事故的 67%,这表明货车引发火灾的概率比其他类型车辆引发火灾概率更大。由于统计数据多源于新闻报道及相关文献,且货车引发火灾事故通常比较严重,因此文献[18]对货车引发火灾的统计结果可能相对偏大。PIARC(1999)认为货车引发火灾的频率比小汽车要大很多[14]。对于油罐车引发火灾,文献通过收集大量隧道火灾资料,可得其火灾发生频率约为 0.2 次/(10^8 辆·km)[19]。有关研究人员对 1949—2010 年间国外 43 起隧道火灾事故进行统计[20,21],对其分析后可知小汽车火灾约占 24%,客车火灾约占 7%,货车火灾占 63%,油罐车占 6%。有关研究人员对 2000—2010 年间国内 50 起隧道火灾事故进行了统计[22,23],对其分析后可知小汽车引发火灾约占 24%,客车引发火灾约占 15%,货车引发火灾占 50%,油罐车引发火灾占 8%。对国内和国外不同类型车辆火灾分布比例的比较如图 5.1 所示,由图可知国内和国外不同类型车辆导致的火灾比例大致相同。根据不同类型车辆火灾占总体火灾的比例,结合车辆致桥梁火灾频率总体评价标准,得到各种类型车辆导致的桥梁火灾频率评价标准,见表 5.5 ~ 表 5.9。

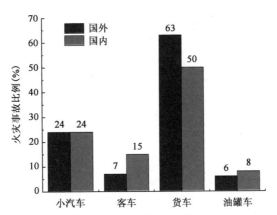

图 5.1　国内外不同类型车辆致桥梁火灾分布比例

桥梁车致火灾频率总体评价标准　　　　表 5.5

等级	评语	频率范围[次/(10^8 辆·km)]	中间值[次/(10^8 辆·km)]
5	很不安全	>4	6
4	较不安全	2~4	3
3	一般安全	1~2	1.5
2	比较安全	0.5~1	0.75
1	非常安全	0~0.5	0.25

小汽车火灾频率评价标准　　　　　　　表5.6

等级	评语	频率范围[次/(10^8辆·km)]	中间值[次/(10^8辆·km)]
5	很不安全	>0.96	1.5
4	较不安全	0.48~0.96	0.72
3	一般安全	0.24~0.48	0.36
2	比较安全	0.1~0.24	0.17
1	非常安全	0~0.1	0.05

客车火灾频率评价标准　　　　　　　表5.7

等级	评语	频率范围[次/(10^8辆·km)]	中间值[次/(10^8辆·km)]
5	很不安全	>0.56	0.85
4	较不安全	0.28~0.56	0.42
3	一般安全	0.14~0.28	0.21
2	比较安全	0.08~0.14	0.11
1	非常安全	0~0.08	0.04

货车火灾频率评价标准　　　　　　　表5.8

等级	评语	频率范围[次/(10^8辆·km)]	中间值[次/(10^8辆·km)]
5	很不安全	>2	3
4	较不安全	1~2	1.5
3	一般安全	0.5~1	0.75
2	比较安全	0.2~0.5	0.35
1	非常安全	0~0.2	0.1

油罐车火灾频率评价标准　　　　　　　表5.9

等级	评语	频率范围[次/(10^8辆·km)]	中间值[次/(10^8辆·km)]
5	很不安全	>0.32	0.48
4	较不安全	0.16~0.32	0.24
3	一般安全	0.08~0.16	0.12
2	比较安全	0.04~0.08	0.06
1	非常安全	0~0.04	0.02

5.4 桥梁火灾年发生概率计算

车辆致桥梁火灾与车流量大小、车型比例、路线长度有直接关系,其火灾年发生概率用如下公式计算:

$$P_{ve} = f_{ve} L_b Q_{ve} \times 365 \times 10^{-11} \tag{5.29}$$

式中:P_{ve}——火灾年发生概率;
  L_b——桥梁长度,m;
  Q_{ve}——交通量,辆/d。

通过模糊综合评价,求得桥梁车致火灾频率 f_{ve},然后根据式(5.29),即可求得桥梁火灾年发生概率。

5.5 应用实例

5.5.1 工程概况

某特大跨径斜拉桥,全长 1405m,采用双向六车道,桥面宽度 38.9m,设计行车速度为 100km/h,汽车荷载等级为公路—Ⅰ级,桥面纵向坡度为 2.5%,竖曲线半径为 29000m,桥面横向坡度为 2%。大桥交通量约为 36938 辆/d,行驶车辆包括小汽车、客车、货车、油罐车等 4 种类型,所占比例分别为 39%、18%、7%、36%。

5.5.2 计算灰色模糊评价矩阵

1)建立初始评价矩阵

针对桥上货车火灾事故,邀请 10 位高校桥梁专家和大桥运营管理人员,对表 5.1 中各二级指标打分,获得一级指标因素集 $u_1 \sim u_5$ 的初始评价矩阵 $A_1 \sim A_5$。

交通环境因素集 u_1 的初始评价矩阵 A_1 为:

$$A_1 = \begin{bmatrix} 48 & 58 & 64 & 52 & 46 & 53 & 71 & 36 & 43 & 40 \\ 69 & 66 & 67 & 63 & 72 & 55 & 57 & 73 & 62 & 56 \\ 55 & 46 & 60 & 71 & 45 & 54 & 57 & 59 & 64 & 58 \\ 70 & 64 & 62 & 67 & 58 & 68 & 73 & 67 & 72 & 62 \\ 45 & 40 & 50 & 59 & 36 & 44 & 49 & 57 & 41 & 53 \\ 60 & 50 & 63 & 76 & 65 & 57 & 64 & 58 & 68 & 55 \\ 75 & 73 & 60 & 71 & 75 & 61 & 75 & 69 & 64 & 68 \\ 83 & 80 & 73 & 72 & 85 & 83 & 80 & 74 & 85 & 77 \\ 86 & 70 & 65 & 67 & 74 & 88 & 81 & 74 & 88 & 84 \end{bmatrix}$$

管理因素集 u_2 的初始评价矩阵 A_2 为：

$$A_2 = \begin{bmatrix} 71 & 65 & 64 & 76 & 62 & 71 & 67 & 68 & 86 & 67 \\ 72 & 71 & 66 & 87 & 74 & 63 & 70 & 65 & 64 & 82 \\ 70 & 64 & 88 & 59 & 61 & 64 & 61 & 74 & 68 & 69 \\ 72 & 65 & 70 & 71 & 67 & 62 & 59 & 69 & 81 & 66 \\ 68 & 80 & 61 & 64 & 69 & 68 & 71 & 68 & 78 & 74 \end{bmatrix}$$

人员因素集 u_3 的初始评价矩阵 A_3 为：

$$A_3 = \begin{bmatrix} 78 & 73 & 68 & 76 & 69 & 75 & 71 & 64 & 82 & 76 \\ 66 & 71 & 72 & 75 & 74 & 66 & 68 & 65 & 73 & 80 \\ 70 & 78 & 74 & 68 & 76 & 81 & 65 & 67 & 64 & 62 \\ 74 & 80 & 81 & 75 & 76 & 67 & 78 & 69 & 75 & 77 \\ 70 & 75 & 76 & 77 & 61 & 60 & 69 & 68 & 73 & 70 \end{bmatrix}$$

车辆因素集 u_4 的初始评价矩阵 A_4 为：

$$A_4 = \begin{bmatrix} 65 & 69 & 62 & 70 & 57 & 47 & 75 & 60 & 81 & 61 \\ 80 & 82 & 48 & 61 & 66 & 56 & 55 & 52 & 60 & 45 \\ 83 & 85 & 50 & 49 & 76 & 51 & 61 & 47 & 54 & 52 \end{bmatrix}$$

消防因素集 u_5 的初始评价矩阵 A_5 为：

$$A_5 = \begin{bmatrix} 60 & 70 & 67 & 66 & 75 & 60 & 61 & 68 & 60 & 67 \\ 63 & 65 & 60 & 59 & 71 & 75 & 63 & 59 & 71 & 68 \\ 65 & 60 & 68 & 64 & 61 & 63 & 60 & 67 & 57 & 63 \\ 67 & 70 & 67 & 60 & 74 & 63 & 68 & 64 & 65 & 62 \\ 70 & 63 & 75 & 60 & 61 & 64 & 67 & 73 & 69 & 68 \end{bmatrix}$$

2) 建立灰色模糊评价矩阵

按照式(5.2)~式(5.6)对初始评价矩阵 A_1~A_5 中各元素进行白化定量;按照式(5.7)~式(5.10),可得一级指标因素集 u_1~u_5 的灰色模糊评价矩阵 R_1~R_5。

交通环境因素集 u_1 的灰色模糊评价矩阵 R_1 为:

$$R_1 = \begin{bmatrix} 0 & 0.0857 & 0.4143 & 0.4840 & 0.0160 \\ 0 & 0.2971 & 0.6429 & 0.0600 & 0 \\ 0 & 0.0857 & 0.6843 & 0.2300 & 0 \\ 0 & 0.3714 & 0.6186 & 0.0100 & 0 \\ 0 & 0 & 0.3900 & 0.5940 & 0.0160 \\ 0 & 0.2057 & 0.6943 & 0.1000 & 0 \\ 0 & 0.5200 & 0.4800 & 0 & 0 \\ 0.2067 & 0.7133 & 0.0800 & 0 & 0 \\ 0.2633 & 0.5224 & 0.2143 & 0 & 0 \end{bmatrix}$$

管理因素集 u_2 的灰色模糊评价矩阵 R_2 为:

$$R_2 = \begin{bmatrix} 0.0567 & 0.4490 & 0.4943 & 0 & 0 \\ 0.0933 & 0.4781 & 0.4286 & 0 & 0 \\ 0.0700 & 0.3214 & 0.6063 & 0.0050 & 0 \\ 0.0233 & 0.4310 & 0.5407 & 0.0050 & 0 \\ 0.0200 & 0.5400 & 0.4400 & 0 & 0 \end{bmatrix}$$

人员因素集 u_3 的灰色模糊评价矩阵 R_3 为:

$$R_3 = \begin{bmatrix} 0.0333 & 0.6924 & 0.2743 & 0 & 0 \\ 0.0167 & 0.5976 & 0.3857 & 0 & 0 \\ 0.0267 & 0.5505 & 0.4229 & 0 & 0 \\ 0.0433 & 0.7881 & 0.1686 & 0 & 0 \\ 0 & 0.5657 & 0.4343 & 0 & 0 \end{bmatrix}$$

车辆因素集 u_4 的灰色模糊评价矩阵 R_4 为:

$$R_4 = \begin{bmatrix} 0.0233 & 0.3167 & 0.5800 & 0.0800 & 0 \\ 0.0467 & 0.1933 & 0.5400 & 0.2200 & 0 \\ 0.0867 & 0.2105 & 0.4179 & 0.2850 & 0 \end{bmatrix}$$

消防因素集 u_5 的灰色模糊评价矩阵 R_5 为:

$$R_5 = \begin{bmatrix} 0 & 0.3086 & 0.6914 & 0 & 0 \\ 0 & 0.3200 & 0.6700 & 0.0100 & 0 \\ 0 & 0.1771 & 0.8079 & 0.0150 & 0 \\ 0 & 0.3429 & 0.6571 & 0 & 0 \\ 0 & 0.4000 & 0.6000 & 0 & 0 \end{bmatrix}$$

5.5.3 权重计算

1) 计算层次分析法权重

(1) 建立判断矩阵

邀请专家按照"1-9 标度法"对目标层因素集 U 和一级指标因素集 $u_1 \sim u_5$ 内各指标两两比较并赋值,比获得判断矩阵。

交通环境因素集 u_1 的判断矩阵 D_1 为:

$$D_1 = \begin{bmatrix} 1 & 2 & 1/2 & 1/2 & 1/2 & 1 & 1/3 & 1 & 1 \\ 1/2 & 1 & 1/2 & 1 & 1/3 & 1/2 & 1/3 & 2 & 3 \\ 2 & 2 & 1 & 1 & 2 & 2 & 2 & 3 & 3 \\ 2 & 1 & 1 & 1 & 2 & 2 & 1 & 2 & 3 \\ 2 & 3 & 1/2 & 1/2 & 1 & 2 & 1 & 2 & 2 \\ 1 & 2 & 1/2 & 1/2 & 1/2 & 1 & 2 & 2 & 2 \\ 3 & 3 & 1/2 & 1 & 1 & 1/2 & 1 & 3 & 3 \\ 1 & 1/2 & 1/3 & 1/2 & 1/2 & 1/2 & 1/3 & 1 & 2 \\ 1 & 1/3 & 1/3 & 1/3 & 1/2 & 1/2 & 1/3 & 1/2 & 2 \end{bmatrix}$$

管理因素集 u_2 的判断矩阵 D_2 为：

$$D_2 = \begin{bmatrix} 1 & 1/3 & 1/7 & 1/7 & 1/5 \\ 3 & 1 & 1/5 & 1/5 & 1/2 \\ 7 & 5 & 1 & 1 & 2 \\ 7 & 5 & 1 & 1 & 2 \\ 5 & 2 & 1/2 & 1/2 & 1 \end{bmatrix}$$

人员因素集 u_3 的判断矩阵 D_3 为：

$$D_3 = \begin{bmatrix} 1 & 1/5 & 1/3 & 1/5 & 1/4 \\ 5 & 1 & 3 & 1 & 2 \\ 3 & 1/3 & 1 & 1/2 & 1/2 \\ 5 & 1 & 2 & 1 & 2 \\ 4 & 1/2 & 2 & 1/2 & 1 \end{bmatrix}$$

车辆因素集 u_4 的判断矩阵 D_4 为：

$$D_4 = \begin{bmatrix} 1 & 3 & 3 \\ 1/3 & 1 & 1 \\ 1/3 & 1 & 1 \end{bmatrix}$$

消防因素集 u_5 的判断矩阵 D_5 为：

$$D_5 = \begin{bmatrix} 1 & 3 & 3 & 2 & 1/3 \\ 1/3 & 1 & 1 & 1/2 & 1/5 \\ 1/3 & 1 & 1 & 1/2 & 1/5 \\ 1/2 & 2 & 2 & 1 & 1/4 \\ 3 & 5 & 5 & 4 & 1 \end{bmatrix}$$

目标层因素集 U 的判断矩阵 D 为：

$$D = \begin{bmatrix} 1 & 5 & 7 & 6 & 4 \\ 1/5 & 1 & 3 & 2 & 1/3 \\ 1/7 & 1/3 & 1 & 1/2 & 1/3 \\ 1/6 & 1/2 & 2 & 1 & 1/4 \\ 1/4 & 3 & 3 & 4 & 1 \end{bmatrix}$$

（2）一致性检验

采用 matlab 程序计算判断矩阵的最大特征值，按照式(5.16)和式(5.17)进行一致性检验，见表5.10。

判断矩阵一致性检验　　　　　　　表5.10

初始评价矩阵	最大特征根 $\lambda_{\max}$	一致性指标 I_C	平均随机一致性指标 I_R	一致性比率 R_C	是否满足 $R_C<0.1$
D_1	9.6310	0.0788	1.45	0.0543	是
D_2	5.0626	0.0156	1.12	0.0139	是
D_3	5.0688	0.0172	1.12	0.0153	是
D_4	3.0000	0.0000	0.58	0.0000	是
D_5	5.0589	0.0147	1.12	0.0131	是
D	5.2261	0.0565	1.12	0.0504	是

(3)计算相对权重向量

由式(5.13)~式(5.15)可得各因素集相对权重向量。交通环境因素集u_1的相对权重向量W_1'为：

$$W_1' = (0.0085, 0.0085, 0.4990, 0.2037, 0.1019,\\ 0.0416, 0.1323, 0.0035, 0.0012)$$

管理因素集u_2的相对权重向量W_2'为：

$$W_2' = (0.0020, 0.0132, 0.4499, 0.4499, 0.0850)$$

人员因素集u_3的相对权重向量W_3'为：

$$W_3' = (0.0048, 0.4594, 0.0419, 0.3751, 0.1186)$$

车辆因素集u_4的相对权重向量W_4'为：

$$W_4' = (0.7221, 0.1390, 0.1390)$$

消防因素集u_5的相对权重向量W_5'为：

$$W_5' = (0.1175, 0.0088, 0.0088, 0.0339, 0.8310)$$

目标层因素集U的相对权重向量W为：

$$W = (0.8807, 0.0192, 0.0027, 0.0062, 0.0912)$$

2)计算熵权权重

(1)初始评价矩阵标准化处理

按照式(5.18)对初始评价矩阵$A_1 \sim A_5$标准化处理，得到标准化矩阵$A_1' \sim A_5'$。交通环境因素集u_1的标准化矩阵A_1'为：

$$A_1' = \begin{bmatrix} 0.0732 & 0.4500 & 0.6087 & 0 & 0.2041 & 0.2045 & 0.6875 & 0 & 0.0426 & 0 \\ 0.5854 & 0.6500 & 0.7391 & 0.4583 & 0.7347 & 0.2500 & 0.2500 & 0.9737 & 0.4468 & 0.3636 \\ 0.2439 & 0.1500 & 0.4348 & 0.7917 & 0.1837 & 0.2273 & 0.2500 & 0.6053 & 0.4894 & 0.4091 \\ 0.6098 & 0.6000 & 0.5217 & 0.6250 & 0.4490 & 0.5455 & 0.7500 & 0.8158 & 0.6596 & 0.5000 \\ 0 & 0 & 0 & 0.2917 & 0 & 0 & 0 & 0.5526 & 0 & 0.2955 \\ 0.3659 & 0.2500 & 0.5652 & 1.000 & 0.5918 & 0.2955 & 0.4688 & 0.5789 & 0.5745 & 0.3409 \\ 0.7317 & 0.8250 & 0.4348 & 0.7917 & 0.7959 & 0.3864 & 0.8125 & 0.8684 & 0.4894 & 0.6364 \\ 0.9268 & 1.000 & 1.000 & 0.8336 & 1.000 & 0.8864 & 0.9688 & 1.000 & 0.9362 & 0.8409 \\ 1.000 & 0.7500 & 0.6522 & 0.6250 & 0.7755 & 1.000 & 1.000 & 1.000 & 1.000 & 1.000 \end{bmatrix}$$

管理因素集 u_2 的标准化矩阵 A_2' 为：

$$A_2' = \begin{bmatrix} 0.7500 & 0.0625 & 0.1111 & 0.6071 & 0.0769 & 1.0000 & 0.6667 & 0.3333 & 1.0000 & 0.0625 \\ 1.0000 & 0.4357 & 0.1852 & 1.0000 & 1.0000 & 0.1111 & 0.9167 & 0 & 0 & 1.0000 \\ 0.5000 & 0 & 1.0000 & 0 & 0 & 0.2222 & 0.1667 & 1.0000 & 0.1818 & 0.1875 \\ 1.0000 & 0.0625 & 0.3333 & 0.4286 & 0.4615 & 0 & 0 & 0.4444 & 0.7727 & 0 \\ 0 & 1.0000 & 0 & 0.1786 & 0.6154 & 0.6667 & 1.0000 & 0.3333 & 0.6364 & 0.5000 \end{bmatrix}$$

人员因素集 u_3 的标准化矩阵 A_3' 为：

$$A_3' = \begin{bmatrix} 1.0000 & 0.2222 & 0 & 0.8889 & 0.5333 & 0.7143 & 0.4615 & 0 & 1.0000 & 0.7778 \\ 0 & 0 & 0.3077 & 0.7778 & 0.8667 & 0.2857 & 0.2308 & 0.2000 & 0.5000 & 1.0000 \\ 0.3333 & 0.7778 & 0.4615 & 0 & 1.0000 & 1.0000 & 0 & 0.6000 & 0 & 0 \\ 0.6667 & 1.0000 & 1.0000 & 0.7778 & 1.0000 & 0.3333 & 1.0000 & 1.0000 & 0.6111 & 0.8333 \\ 0.3333 & 0.4444 & 0.6154 & 1.0000 & 0 & 0 & 0.3077 & 0.8000 & 0.5000 & 0.4444 \end{bmatrix}$$

车辆因素集 u_4 的标准化矩阵 A_4' 为：

$$A_4' = \begin{bmatrix} 0 & 0 & 1.0000 & 1.0000 & 0 & 0 & 1.0000 & 1.0000 & 1.0000 & 1.0000 \\ 0.8333 & 0.8125 & 0 & 0.5714 & 0.4737 & 1.0000 & 0 & 0.3846 & 0.2222 & 0 \\ 1.0000 & 1.0000 & 0.1429 & 0 & 1.0000 & 0.4444 & 0.3000 & 0 & 0 & 0.4375 \end{bmatrix}$$

消防因素集 u_5 的标准化矩阵 A_5' 为：

$$A_5' = \begin{bmatrix} 0 & 1.0000 & 0.4667 & 1.0000 & 1.0000 & 0 & 0.1250 & 0.6429 & 0.2143 & 0.8333 \\ 0.3000 & 0.5000 & 0 & 0 & 0.7143 & 1.0000 & 0.3750 & 0 & 1.0000 & 1.0000 \\ 0.5000 & 0 & 0.5333 & 0.7143 & 0 & 0.2000 & 0 & 0.5714 & 0 & 0.1667 \\ 0.7000 & 1.0000 & 0.4667 & 0.1429 & 0.9286 & 0.2000 & 1.0000 & 0.3571 & 0.5714 & 0 \\ 1.0000 & 0.3000 & 1.0000 & 0.1429 & 0 & 0.2667 & 0.8750 & 1.000 & 0.8571 & 1.0000 \end{bmatrix}$$

(2) 计算熵权向量

根据式 (5.19) ~ 式 (5.22) 可得一级指标因素集 u_1 ~ u_5 的熵权向量。

交通环境因素集 u_1 的熵权权重向量 W_1'' 为：

$$W_1'' = (0.2871, 0.0373, 0.0570, 0.0068, 0.5546,$$
$$0.0344, 0.0149, 0.0010, 0.0069)$$

管理因素集 u_2 的熵权权重向量 W_2'' 为：
$$W_2'' = (0.1552, 0.1772, 0.2829, 0.2380, 0.1467)$$
人员因素集 u_3 的熵权权重向量 W_3'' 为：
$$W_3'' = (0.1873, 0.2395, 0.3620, 0.0246, 0.1867)$$
车辆因素集 u_4 的熵权权重向量 W_4'' 为：
$$W_4'' = (0.3442, 0.3031, 0.3527)$$
消防因素集 u_5 的熵权权重向量 W_5'' 为：
$$W_5'' = (0.1933, 0.2291, 0.3188, 0.1318, 0.1269)$$

3）计算综合权重向量

根据相对权重向量和熵权向量，由式(5.23)和式(5.24)可得一级指标层因素集 $u_1 \sim u_5$ 的综合权重向量。交通环境因素集 u_1 的综合权重向量 W_1 为：
$$W_1 = (0.1478, 0.0229, 0.2780, 0.1052, 0.3282,$$
$$0.0380, 0.0736, 0.0022, 0.0040)$$
管理因素集 u_2 的综合权重向量 W_2 为：
$$W_2 = (0.0786, 0.0952, 0.3664, 0.3439, 0.1158)$$
人员因素集 u_3 的综合权重向量 W_3 为：
$$W_3 = (0.0960, 0.3494, 0.2019, 0.1998, 0.1526)$$
车辆因素集 u_4 的综合权重向量 W_4 为：
$$W_4 = (0.5331, 0.2210, 0.2458)$$
消防因素集 u_5 的综合权重向量 W_5 为：
$$W_5 = (0.1554, 0.1189, 0.1638, 0.0828, 0.4789)$$

4）计算综合评价向量

根据综合权重向量和灰色模糊评价矩阵，按照式(5.25)和式(5.26)可得一级指标层因素集 $u_1 \sim u_5$ 的模糊评价向量。交通环境因素集 u_1 的模糊评价向量 B_1 为：
$$B_1 = (0.0015, 0.1322, 0.5221, 0.3367, 0.0076)$$
管理因素集 u_2 的模糊评价向量 B_2 为：
$$B_2 = (0.0493, 0.4094, 0.5378, 0.0036, 0.0000)$$
人员因素集 u_3 的模糊评价向量 B_3 为：
$$B_3 = (0.0231, 0.6304, 0.3465, 0.0000, 0.0000)$$

车辆因素集 u_4 的模糊评价向量 B_4 为：
$$B_4 = (0.0441, 0.2633, 0.5313, 0.1614, 0.000)$$

消防因素集 u_5 的模糊评价向量 B_5 为：
$$B_5 = (0.0000, 0.3350, 0.6613, 0.0036, 0.0000)$$

由式(5.27)，可得车致桥梁火灾风险评价向量为 B：
$$B = (0.0026, 0.1581, 0.5346, 0.2979, 0.0067)$$

5.5.4　车辆致桥梁火灾发生概率评价

由表5.8可知，货车致桥梁火灾频率评价标准向量为：
$$S = (0.1, 0.5, 1, 2, 5)$$

由式(5.28)可得桥上货车火灾频率为 1.2434 次/(10^8辆·km)。根据式(5.29)可得货车致桥梁火灾的年概率为 0.142 次/年。

用相同的计算方法，可分别获得小汽车、客车、油罐车的发生概率分别为 0.0684 次/年、0.0405 次/年、0.023 次/年。

5.6　结语

本章全面考虑车辆致桥梁火灾发生概率的影响因素，采用层次分析和熵权相结合的方法，建立车辆致桥梁火灾综合模糊评价方法。通过建立不同类型车辆火灾评价标准，进行桥梁火灾发生概率分析。

(1)针对车致桥梁火灾特点，从交通环境、管理因素、人员因素、车辆因素、消防因素等五个方面全面考虑，建立了车辆致桥梁火灾风险评价指标体系。

(2)采用基于熵权、层次分析和灰色理论相结合的模糊综合评价法，对车致桥梁火灾概率进行分析，既体现了各指标的层次关系和相对重要度，又尽量消除了人为主观因素的影响，使评价结果更为客观、合理。

(3)参考隧道火灾统计数据，对不同类型车辆导致的桥梁火灾频率进行分析，其大小关系依次为：货车火灾 > 小汽车火灾 > 客车火灾 > 油罐车火灾，并建立了各类型车辆导致的桥梁火灾频率评价标准。

(4)通过实例分析，可得到不同类型车辆火灾的发生概率，说明车辆致桥梁火灾发生概率模型是可行、适用的，能够为桥梁抗火设计和安全维护提供决策依据。

本章参考文献

[1] Maria Garlock, Ignacio Paya-Zaforteza, Venkatesh Kodur, et al. Fire hazard in bridges: Review, assessment and repair strategies [J]. Engineering Structures, 2012, 35: 89-98.

[2] Michael Woodworth, William Wright, Brian Lattimer, et al. Fire Risks for Highway Bridges: A Statistical Investigation [C]. ASCE, 2013: 744-757.

[3] VKR Kodur, MZ Naser. Importance factor for design of bridges against fire hazard [J]. Engineering Structures, 2013, 54: 207-220.

[4] 刘沐宇,田伟,李海洋. 桥梁运营期汽车燃烧风险概率模型及应用[J]. 武汉理工大学学报, 2014, (4): 128-133.

[5] 刘沐宇,李海洋,田伟. 基于熵权模糊综合评价的桥梁汽车燃烧风险分析[J]. 土木工程与管理学报, 2014, 31(2): 51-55.

[6] 金菊良,魏一鸣,丁晶. 基于改进层次分析法的模糊综合评价模型[J]. 水利学报, 2004, (3): 65-70.

[7] 张震,于天彪,梁宝珠,等. 基于层次分析法与模糊综合评价的供应商评价研究[J]. 东北大学学报(自然科学版), 2006, 27(10): 1142-1145.

[8] 宋力,沈静,赵一晗,等. 基于信息熵权的 AHP 多目标施工方案决策评估[J]. 水利经济, 2013, 30(6): 32-34.

[9] 文兴忠. 基于熵权和模糊综合评价的航空公司安全风险研究[J]. 安全与环境学报, 2012, 12(1): 250-254.

[10] 裴玉龙,程国柱. 高速公路车速离散性与交通事故的关系及车速管理研究[J]. 中国公路学报, 2004, 17(1): 74-78.

[11] 高建平,孔令旗,郭忠印,等. 高速公路运行车速研究[J]. 重庆交通学院学报, 2004, 23(4): 78-81.

[12] 施洪乾,李培楠. 高速公路隧道交通安全问题研究[J]. 四川建筑, 2009, 6: 098.

[13] 骆正清,杨善林. 层次分析法中几种标度的比较[J]. 系统工程理论与实践, 2004, 24(9): 51-60.

[14] PIARC. Fire and smoke control in road tunnel [M]. Permanent International Association of Road Congress, 1999.

[15] 吉田幸信. 公路隧道的防火设备[J]. 隧道译丛, 1989, 08: 31-37.

[16] Alex Haeter. 通风:公路隧道的消防[J]. 隧道译丛, 1989, 08: 43-47.

[17] 张祉道. 公路隧道的火灾事故通风[J]. 现代隧道技术, 2003, 40: 34-43.

[18] 赵峰. 公路隧道运营风险评估及火灾逃生研究[D]. 西安:长安大学, 2010.

[19] 钱盛龄, 上海延安东路越江隧道的消防系统[C]. //第四届隧道与地下工程动态会, 1989.

[20] 康晓龙, 王伟, 赵耀华, 等. 公路隧道火灾事故调研与对策分析[J]. 中国安全科学学报, 2007, 17(5): 110-116.

[21] Kang Xiaolong, Wang Wei, Zhao Yaohua. Investigation of road tunnel fire and study on countermeasures[J]. China Science Safety Journal, 2007, 17(5): 110-116.

[22] 罗鹃. 秦岭终南山公路隧道安全运营管理对策研究[D]. 西安:长安大学, 2012.

[23] 刘勇, 徐志胜, 赵望达. 公路隧道火灾风险评价模型及应用[J]. 中国安全生产科学技术, 2014, 10(4): 126-132.

陈艾荣　教授

博士，博士生导师。1983年毕业于同济大学桥梁工程专业，1983～1989年在西安公路学院公路工程系任助教、讲师；1996～1997年在德国斯图加特大学访问学者，1997年获得同济大学工学博士学位，1998～2006年任同济大学桥梁工程系副教授、教授、系副主任（主持工作）、系主任；2006～2010年任同济大学土木工程学院副院长。

陈艾荣教授的主要研究领域为桥梁结构寿命周期设计理论，桥梁造型与设计伦理、桥梁管理与养护方法与技术、多尺度多物理场数值模拟技术、极端事件下的桥梁安全性能、多尺度结构拓扑优化理论等。他主持了国内40余座大跨径桥梁的抗风设计、审查及风洞试验工作，参与并主持了我国桥梁抗风设计规范的编写；他出版了专著《桥梁造型》，主持了泰州长江大桥等多座大跨桥梁的造型设计，并主持编写了国内第一部桥梁景观与造型设计规范；他首先将全寿命设计理论系统引入国内桥梁工程领域，并于2008年出版了国内这一领域第一部专著《基于给定结构寿命的桥梁设计过程》，提出了全寿命设计方法与工程实践结合的具体方法。近年来他在结构多尺度分析理论方面也做了大量工作，出版了《细观尺度上的钢筋混凝土结构耐久性数值模拟》。

多年来陈艾荣教授培养硕士、博士研究生百余人，发表论文200余篇，出版专著10余部，承担了国家自然科学基金、国家高技术研究发展计划（863计划）、国家科技支撑计划、交通部西部科技项目、交通部规范项目等国家和省部级项目近二十余项；参与苏通长江大桥、泰州长江大学等重大桥梁工程的科研和咨询服务近百项，担任苏通长江大桥设计副总负责人、矮寨大桥、九江长江二桥等大桥工程的特聘专家。

陈艾荣教授担任中国公路学会桥梁与结构工程分会副理事长、上海市公路学会桥梁与结构工程专业委员会主任委员，同时为国际桥梁安全与维护协会（IABMAS）执行委员会委员、国际桥梁安全与维护协会中国团组（IABMAS-China Group）的发起人和召集人、国际结构与建筑学会副主席。多次在重大国际会议中进行大会发言及担任学术委员会、咨询委员会委员等职务，任第七届国际桥梁安全与维护会议主席（IABMAS2014）。担任Journal of Bridge Engineering（ASCE）、Structural Concrete 等十余种学术期刊的特邀审稿人。

第6章　拉挤 GFRP 型材湿热老化性能

刘玉擎,辛灏辉

同济大学桥梁工程系,上海市四平路1239号,200092

6.1　引言

随着工业化进程的快速发展,采用预制、易于运输和快速安装的桥梁工业模式有利于环境保护、加快施工进度和降低造价。目前常规材料桥梁结构整体比较笨重,运输难度大且成本高,完全实现工业化困难。因此,推动新材料、新技术、新工艺及新方法的发展,实现桥梁结构轻量化势在必行。

玻璃纤维增强复合材料(Glass Fiber Reinforced Polymer,简称 GFRP)具有轻质、高强、耐腐蚀、抗疲劳等特点,作为仅次于钢材、混凝土的第三种主要建筑材料,已成为工程领域研究的发展方向[1-5]。然而,桥梁结构常年暴露在大气环境中、实际运营环境恶劣,特别是沿海地区气温高且大气环境湿度大,FRP 材料吸湿导致树脂塑性化,影响纤维—基体界面的强度、耐久性,温度越高、湿度越大,力学性能下降越显著,探究 FRP 材料湿热老化性能有利于评估工业化时代新型桥梁结构的耐久性能。

为此,本文分析了 GFRP 材料受温度和湿度影响机理;针对桥梁用拉挤 GFRP 层合板开展了吸湿性能研究,拟合了湿扩散系数与温度关系式为层合板吸湿量评估提供理论支撑;开展拉挤 GFRP 层合板弯曲湿热老化试验,拟合 GFRP 层合板弯曲模量和弯曲强度随时间变化公式,为 GFRP 型材长期性能提供理论基础。

6.2 GFRP 材料湿热老化机理

6.2.1 温度对 GFRP 材料的影响

FRP 材料中纤维增强材料受温度影响相对较小,但树脂基体玻璃化温度低且受温度影响较大。随着温度升高,树脂高分子材料中游离基 P^* 容易被氧化,使得树脂基体力学性能显著下降。此外,随着温度升高,树脂热膨胀变形显著,但玻璃纤维热膨胀变形很小,树脂和玻璃纤维热膨胀不协调性显著,残余应力明显,影响 FRP 材料的力学性能。

$$P^* + O_2 \rightarrow POO^* \tag{6.1}$$

6.2.2 吸湿老化机理

FRP 材料由纤维和树脂组成,纤维树脂间存在很多界面,水分因毛细现象沿纤维树脂界面或层间界面逐步进入 FRP 材料,且成型后树脂基体会继续固化收缩加剧了水分吸湿。随着 FRP 材料水分逐渐增多,纤维树脂界面性能、层间界面性能因纤维水解作用而逐步降低,从而引起以下老化问题:①因膨胀引起尺寸变化;②树脂玻璃化温度降低(一般吸湿量增加2%,玻璃化温度降低 15~20℃);③FRP 材料强度、模量等力学性能降低。

(1)湿度对玻璃纤维的影响

玻璃纤维强度退化受大气环境湿度及老化时间影响较大。玻璃纤维初始暴露在大气环境时强度下降十分明显,研究表明:在23℃、50%湿度的室温环境暴露 3 周后,玻璃纤维强度将降低 15%,暴露 100 天后强度将降低 25.7%;在23℃的水环境中暴露 3 周强度将降低 20%,暴露 100 天后强度将降低 40%。因此,虽然厂家所提供的玻璃纤维拉伸强度约为 3.5GPa,但考虑到玻璃纤维初始暴露老化的原因,常用玻璃纤维强度设计值仅为 2.1GPa。

如表 6.1 所示,玻璃纤维在水溶液中老化主要由于表面碱性氧化物与水发生反应,碱性氧化物析出于溶液中,使得玻璃纤维逐步分解或降解,纤维表面因应力集中出现微裂纹,最后纤维强度和刚度逐步降低。若吸湿溶液

存在 Na^+ 离子,可降低玻璃纤维表面碱性氧化物的析出、抑制氯离子的侵蚀,使得玻璃纤维强度退化稍微减缓。因此,海水和自来水对玻璃纤维腐蚀性能并没有蒸馏水强。水溶液中玻璃纤维老化机理如下。

①玻璃纤维表面析出碱性氧化物:
$$-Si-O-R+H_2O \rightarrow -Si-O-R^+ +OH^- \qquad (6.2)$$
式中:R——代表元素 Na,K,Ca,Mg,Al 等。

②纤维表面因应力集中出现微裂纹。

③玻璃纤维逐步分解或降解。

④玻璃纤维强度刚度逐步降低,随温度和应力增加强度降低明显,蒸馏水比海水和自来水对玻璃纤维腐蚀性能更强。

当玻璃纤维吸湿酸性溶液时,玻璃纤维表面金属阳离子与酸溶液 H^+ 离子发生化学反应,使得金属阳离子从玻璃纤维表面析出至酸性溶液;玻璃纤维表层致密结构逐渐溶解和破坏,玻璃纤维因应力松弛出现直径轻微增长和长度变短现象。如图 6.1 所示,玻璃纤维表层因溶解变得蓬松,在拉应力作用下出现水平或轴向微裂缝。微裂纹的存在会进一步促进酸性溶液对玻璃纤维的腐蚀,使得玻璃纤维加速溶解于酸性溶液,强度、刚度急剧下降。酸性溶液玻璃纤维老化过程如下。

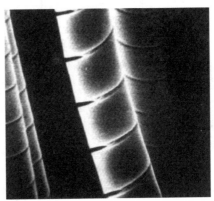

图 6.1 玻璃纤维在硫酸溶液老化出现水平微裂纹[6]

①玻璃纤维表面金属阳离子与酸溶液 H^+ 离子发生化学反应:
$$-Si-O-Na+H^+ \rightarrow -Si-O-H+Na^+ \qquad (6.3)$$

②Na,K,Ca,Mg,Al 等金属阳离子从玻璃纤维表面析出至酸性溶液。

③玻璃纤维表面二氧化硅与酸发生反应而逐渐分解。
④发生应力松弛现象,玻璃纤维直径轻微增长而长度变短。
⑤玻璃纤维出现水平或轴向微裂缝。
⑥玻璃纤维失去承载能力,强度、刚度急剧下降。

当玻璃纤维吸湿碱性溶液时,玻璃纤维表面二氧化硅与碱发生反应而逐渐分解,随之玻璃纤维所有成分逐渐分解至碱溶液中,玻璃纤维失去承载能力,强度、刚度急剧下降。研究表明玻璃纤维在室温弱碱性溶液老化2周强度将下降30%。值得注意的是玻璃纤维强度、刚度老化速率与碱溶液吸湿量无关,主要受二氧化硅分解速度影响,碱性溶液的强弱对玻璃纤维腐蚀影响较大。碱性溶液玻璃纤维老化过程如下。

①玻璃纤维表面析出碱性氧化物:

$$-Si-O-R+H_2O\rightarrow -Si-O-R^+ +OH^- \tag{6.4}$$

式中:R——代表元素 Na,K,Ca,Mg,Al 等。

②玻璃纤维表面二氧化硅与碱发生反应而逐渐分解。

$$-Si-O-Si+OH^-\rightarrow -Si-OH+-Si-O^- \tag{6.5}$$

③玻璃纤维所有成分逐渐分解至碱溶液中。
④玻璃纤维失去承载能力,强度、刚度急剧下降。
⑤玻璃纤维强度、刚度老化速率与碱溶液吸湿量无关,主要受二氧化硅分解速度影响。

(2)湿度对基体的影响

相比于玻璃纤维,基体抵抗湿气、水分、酸性、碱性溶液腐蚀的能力较强,其性能退化主要受初始微裂缝影响。基体大多在高温下固化,生产过程温度变化巨大;因温度变化剧烈、树脂固化不完全等因素影响,树脂基体易出现初始微裂缝,这些微裂缝将加剧树脂基体吸湿,在水压的作用下这些微裂缝将逐渐扩张,从而影响树脂的力学性能。

虽然树脂一般具有较强的耐酸、耐碱和耐水性能,但大多数树脂在高温甚至常温下容易被许多过氧化物或低氧化物氧化,如二氯甲烷等。此外基体中填料、阻燃剂、着色剂等抗化学腐蚀能力较差。

综上所述,相比于传统建筑材料,GFRP 材料有较好的耐腐蚀性能,但材料中树脂性能受温度影响显著、玻璃纤维受化学腐蚀影响较大,虽然两者结合可发挥彼此的优势,但这并不代表 GFRP 材料完全不受湿气、水分、酸性、碱性溶液等老化环境的影响,因此根据实际工程需求,通过开展加速老化试验和理论分析探究 GFRP 材料的湿热耐久性能具有实际工程意义。

6.3 FRP 层合板吸湿理论

6.3.1 Fick 定律

扩散是构成物质的微粒热运动而产生的物质迁移的现象。扩散的宏观表现是物质的定向传送。比如在房间的某处打开一瓶香水,慢慢在其他地方可以闻到香味;在清水中滴入一滴墨水,在静止的状态下可以看到它慢慢地扩散。大气环境中湿气浓度高于结构湿气浓度,大气环境中的水分逐渐向结构中扩散。假设从高浓度区域向低浓度区域流动的通量大小与浓度梯度成正比,菲克(A. Fick)[7]在1855年总结出了表述扩散通量与浓度的关系式:Fick 第一定律。

$$J = -D\frac{dC}{dx} \tag{6.6}$$

式中:J——扩散通量,即单位时间通过垂直于扩散方向单位面积的扩散物质通量;

　　D——扩散系数,负号表示物质总是从浓度高处向浓度低的方向迁移;

　　C——浓度;

　　x——空间距离;

　　dC/dx——浓度梯度。

在二维及以上情况时,可使用梯度算子:

$$J = -D\nabla C \tag{6.7}$$

Fick 第一定律可直接用于处理稳态扩散问题,但浓度分布不随时间变化。当物质分布浓度随时间变化时,由于不同时间在不同位置的浓度不相同,浓度是时间和位置的函数 $C(x,t)$,扩散发生时不同位置的浓度梯度也不一样,扩散物质的通量也不一样。结合 Fick 第一定律和质量守恒定律可得:Fick 第二定律。

$$\frac{\partial C}{\partial t} = -\frac{\partial}{\partial x}J = \frac{\partial}{\partial x}\left(D\frac{\partial}{\partial x}C\right) = D\frac{\partial^2 C}{\partial x^2} \tag{6.8}$$

对于一个无限大板,假设其扩散的边界条件为:

$$\begin{cases} C = C_i & 0 \leq x \leq h \quad t = 0 \\ C = C_\infty & x < 0; x > h \quad t > 0 \end{cases} \tag{6.9}$$

式中:h——板厚;

t——时间;

C_∞——外界浓度;

C_i——初始浓度。

联立 Fick 定律和边界条件,浓度 C 与时间的关系如下:

$$\frac{C - C_i}{C_\infty - C_i} = 1 - \frac{4}{\pi} \sum_{n=0}^{\infty} \frac{1}{(2n+1)} \sin \frac{(2n+1)\pi x}{h} \exp\left[-\frac{Dt\pi^2 (2n+1)^2}{h^2}\right] \tag{6.10}$$

板中吸湿质量可通过积分求得:

$$m = A \int_0^h C \mathrm{d}x \tag{6.11}$$

式中:A——吸湿的面积。

对时间积分可得到吸湿率的表达式:

$$G = \frac{m - m_i}{m_\infty - m_i} = 1 - \frac{8}{\pi^2} \sum_{n=0}^{\infty} \frac{1}{(2n+1)^2} \exp\left[-\frac{Dt\pi^2 (2n+1)^2}{h^2}\right] \tag{6.12}$$

式中:m_i——初始质量;

m_∞——材料完全被浸透时水的质量:

$$m_\infty = AhC_\infty \tag{6.13}$$

为方便计算,吸湿率近似表达为:

$$G = 1 - \exp\left[-7.3 \left(\frac{Dt}{h^2}\right)^{0.75}\right] \tag{6.14}$$

扩散系数 D 按照下式计算:

$$D = \pi \left(\frac{h}{4m_\infty}\right)^2 \left(\frac{m_1 - m_2}{\sqrt{t_1} - \sqrt{t_2}}\right) \tag{6.15}$$

6.3.2 吸湿松弛和损伤

Fick 模型是理想状态下的因浓度梯度引起的吸湿模型,随着时间的推移,FRP 材料因吸湿水分的增加而逐渐产生膨胀,复合材料的膨胀引起了吸湿量进一步增加;并且伴随 FRP 组分和水之间发生化学反应,部分纤维的成分会以离子的形式融入水中,且温度越高化学反应越剧烈。当吸湿量大于 FRP 材料析出量时,FRP 材料质量随时间增长;反之,若吸湿量小于 FRP 材料析出量,FRP 材料质量随时间减少。如图 6.2 所示,当外界环境接近复合材料玻璃化温度时,复合材料颜色变化剧烈,表明化学反应也最为剧烈。Berens 和 Hopfenberg[8,9]将这一现象定义为吸湿松弛现象,该阶段吸湿量与时间的关系用下式表示:

$$\frac{dM_{R,t}}{dt} = k(M_{\infty,R} - M_{t,R}) \tag{6.16}$$

$$M_{R,t} = \sum_{i=1}^{N}(M_{R_i,\infty})(1 - e^{-k_i t}) \tag{6.17}$$

式中:$M_{R,t}$——松弛主导吸湿率;
k_i——松弛主导吸湿系数;
$M_{R_i,\infty}$——松弛主导极限吸湿率。

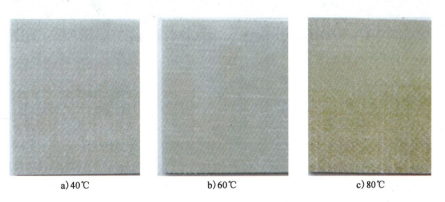

图 6.2 不同老化温度下 FRP 试件的颜色变化

如图 6.3 所示,通过比较老化和未老化 FRP 电镜扫描断面图可知:随着吸湿量的增加,纤维和树脂间、单层板和单层板间将产生微裂纹,因为空洞的存在导致了吸水量的增加,而吸水量的增加又导致微裂纹进一步扩展,微裂纹的扩展又会促进吸水量的增加。因此 FRP 中产生微裂纹时吸湿量急剧增加,当吸湿量达到一定程度后,FRP 材料破坏。此阶段被定义为吸湿损伤阶段[11]。通过观察 FRP 吸水量变化,本节假设吸湿率在损伤阶段符合指数形式。因微裂缝并不是从一开始就发生且扩展,本节在损伤阶段吸湿量表达式中引入 Macauley 括号来表征这一现象。

$$M_{D,t} = M_{D,i} e^{\Omega \langle t - t_D \rangle} \tag{6.18}$$

$$\langle w \rangle = \frac{w + |w|}{2} \tag{6.19}$$

式中：$M_{D,t}$——损伤初始吸湿率；
$\quad\quad\Omega$——损伤主导吸湿系数；
$\quad\quad t_D$——损伤初始时间。

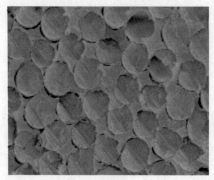
a) 没有老化

b) 湿热老化

图 6.3　FRP 电镜扫描断面图[10]

6.3.3　吸湿模型

综合 Fick 定律和吸湿松弛、损伤模型，FRP 材料的吸湿过程主要分为 Fick 模型主导过程、松弛主导过程和损伤主导过程。假设这三种过程互相独立且可线性叠加，则 FRP 吸湿模型表达式如下：

$$M_t = M_{F,\infty} \left\{ 1 - \exp\left[-7.3 \left(\frac{Dt}{h^2} \right)^{0.75} \right] \right\} + \sum_{i=1}^{N} (M_{R_i,\infty})(1 - e^{-k_i t}) + M_{D,i} e^{-\Omega \langle t - t_D \rangle} \tag{6.20}$$

6.3.4　湿热吸湿性能试验

为探究拉挤 GFRP 层合板吸湿性能，获得层合板分别在 40℃、60℃和 80℃蒸馏水环境和海水环境下的湿扩散系数，拟合湿扩散系数及与温度关系式，本章节根据规范 ASTM D5229-92 开展 GFRP 层合板吸湿性能试验。

如表6.1所示，本节共开展12组计36个试件的试验。试件长度为100mm，宽度为6mm，吸湿厚度为2.3mm。D11代表纤维方向与吸湿厚度方向平行，D22代表纤维方向与吸湿厚度方向垂直。W代表湿热环境为蒸馏水，SW代表湿热环境为人工海水。其中海水环境由人工海盐溶解于蒸馏水所得，人工海水成分如表6.2所示。根据全球海洋平均浓度，湿热环境人工海水浓度设为3.5%。试验编号中间参数代表湿热环境温度。

湿热老化性能测试试件汇总　　　　　　　表6.1

试验编号	长度(mm)	宽度(mm)	厚度(mm)	温度(℃)	方向	老化环境
D11-40℃-W	100	6	2.3	40	平行纤维	蒸馏水
D22-40℃-W	100	6	2.3	40	垂直纤维	蒸馏水
D11-40℃-SW	100	6	2.3	40	平行纤维	人工海水
D22-40℃-SW	100	6	2.3	40	垂直纤维	人工海水
D11-60℃-W	100	6	2.3	60	平行纤维	蒸馏水
D22-60℃-W	100	6	2.3	60	垂直纤维	蒸馏水
D11-60℃-SW	100	6	2.3	60	平行纤维	人工海水
D22-60℃-SW	100	6	2.3	60	垂直纤维	人工海水
D11-80℃-W	100	6	2.3	80	平行纤维	蒸馏水
D22-80℃-W	100	6	2.3	80	垂直纤维	蒸馏水
D11-80℃-SW	100	6	2.3	80	平行纤维	人工海水
D22-80℃-SW	100	6	2.3	80	垂直纤维	人工海水

海水成分　　　　　　　表6.2

组成	含量(%)	组成	含量(%)
NaCl	77.591	H_3BO_3	0.168
$MgCl_2$	6.561	$Na_2Si_4O_9$	0.006
$MgSO_4$	9.430	Na_2SiO_3	0.007
$CaCl_2$	3.347	H_3PO_4	0.006
$NaHCO_3$	0.575	Al_2Cl_6	0.038
KCl	2.093	NH_3	0.006
NaBr	0.168	$LiNO_3$	0.004

试件质量由精度为0.00001g的电子秤获得。根据规范ASTM D5229-92[12]，试件吸湿率按照下式求解：

$$M = \frac{w_t - w_0}{w_0} \times 100 \tag{6.21}$$

式中:w_0——试件初始质量;
w_t——试件时变质量。

6.3.5 吸湿试验结果

(1)40℃湿热环境

40℃吸湿试验值和拟合结果比较如图6.4所示。纵向试件D11在蒸馏水环境和人工海水环境从 $0 \sim 156.5 \mathrm{h}(757.5^2 \mathrm{~s})$ 均表现为Fick吸湿主导过程,试件吸湿率与时间开方为线性关系;在 $156.5(757.5^2 \mathrm{~s}) \sim 4669.6 \mathrm{h}$ $(4008^2 \mathrm{~s})$ 之间均表现为松弛主导吸湿过程,试件吸湿率与时间开方呈现非线性关系。

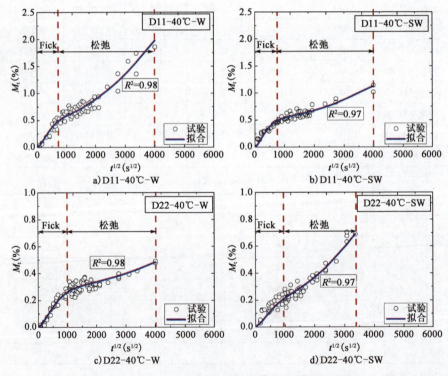

图6.4 40℃吸湿试验和拟合结果比较

横向试件D22在蒸馏水环境和海水环境从 $0 \sim 273.4 \mathrm{h}(992^2 \mathrm{~s})$ 均表现为

Fick 吸湿主导过程,试件吸湿率与时间开方为线性关系;从 273.4(992^2 s) ~ 4669.6h(4008^2 s)之间表现为松弛主导吸湿过程。

40℃环境中,D11 试件和 D22 试件均未观测到损伤吸湿阶段,D11 试件纤维树脂界面多于 D22 试件,水分毛细现象更为明显,D11 试件吸湿率普遍大于 D22 试件,D11 试件进入松弛阶段均早于 D22 试件。

根据 Levenberg-Marquardt 算法,40℃吸湿相关系数拟合结果如表 6.3 所示。

40℃吸湿相关系数拟合结果　　表 6.3

试　件	$D(\text{mm}^2/\text{s})$	$M_{F,\infty}(\%)$	$k_1(/\text{s})$	$M_{R_1,\infty}(\%)$
D11 - 40℃ - W	1.75×10^{-6}	0.5106	4.88×10^{-9}	19.42
D11 - 40℃ - SW	2.04×10^{-6}	0.5170	3.08×10^{-9}	12.78
D22 - 40℃ - W	0.94×10^{-6}	0.2889	1.20×10^{-9}	10.90
D22 - 40℃ - SW	1.13×10^{-6}	0.1909	1.46×10^{-9}	30.51

(2)60℃湿热环境

60℃吸湿试验和拟合结果比较如图 6.5 所示。纵向试件 D11 在蒸馏水环境和海水环境从 0 ~ 125.58h(672.5^2 s)均表现为 Fick 吸湿主导过程,在 125.58(672.5^2 s) ~ 959.6h(1858.7^2 s)之间表现为松弛主导吸湿过程,在 959.6h(1858.7^2 s)后表现为损伤主导吸湿过程。纵向试件 D11 最终在 3218.7 ~ 4462.2h 之间发生了分层损伤破坏。

横向试件 D22 在蒸馏水环境和海水环境从 0 ~ 176.84h(797.9^2 s)均表现为 Fick 吸湿主导过程,在 176.84(797.9^2 s) ~ 4669.6h(4008^2 s)之间表现为松弛主导吸湿过程,并未观测到吸湿损伤阶段。

60℃环境中,D11 试件因吸湿损伤而发生破坏,但 D22 试件未观测到损伤吸湿阶段,D11 试件吸湿率普遍大于 D22 试件,D11 试件进入松弛阶段均早于 D22 试件。

根据 Levenberg-Marquardt 算法,60℃吸湿相关系数拟合结果如表 6.4 所示。

60℃吸湿相关系数拟合结果　　表 6.4

试　件	$D(\text{mm}^2/\text{s})$	$M_{F,\infty}(\%)$	$k_1(/\text{s})$	$m_{R_1,\infty}(\%)$	$\Omega(/\text{s})$	$m_{D,i}(\%)$	$t_D(\text{h})$
D11 - 60℃ - W	2.35×10^{-6}	0.7558	7.40×10^{-9}	48.80	5.00×10^{-7}	0.37	991.20
D11 - 60℃ - SW	2.50×10^{-6}	0.8193	6.01×10^{-9}	20.33	4.00×10^{-7}	0.10	1039.67
D22 - 60℃ - W	1.53×10^{-6}	0.4543	3.09×10^{-9}	18.64%	—	—	—
D22 - 60℃ - SW	2.61×10^{-6}	0.2887	2.66×10^{-9}	44.14	—	—	—

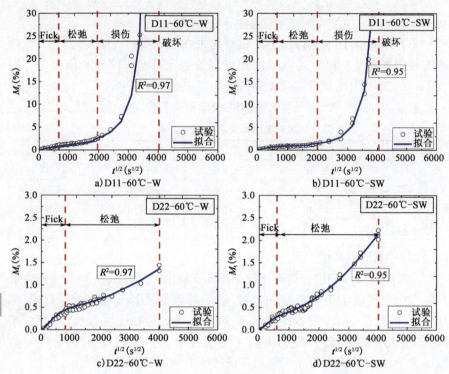

图6.5 60℃吸湿试验和拟合结果比较

(3) 80℃湿热环境

80℃吸湿试验和理论值比较如图6.6所示。纵向试件D11在蒸馏水环境和海水环境从0~52.39h(434.3² s)均表现为Fick吸湿主导过程,在52.39(434.3² s)~728.1h(1619.2² s)之间表现为松弛主导吸湿过程,在728.1h后表现为损伤主导吸湿过程,最终在1560~2070h之间发生了分层损伤破坏。

横向试件D22在蒸馏水环境和海水环境从0~81.54h(541.8² s)均表现为Fick吸湿主导过程,在81.54(541.8² s)~1560.25h(2370.0² s)之间表现为松弛主导吸湿过程,在1560~2070h之间发生了分层损伤破坏。

80℃环境中,D11试件和D22试件因吸湿损伤均发生破坏,D11试件吸湿率普遍大于D22试件,D11试件进入松弛阶段均早于D22试件,D22阶段并未观测到吸湿损伤阶段而直接破坏。

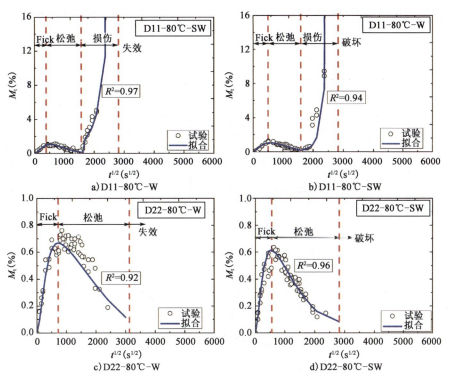

图 6.6 80℃ 吸湿试验和拟合结果比较

根据 Levenberg-Marquardt 算法,80℃ 吸湿相关系数拟合结果如表 6.5 所示。

80℃ 吸湿相关系数拟合结果　　　　　　　　表 6.5

试件	$D(mm^2/s)$	$m_{F,i}(\%)$	$k_1(/s)$	$m_{R_1,\infty}(\%)$	$\Omega(/s)$	$m_{D,i}(\%)$	$t_D(h)$
D11-80℃-W	3.69×10^{-6}	1.419	4.22×10^{-7}	-1.915	12.50×10^{-7}	0.16	703.13
D11-80℃-SW	3.38×10^{-6}	1.680	9.29×10^{-7}	-1.712	7.00×10^{-7}	0.14	728.10
D22-80℃-W	3.59×10^{-6}	0.7642	1.70×10^{-7}	-0.828	—	—	—
D22-80℃-SW	6.04×10^{-6}	0.7250	4.19×10^{-7}	-0.673	—	—	—

6.3.6　结果讨论

FRP 层合板方向、老化环境和温度对 Fick 主导模型最大吸湿率影响如图 6.7 所示。不同温度和不同老化环境下,纵向 D11 试件 Fick 主导最大吸湿率均比横向 D22 试件大。不同方向和不同温度下,蒸馏水老化环境和人工海水老化环境 Fick 主导最大吸湿率区别较小。不同方向和不同老化环境下,Fick 主导模型最大吸湿率随温度增加而明显增加。

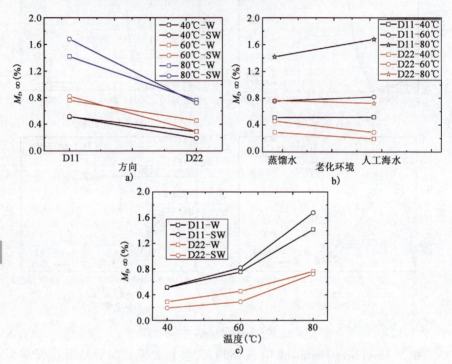

图 6.7 各参数对 Fick 主导模型最大吸湿率影响

FRP 层合板方向、老化环境和温度对 Fick 主导模型吸湿系数影响如图 6.8 所示。不同温度和不同老化环境下,除 80℃人工海水试验组外,纵向 D11 试件 Fick 主导吸湿系数均比横向 D22 试件大。不同方向和不同温度下,除 80℃D22 和 60℃D22 试验组外,蒸馏水老化环境和人工海水老化环境 Fick 主导吸湿系数区别较小。不同方向和不同老化环境下,Fick 主导模型吸湿系数随温度增加而明显增加。

假设 Fick 主导吸湿过程吸湿系数和最大吸湿率随温度变化符合 Arrhenius 模型[13]:

$$K = Ge^{-E_d/(RT)} \tag{6.22}$$

式中:G——相关系数;

E_d——活化能；
R——大气常数。

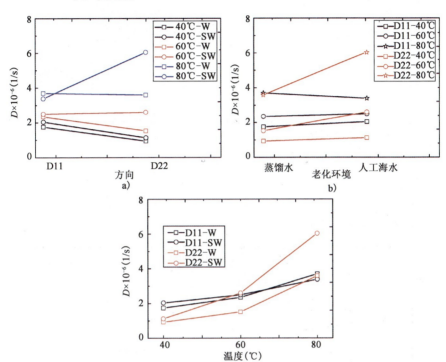

图 6.8 各参数对 Fick 主导模型吸湿系数影响

拟合结果和相关系数如表 6.6 和图 6.9 所示。GFRP 层合板根据 Fick 主导最大吸湿率拟合活化能为 $25.72\text{kJ}\cdot\text{K}^{-1}\cdot\text{mol}^{-1}$，根据 Fick 主导吸湿系数拟合活化能为 $24.43\text{kJ}\cdot\text{K}^{-1}\cdot\text{mol}^{-1}$。

表 6.6 Fick 主导吸湿系数拟合结果

试 件	G	E_d	试 件	G	E_d
$D11 - M_{f,\infty} - W$	88.53	25.72	$D11 - M_{f,\infty} - SW$	101.99	25.72
$D22 - M_{f,\infty} - W$	49.27	25.72	$D22 - M_{f,\infty} - SW$	41.68	25.72
$D11 - D - W$	0.01337	24.43	$D11 - D - SW$	0.02215	24.43
$D22 - D - W$	0.01580	24.43	$D22 - D - SW$	0.01546	24.43

注：E_d 单位为 $\text{kJ}\cdot\text{K}^{-1}\cdot\text{mol}^{-1}$。

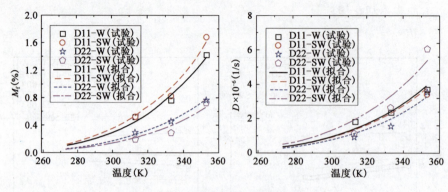

图 6.9 预测模型与试验值对比

FRP 层合板方向、老化环境和温度对松弛主导模型最大吸湿率影响如图 6.10 所示。不同温度下,D22 试件组海水环境松弛主导最大吸湿率大于蒸馏水环境,D11 试件组蒸馏水环境松弛主导最大吸湿率大于海水环境。不

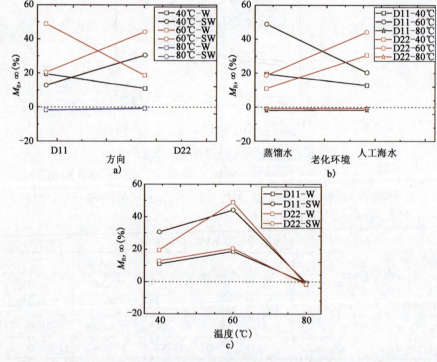

图 6.10 各参数对松弛主导过程最大吸湿率影响

同方向和不同老化环境下,松弛主导最大吸湿率随温度增加呈现先增加后减小趋势。

FRP层合板方向、老化环境和温度对松弛主导模型吸湿系数影响如图6.11所示。不同温度和不同老化环境下,纵向D11试件松弛主导吸湿系数均比横向D22试件大;40℃和60℃蒸馏水环境中松弛主导吸湿系数大于海水环境,80℃松弛主导吸湿系数海水环境大于蒸馏水环境;松弛主导吸湿系数虽温度增加而增加,尤其从60~80℃增加非常显著。

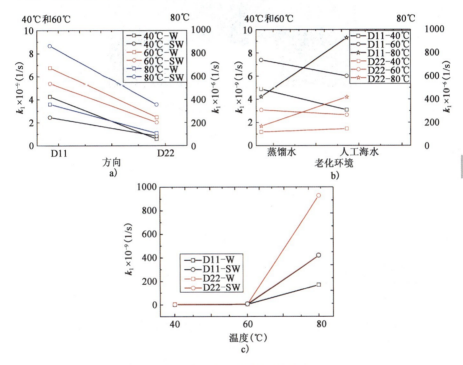

图6.11 各参数对松弛主导过程吸湿系数的影响

6.4 FRP层合板弯曲长期性能预测

6.4.1 长期弯曲性能试验

层合板弯曲截面内有拉压两种应力,对湿热老化性能最敏感,故选取弯曲性能来反映层合板的湿热老化性能。如图6.12所示,通过三点弯曲湿热加速老化试验来探究拉挤 GFRP 层合板长期弯曲性能。依据《纤维增强塑料弯曲性能试验方法》(GB/T 1449—2005)[14]相关规定,弯曲试件尺寸为 128mm×15mm×6mm,三点弯曲净跨距为 96mm,试件跨距厚度比为 16∶1。拉挤 GFRP 层合板弯曲强度 σ_f 和弯曲模量 E_f 按照下式计算。

图 6.12　弯曲性能试验示意图

$$\sigma_f = \frac{3Pl}{2bh^2} \quad (6.23)$$

$$E_f = \frac{l^3}{4bh^3}\frac{\Delta P}{\Delta S} \quad (6.24)$$

式中:P——加载荷载;

　　　l——净跨距;

　　　b——试件宽度;

　　　h——试件厚度。

如表 6.7 所示,本节共开展 12 组计 262 个弯曲性能试验。弯曲试件被分别浸泡于 6 种不同老化环境的老化箱中,在老化时间为 0 周、1 周、2 周、3 周、4 周、6 周、12 周和 26 周时,每组分别取出 3 个试件开展弯曲性能试验(第 0 周时为 5 个试件)。

湿热弯曲老化性能测试试件汇总　　　　　　表 6.7

试验组别	长度(mm)	宽度(mm)	厚度(mm)	老化温度(℃)	方向	老化环境
T11-40℃-W	128	15	6	40	平行纤维	蒸馏水
T22-40℃-W	128	15	6	40	垂直纤维	蒸馏水
T11-40℃-SW	128	15	6	40	平行纤维	人工海水

续上表

试验组别	长度(mm)	宽度(mm)	厚度(mm)	老化温度(℃)	方向	老化环境
T22-40℃-SW	128	15	6	40	垂直纤维	人工海水
T11-60℃-W	128	15	6	60	平行纤维	蒸馏水
T22-60℃-W	128	15	6	60	垂直纤维	蒸馏水
T11-60℃-SW	128	15	6	60	平行纤维	人工海水
T22-60℃-SW	128	15	6	60	垂直纤维	人工海水
T11-80℃-W	128	15	6	80	平行纤维	蒸馏水
T22-80℃-W	128	15	6	80	垂直纤维	蒸馏水
T11-80℃-SW	128	15	6	80	平行纤维	人工海水
T22-80℃-SW	128	15	6	80	垂直纤维	人工海水

试验分组编号中：T11代表纤维方向与吸湿厚度方向平行，T22代表纤维方向与吸湿厚度方向垂直。W代表湿热环境为蒸馏水，SW代表湿热环境为人工海水。其中海水环境由人工海盐溶解于蒸馏水所得，人工海水成分如表6.5所示。根据全球海洋平均浓度，湿热环境人工海水浓度设为3.5%。试验编号中间参数代表湿热环境温度。

6.4.2 长期弯曲试验结果

（1）试验结果

图6.13为纵向弯曲强度随时间变化曲线。经过湿热老化，纵向弯曲强度在40℃蒸馏水环境中下降16.6%（1002.8MPa），在60℃蒸馏水环境中下降24.9%（902.9MPa），在80℃蒸馏水环境中下降46.3%（645.3MPa）；纵向弯曲强度在40℃人工海水环境中下降12.5%（1052.3MPa），在60℃人工海水环境中下降19.8%（963.6MPa），在80℃人工海水环境中下降48.6%（618.2MPa）。

图6.14为横向弯曲强度随时间变化曲线。经过湿热老化，横向弯曲强度在40℃蒸馏水环境中下降13.2%（158.4MPa），在60℃蒸馏水环境中下降52.1%（87.5MPa），在80℃蒸馏水环境中下降77.2%（41.7MPa）；横向弯曲强度在40℃人工海水环境中下降8.1%（167.7MPa），在60℃人工海水环境中下降51.6%（88.4MPa），在80℃人工海水环境中下降72.5%（50.2MPa）。

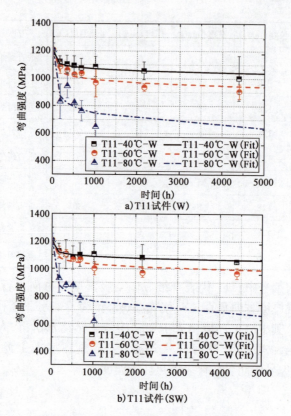

a) T11试件(W)

b) T11试件(SW)

图6.13 纵向弯曲强度随时间变化曲线

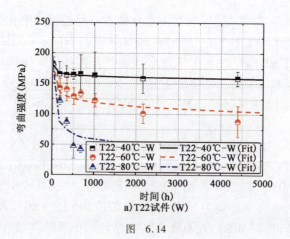

a) T22试件(W)

图 6.14

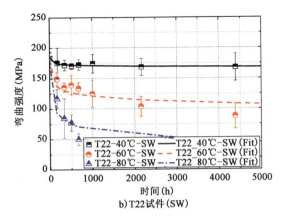

b) T22试件(SW)

图 6.14 横向弯曲强度随时间变化曲线

图 6.15 为纵向弯曲模量随时间变化曲线。经过湿热老化,纵向弯曲模量在40℃蒸馏水环境中下降4.9%(38.2GPa),在60℃蒸馏水环境中下降5.9%(37.81GPa),在80℃蒸馏水环境中下降19.1%(32.5GPa);纵向弯曲模量在40℃人工海水环境中下降3.9%(38.6GPa),在60℃人工海水环境中下降5.9%(37.8GPa),在80℃人工海水环境中下降14.1%(34.5GPa)。

图 6.16 为横向弯曲模量随时间变化曲线。经过湿热老化,横向弯曲模量在40℃蒸馏水环境中下降3.7%(15.3GPa),在60℃蒸馏水环境中下降44.7%(8.78GPa),在80℃蒸馏水环境中下降79.5%(3.25GPa);横向弯曲模量在40℃人工海水环境中下降2.9%(15.4 GPa),在60℃人工海水环境中下降44.1%(8.88 GPa),在80℃人工海水环境中下降14.1%(4.17GPa)。

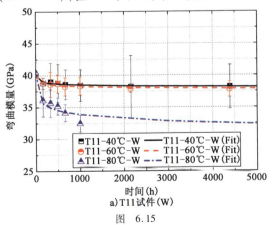

a) T11试件(W)

图 6.15

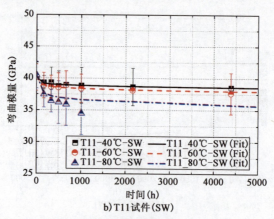
b) T11试件(SW)

图6.15 纵向弯曲模量随时间变化曲线

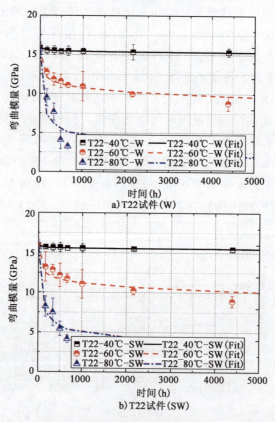

图6.16 横向弯曲模量随时间变化曲线

综上,纵向弯曲强度随时间退化程度明显大于纵向弯曲模量退化程度,但横向弯曲强度随时间退化程度与横向模量退化程度相当。随温度增高,纵横向弯曲强度和模量均出现退化,40℃时纵横向弯曲强度和模量均随时间减少较缓慢;40℃和60℃纵向弯曲强度折减差别较小而横向弯曲强度折减差别较明显;40℃和60℃纵向弯曲模量折减差别较小且几乎重合而横向弯曲模量折减差别较明显;80℃纵横向弯曲模量和强度随时间折减均很显著。

(2)破坏模态

拉挤 FRP 层合板弯曲试件模态如图 6.17 所示。纵向弯曲试件主要表现为顶层纤维压碎后伴随着层间分层而发生破坏。横向弯曲试件主要表现为底层纤维拉伸破坏。

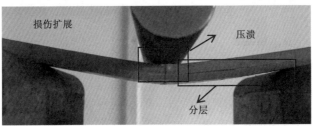

a) 纵向试件

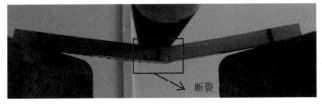

b) 横向试件

图 6.17 层合板弯曲破坏模式

拉挤 GFRP 层合板湿热老化破坏模态如图 6.18 所示。纵向试件 T11 主要呈现为分层破坏,横向试件 T22 主要呈现纤维织物单层板与粗纱增强单层板界面间出现明显裂缝。因此,湿热环境对拉挤 GFRP 层合板层间性能影响显著,湿热层间损伤破坏是拉挤层合板湿热老化的关键原因。

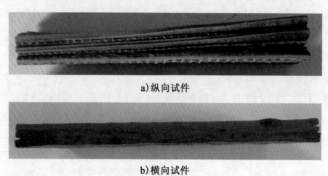

a)纵向试件

b)横向试件

图 6.18　层合板湿热老化破坏模态(80℃)

6.4.3　长期性能概率分布

对于大多数 FRP 材料而言,其材料特性符合 Weibull 分布。假设拉挤 GFRP 层合板长期弯曲性能仍符合 Weibull 分布,其概率密度函数为:

$$f(x) = \frac{\alpha}{\beta}\left(\frac{x}{\beta}\right)^{\alpha-1} e^{\left[-\left(\frac{x}{\beta}\right)^{\alpha}\right]} \quad (6.25)$$

其失效概率函数为:

$$F(x) = 1 - e^{\left[-\left(\frac{x}{\beta}\right)^{\alpha}\right]} \quad (6.26)$$

式中:α、β——形状系数和尺度系数。形状系数表征了材料性能的离散程度。形状系数 α 与离散系数(COV)存在如下关系:

$$COV = \left[\frac{\Gamma\left(1+\frac{2}{\alpha}\right)}{\Gamma^2\left(1+\frac{2}{\alpha}\right)} - 1\right]^{0.5} \quad (6.27)$$

式中:Γ——gamma 函数。

形状系数[16]可由下列两式进行近似估计:

$$COV \approx \alpha^{-0.926} \quad (6.28)$$

$$COV \approx \frac{1.2}{\alpha} \tag{6.29}$$

获得形状系数后,可通过下式求解尺度系数。

$$\mu = \beta\Gamma\left(1 + \frac{1}{\alpha}\right) \tag{6.30}$$

图 6.19 和图 6.20 分别为纵向弯曲强度和横向弯曲强度 Weibull 分布系数随时间变化曲线。随着时间的增加,纵向弯曲强度和横向弯曲强度 weibull 分布形状系数逐渐减小,且 40℃ weibull 分布形状系数整体上大于 60℃ 和 80℃。随着时间的增加和温度增减,纵向弯曲强度和横向弯曲强度 weibull 分布尺度系数均减小。

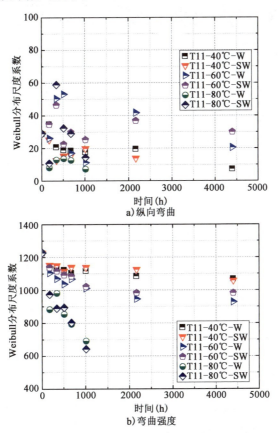

图 6.19　纵向弯曲强度 Weibull 分布系数随时间变化曲度

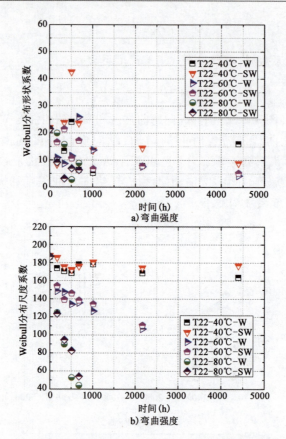

图 6.20 横向弯曲强度 Weibull 分布系数随时间变化曲线

图 6.21 和图 6.22 分别为纵向弯曲模量和横向弯曲模量 Weibull 分布系数随时间变化曲线。随着时间的增加,纵向弯曲模量和横向弯曲模量 weibull 分布形状系数逐渐减小,且 40℃ weibull 分布形状系数整体上大于 60℃ 和 80℃。随着时间的增加和温度增减,纵向弯曲模量和横向弯曲模量 weibull 分布尺度系数均减小。

6.4.4 层合板湿热老化长期性能预测

Phillips[17]认为强度及模量保留率随时间自然对数值符合线性关系。因此,假设拉挤 GFRP 层合板湿热条件下弯曲强度和弯曲模量保留率符合下列关系式:

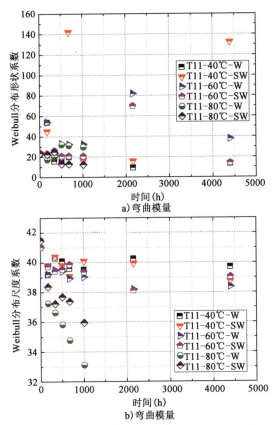

图6.21 纵向弯曲模量 Weibull 系数随时间变化曲线

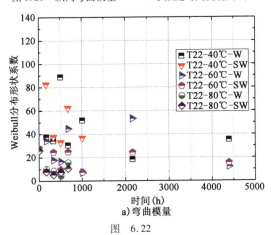

图 6.22

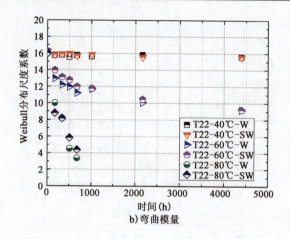

b) 弯曲模量

图 6.22　横向弯曲模量 Weibull 系数随时间变化曲线

$$P(t) = -A\ln(t) + B \tag{6.31}$$

式中:A、B——经验常数,本文假设系数 B 为 1.00。

图 6.23 和图 6.24 分别为纵向弯曲强度和横向弯曲强度随对数时间变化曲线。因为当时间为 0 时,自然对数在数学上无解,因此本文取"0.1h"为拟合曲线的原点。纵向弯曲强度和横向弯曲强度随时间变化拟合结果如图 6.23 和图 6.24 所示。

图 6.25 和图 6.26 分别为纵向弯曲模量和横向弯曲模量随对数时间变化曲线。因为当时间为 0 时,自然对数在数学上无解,因此本文仍然取"0.1h"为拟合曲线的原点。纵向弯曲模量和横向弯曲模量随时间变化拟合结果如图 6.25 和图 6.26 所示。

假设长期老化预测模型系数 A 符合 Arrhenius 模型[13],活化能 E_a 为材料常数,同一种层合板活化能相同;复合材料化学键的破坏引起活化能随着施加力的大小而变化。

假设纵向弯曲强度、横向弯曲强度、纵向弯曲模量、横向弯曲模量对应活化能相同。对长期性能预测公式系数 A 取自然对数。图 6.27 为系数 A 自然对数与温度倒数关系曲线。

弯曲强度和弯曲模量 Arrhenius 模型拟合系数如表 6.8 和表 6.9 所示。图 6.28 为系数 A 试验值与预测值比较,弯曲强度预测模型与试验数据吻合较好,但 60℃时弯曲模量试验值大于预测值。

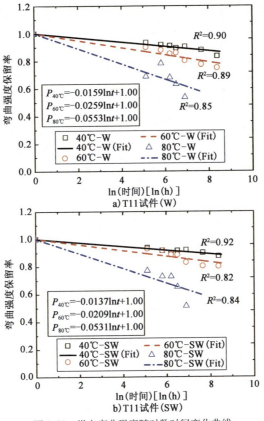

a) T11试件(W)

b) T11试件(SW)

图 6.23 纵向弯曲强度随对数时间变化曲线

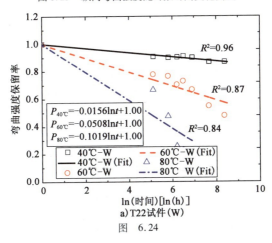

a) T22试件(W)

图 6.24

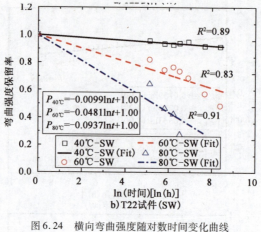

b) T22试件(SW)

图6.24 横向弯曲强度随对数时间变化曲线

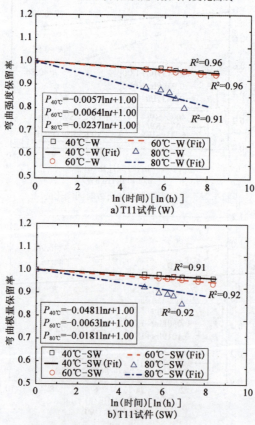

a) T11试件(W)

b) T11试件(SW)

图6.25 纵向弯曲模量随对数时间变化曲线

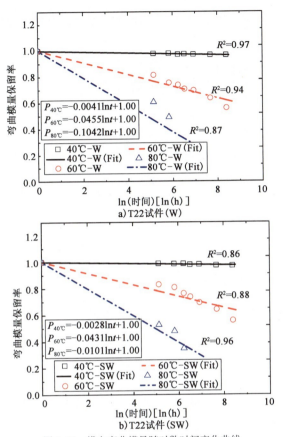

图 6.26 横向弯曲模量随对数时间变化曲线

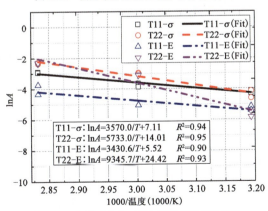

图 6.27 系数 A 自然对数与温度倒数关系曲线

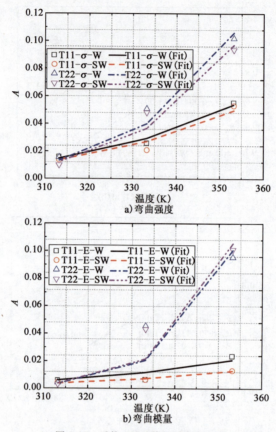

图6.28 系数 A 试验值与预测值比较

弯曲强度 Arrhenius 模型系数　　　　　　　　　　　　　　表6.8

类别	G	E_a	R^2	类别	G	E_a	R^2
纵向弯曲强度-W	1320.42	29.68	0.98	横向弯曲强度-W	1193000	47.67	0.96
纵向弯曲强度-SW	1221.46	29.68	0.94	横向弯曲强-SW	1090000	47.67	0.96

弯曲模量 Arrhenius 模型系数　　　　　　　　　　　　　　表6.9

类别	G	E_a	R^2	类别	G	E_a	R^2
纵向模量-W	343.13	28.52	0.85	横向模量-W	3.13×10^{10}	77.70	0.85
纵向模量-SW	212.24	28.52	0.97	横向模量-SW	3.28×10^{10}	77.70	0.90

通过所拟合的系数和 Arrhenius 模型公式,我们可以计算任何温度下的系数 A。综合 Arrhenius 模型和 Phillips 模型可以预测任何温度和任何时间

下纵向弯曲强度、横向弯曲强度、纵向弯曲模量、横向弯曲模量数值。

6.4.5 湿热老化值与设计值比较

美国混凝土规范 ACI-440[18]规定材料设计值f_d为具有相应保证率的试验值f_{cu}乘以环境折减系数确定。对于长期暴露在外部环境中的结构折减系数取 0.85。

$$f_d = C_E f_{cu} \tag{6.32}$$

$$f_{cu} = f_u - 3\sigma \tag{6.33}$$

式中:f_u——试验平均值;

σ——标准差。

英国混凝土规范 TR-55[19]规定设计值为具有相应保证率的试验值除以制作安全分项系数γ_m和强度或模量分项系数γ_f确定。对于拉挤材料,$\gamma_m = 1.05$;其中强度分项系数$\gamma_f = 1.95$,弹性模量分项系数$\gamma_f = 1.8$。

$$f_d = \frac{f_{cu}}{\gamma_m \gamma_f} \tag{6.34}$$

$$f_{cu} = f_u - 2\sigma \tag{6.35}$$

我国《纤维增强复合材料建设工程应用技术规范》(GB 50608—2010)[20]规定材料设计值f_d为具有相应保证率的试验值f_{cu}除以材料分项系数和环境分项系数。其中含有织物的 FRP 材料分项系数为$\gamma_f = 1.4$,对于普通大气环境,环境折减系数为$\gamma_e = 1.4$,对于海洋环境,环境折减系数为$\gamma_e = 1.6$。

$$f_d = \frac{f_{cu}}{\gamma_f \gamma_e} \tag{6.36}$$

$$f_{cu} = f_u - 1.645\sigma \tag{6.37}$$

根据各国规范规定,弯曲强度和模量设计值汇总在表 6.10 中。根据 4.4.3 节老化性能预测公式,计算 100 年后 23℃(室温)下弯曲强度和弯曲模量保留率。图 6.29 为湿热老化 100 年后 23℃下弯曲强度、模量和设计值比较图。由图可知,美国规范 ACI-440 设计值与湿热老化 100 年后 23℃下弯曲强度、模量相近,而英国规范 TR-55 和我国规范 GB 50608—2010 为湿热老化 100 年后 23℃下弯曲强度、模量的 1.7~2.0 倍。

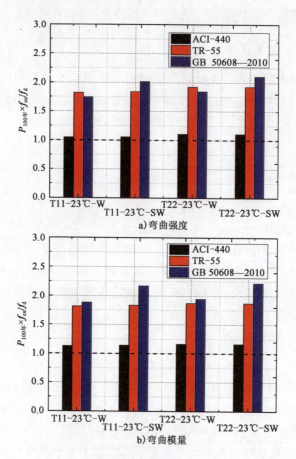

图 6.29 湿热弯曲强度、模量和设计值比较图

弯曲强度和模量设计值 表 6.10

分 类		纵向弯曲强度	横向弯曲强度	纵向弯曲模量	横向弯曲模量
f_u		1202.19	182.02	40.08	15.65
σ		49.94	10.16	2.06	0.73
f_{cu}	ACI-440	1052.36	151.53	33.89	13.46
	TR-55	1102.30	161.69	35.95	14.19
	GB 50608—2010	1120.03	165.30	36.68	14.45
f_d	ACI-440	894.50	128.80	28.80	11.44
	TR-55	538.37	78.97	19.02	7.51

续上表

分　类		纵向弯曲强度	横向弯曲强度	纵向弯曲模量	横向弯曲模量
f_d	GB 50608—2010	571.45	84.34	18.72	7.37
	GB 50608—2010（海洋）	500.02	73.80	16.38	6.45

6.5　结语

拉挤GFRP型材轻质、高强、耐腐蚀、可设计性好，大大降低了桥梁恒载，使基础结构工程量减少，是实现桥梁结构轻型化的一个十分有效的途径，是桥梁工业化生产的一个重要研究方向。针对桥梁实际运营环境，开展湿热环境下拉挤GFRP层合板吸湿性能和弯曲时变性能研究，对工业化新型桥梁结构的耐久性设计非常迫切。

GFRP材料相比于传统建筑材料有较好的耐腐蚀性能，但GFRP材料中树脂性能受温度影响显著，玻璃纤维受化学腐蚀影响较大，虽然两者结合可发挥彼此的优势，但这并不代表GFRP材料完全不受湿气、水分、酸性、碱性溶液等老化环境的影响，因此根据实际工程需求，通过开展加速老化试验和理论分析探究GFRP材料的湿热耐久性能具有实际工程意义。

拉挤GFRP层合板吸湿全过程主要分为浓度梯度引起的Fick主导吸湿过程、基体膨胀化学反应引起的松弛主导吸湿过程和微裂缝出现引起的损伤主导吸湿过程，工程设计人员可依据本文相关参数对吸湿量进行评估。

通过综合Phillips模型和Arrhenius模型，可预测任意温度和时间下GFRP层合板弯曲强度和弯曲模量变化。通过拟合公式预测了室温23℃下100年后弯曲强度和弯曲模量值，并将预测值与美国ACI-440规范、英国TR-55规范和我国GB 50608—2010规范规定的设计值进行比较，结果表明美国ACI-440规范设计值与23℃下100年后老化值相近，英国TR-55规范和我国GB 50608—2010规范设计值是预测值的1.7~2.0倍。

本章参考文献

[1] 刘玉擎，陈艾荣. FRP材料组合结构桥梁的新技术[J]. 世界桥梁，2005，2005(2)：72-74.

[2] Mosallam A S, Bayraktar A, Elmikawi M, et al. Polymer composites in construction: an overview [J]. SOJ Materials Science & Engineering, 2015, 2(1), 25.

[3] He J, Liu Y, Chen A, et al. Experimental investigation of movable hybrid GFRP and concrete bridge deck[J]. Construction and Building Materials, 2012, 26(1): 49-64.

[4] Xin H, Liu Y, Du A. Thermal analysis on composite girder with hybrid GFRP-concrete deck [J]. Steel and Composite Structures, 2015, 19(5): 1221-1236.

[5] Xin H, Liu Y, He J, et al. Fatigue behavior of hybrid GFRP-concrete bridge decks under sagging moment [J]. Steel and Composite Structures, 2015, 18(4): 925-946.

[6] Maxwell A S, Broughton W R, Dean G, et al. Review of accelerated ageing methods and lifetime prediction techniques for polymeric materials [J]. NPL Report DEPC MPR, 2005, 16: 22.

[7] Fick A. Ueber diffusion [J]. Annalen der Physik, 1855, 170(1): 59-86.

[8] Berens A R, Hopfenberg H B. Diffusion and relaxation in glassy polymer powders: 2. Separation of diffusion and relaxation parameters[J]. Polymer, 1978, 19(5): 489-496.

[9] Berens, A. R., H. B. Hopfenberg. Induction and measurement of glassy-state relaxations by vapor sorption techniques. [J]. Journal of Polymer Science: Polymer Physics,1979,17(10):1757-1770.

[10] Yu Y, Yang X, Wang L, et al. Hygrothermal aging on pultruded carbon fiber/vinyl ester resin composite for sucker rod application [J]. Journal of reinforced plastics and composites, 2006, 25(2): 149-160.

[11] Xin H, Liu Y, Mosallam A, et al. Moisture diffusion and hygrothermal aging of pultruded glass fiber reinforced polymer laminates in bridge application[J]. Composites Part B: Engineering, 2016, 100: 197-207.

[12] ASTM D5229—92. Standard Test Method for Moisture Absorption Properties and Equilibrium Conditioning of Polymer Matrix Composite Materials [S]. ASTM International.

[13] Arrhenius S. Über die Dissociationswärme und den Einfluss der Tempera-

tur auf den Dissociationsgrad der Elektrolyte[J]. Zeitschrift für physikalische Chemie, 1889, 4(1): 96-116.

[14] 中华人民共和国国家标准. GB/T 1449—2005 纤维增强塑料弯曲性能试验方法[S]. 北京:中国标准出版社,2005.

[15] Xin H, Liu Y, Mosallam A, et al. Hygrothermal aging effects on flexural behavior of pultruded glass fiber reinforced polymer laminates in bridge applications[J]. Construction and Building Materials, 2016, 127: 237-247.

[16] He X, Oyadiji S O. Application of coefficient of variation in reliability-based mechanical design and manufacture[J]. Journal of Materials Processing Technology, 2001, 119(1): 374-378.

[17] Phillips M G. Prediction of long-term stress-rupture life for glass fibre-reinforced polyester composites in air and in aqueous environments[J]. Composites, 1983, 14(3): 270-275.

[18] American Concrete Institute. Guide for the Design and Construction of Externally Bonded FRP Systems for Strengthening Concrete Structures[R]. ACI Committee 440, Report 440. 2R-02, American Concrete Institute, Farmington Hills, MI, 2002.

[19] TR-55. Design Guidance for Strengthening Concrete Structures using Fibre Composite Materials[S]. The Concrete Society, UK, 2000.

[20] 中华人民共和国国家标准. GB 50608—2010 纤维增强复合材料建设工程应用技术规范[S]. 北京:中国计划出版社,2010.

刘玉擎　教授

同济大学桥梁工程系教授、博士研究生导师，1996年毕业于日本九州大学并获博士学位。一直致力于组合结构桥梁方向的研究，出版《组合结构桥梁》《组合折腹桥梁设计模式指南》《组合索塔锚固结构》《混合梁斜拉桥》等专著。参加行业及地方标准《公路钢结构桥梁设计规范》(JTG D64)《公路钢混组合桥梁设计与施工规范》(JTG/T D64-01)《型钢混凝土组合桥梁设计规范》等的编制工作。主持国家863科技计划、国家自然科学基金、交通运输部等国家和省部级科研项目多项；并负责承担苏通长江大桥、上海长江大桥、鄂东长江大桥、荆岳长江大桥、九江长江公路大桥、望东长江大桥、石首长江大桥等重大工程中有关桥梁组合结构方面的专题研究。

辛灏辉　博士研究生

2012年7月毕业于同济大学土木工程专业,工学学士;2012年9月至今,同济大学桥梁工程专业直博研究生,2015年9月赴美国哥伦比亚大学联合培养。现已在《Composites Part B: Engineering》《Composite Structures》《Construction and Building Materials》《Journal of Constructional Steel Reasearch》《Steel and Composite Structures》等国际期刊,发表SCI检索学术论文9篇。

第7章 基于面域应力的混凝土桥梁精细化分析与设计

徐栋,张宇,刘超

同济大学桥梁工程系,上海市四平路1239号,200092

7.1 引言

大型桥梁结构中普遍存在具有面内二维受力特征(面内受力)的区域,如薄壁箱形桥梁的顶底板、腹板,钢—混凝土组合结构桥梁的顶板,顶底板的面内二维应力见图7.1a),腹板的面内二维应力见图7.1b)。在局部荷载作用下,如顶板车轮荷载,腹板内外温差,底板抛物线钢束下崩力,顶底板、腹板也会表现出梁式受力(面外受力)的特征,如图7.2所示。面外受力与熟知的梁的受力特征一致,即既有受拉区也有受压区,也就是说面外受力超标造成的开裂,引起开裂的是受拉区正应力,裂缝将不会贯通板件,而面内受力超标造成的开裂,引起开裂的是主拉应力,裂缝将会贯通板厚。在大型桥梁结构中,出于结构效率的考虑,薄壁结构较实心截面应用较多,因此面内受力往往占主导地位;而在工民建中,特别是框架结构中,梁式受力则更加常见。

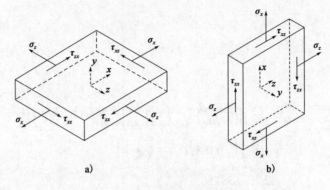

图 7.1 面内受力示意图

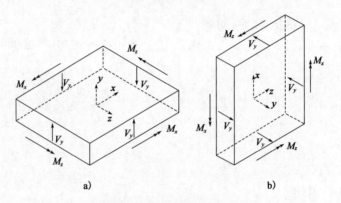

图 7.2 面外受力示意图

在大多数荷载工况下,面外受力可以转化有规律的面内受力的组合。如图 7.3 所示,以弯剪复合受力的矩形混凝土截面为例,该截面可以看作由很多矩形条带组成[图 7.3a)],每个条带中的正应力 $\sigma_{c,i}$ 及剪应力 τ_i 沿腹板宽度方向、条带厚度方向都是近似均匀分布的[图 7.3b)、c)],因此,对于第 i 号条带中的微元体来说[图 7.3d)],由条带上的正应力 $\sigma_{c,i}$ 和剪应力 τ_i 合成的两维面内主应力沿条带厚度方向也是均匀分布的,即承受两维应力的面域[图 7.3e)],整个截面的主应力沿着梁高方向随着正应力及剪应力的分布变化而呈现有规律的分布,因此可以视为一系列具备面内二维受力特征的面域的组合。我们将结构中普遍存在的承受主拉应力和主压应力的二维应力区域称之为"面域",将面域中的主拉应力和主压应力称之为"面域应力",面域应力在面域厚度方向的分布是均匀的。二维受力的薄膜构件是面域,但面域并不等同于薄膜构件,面域是规律分布的应力区域而不是构件,面域普遍存在于各类构件的不同工况中。面域应力是二维应力,也是一种描述规律应力的角度,与薄膜配筋设计方法紧密结合。除了少数应力紊乱无规律的 D 区之外,桥梁结构中绝大多数构件的主应力分布是有规律的,因此可以采用基于面域的分析方法。

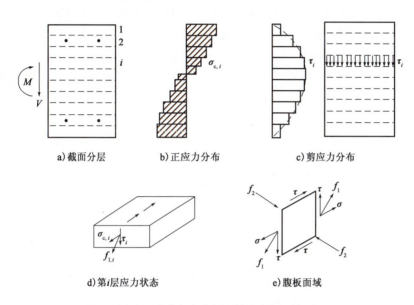

图 7.3 弯剪复合受力的混凝土梁的面域

受规范建立时所处时代的原型结构限制,现行的桥梁规范以及工程分析方法大多是基于浅窄梁或者柔细梁的[1],这符合当时工程界对桥梁结构的简化,并且弯、剪、扭物理意义明确,比较容易理解和接受。同时,梁单元强调整体,去除了大量的局部效应,在工程意义上具有足够精度且分析简便、实用。随着现代桥梁的大型化,大跨径、复杂截面的桥梁的建设越来越普遍,基于浅窄梁的分析体系开始显现越来越多的限制,甚至造成桥梁设计中的安全隐患。以箱形桥梁为例,一般将箱梁简化为等效的工字形梁,然后采用单梁建模分析,分析结果套用浅窄梁的承载力计算和配筋体系。这种方法的本质在于采用适当的经验系数和放大系数"包络"住箱梁桥的空间效应,然后将其简化为没有空间效应的与现行规范体系相适应的浅窄梁,虽然方法简单高效,方便工程师的应用,但是忽略了箱梁本身的受力特点,当结构超出浅窄梁的范围时就会出现一定的安全隐患，反映在工程实际上就是近期箱梁桥常见的开裂、下挠现象。除了现行规范和工程分析体系外，在科研领域和部分工程实践中，随着有限元理论的发展与完备，采用大型通用有限元模型来分析箱梁在弹性阶段的空间受力已经比较普遍，而且达到了非常高的精度，这使我们对箱梁的空间受力有了更深入的理解；但是，大型通用有限元程序在模拟混凝土开裂后的非线性受力性能和实用配筋设计方面较为不足，前者体现在无法精确模拟剪切斜裂缝造成的非线性受力，后者体现在海量的三维应力数据缺少直接交付配筋的方法。因此，在目前，无论是单梁模型还是复杂的大型有限元模型都不是桥梁精细化分析和配筋设计的合理途径。本文将以空间网格模型为切入点，定位于薄壁桥梁结构，采用基于面域应力的混凝土分析方法和配筋理论，达到实用精细化分析和设计的目的。

7.2 空间网格模型的基本理论[2]

7.2.1 空间网格模型概念

空间网格模型是平面梁格在三维的概念延伸。平面梁格模型是板件的一种等效模型，构成板件的每一个板元可以等效为十字交叉的正交梁格（六自由度梁单元），梁格的刚度等代板件的刚度，一片正交梁格就像是一张"网"。梁格法的关键在于，梁格的刚度与原型板件保持一致，即，在相同的荷载作用下，原型板件与等效梁格对应位置的变形相同，且内力结果保持一致。板件主要受力方式为面内受力（薄膜内力）和面外受力（出平面剪力和面外弯矩），这两种受力方式均可以在梁格模型中体现出来。

复杂的桥梁结构可以离散成由一系列板件构成，每一块板件可以等代为一片正交梁格，一个结构由多少块板件构成，就可以用梁格表示成多少张"网"的空间组合。这样，空间桥梁结构可以用空间网格来表达。如图7.4所示，一个单箱单室箱梁截面可以分解为顶板、底板以及多块腹板构成，箱形截面梁所离散成的板件可以用正交梁格模型来模拟。由于这些板件位于不同的平面内，代表它们的正交梁格也在不同的平面内（对于弯梁桥为曲面），不同平面内的正交梁格将箱形截面梁离散为一个空间"网"状模型，可以形象地称为"空间网格"模型。

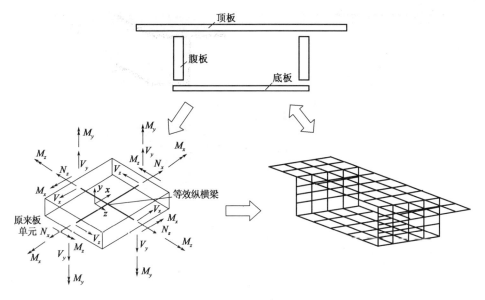

图7.4 空间网格模型简化原理示意

7.2.2 模型建立及截面划分

建立空间网格模型时,纵向可依据单梁有限元划分方式划分(即考虑的因素通常为结构受力、自然施工划分等);截面内部划分的疏密程度宜根据截面形式和计算要求确定,它反映了表达空间效应的精细化程度。空间网格模型截面划分时可将腹板作为整体,也可将腹板分块。前者顶底板划分,腹板不划分,对应的截面划分及网格模型如图7.5a)所示;后者腹板与顶底板均划分,对应的截面划分及网格模型如图7.5b)所示。值得注意的是,当腹板作为整体时,腹板梁格纵向只有一根纵梁时,其纵向内力的输出结果与单梁类似,符合平截面假定,在梁高不大时,其精度满足可以满足要求。

7.2.3 划分截面特性计算

对整体截面进行划分后,箱梁将离散成多种"小"截面,可以将这些划分形成的"小"截面称为划分截面。按图7.5 离散后所得的空间网格模型中,划分截面主要有以下三种:腹板截面、腹板划分截面、纵横向顶底板划分截面,如图7.6 所示。这些截面及特性计算与传统梁单元截面特性计算一致,由离散后实际截面尺寸计算。

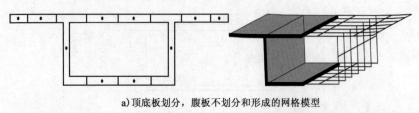

a) 顶底板划分,腹板不划分和形成的网格模型

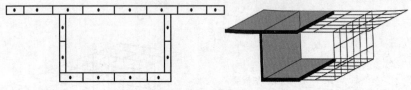

b) 顶底板、腹板均划分和形成的网格模型

图 7.5 结构离散及空间网格模型示意图

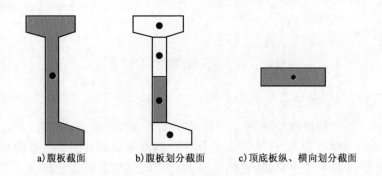

a) 腹板截面　　b) 腹板划分截面　　c) 顶底板纵、横向划分截面

图 7.6 空间网格模型常用截面

这里以矩形截面为例(图 7.7),说明网格模型中划分截面的截面特性计算方法:

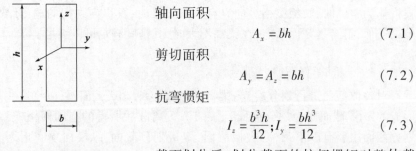

图 7.7 空间网格模型划分截面特性计算示意图

轴向面积

$$A_x = bh \quad (7.1)$$

剪切面积

$$A_y = A_z = bh \quad (7.2)$$

抗弯惯矩

$$I_z = \frac{b^3 h}{12}; I_y = \frac{bh^3}{12} \quad (7.3)$$

截面划分后,划分截面的抗扭惯矩对整体截面的影响相当有限,故抗扭惯矩可采用如下简化

公式计算：

$$I_T = \frac{4I_z I_y}{\beta(I_z + I_y)}; \beta = 1.3 \sim 1.6 \tag{7.4}$$

7.2.4 空间荷载效应计算

空间网格模型用划分后的网格来等效代替各个件的受力。在空间网格模型中,截面荷载效应分担如下：

①箱梁截面的纵向效应(如轴力、弯矩)由纵向梁格承受；
②箱梁截面的横向效应(如畸变、活载横向效应等)由横向梁格承受；
③箱梁截面的扭转效应转化为纵向梁格的剪力流。

在空间网格模型中,通过分析计算可以得到组成网格的各部分截面(腹板截面或划分截面)的内力(包括轴力、弯矩、剪力、扭矩),对不同的截面形式,荷载效应的计算方式分别如下所述。

(1)腹板截面

当腹板作为整体时,即腹板梁格纵向只有一根纵梁时,与传统的梁单元类似,承受轴力、弯矩、剪力,如图7.8所示。

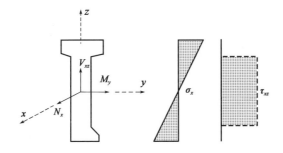

图7.8 空间网格模型中"腹板截面"效应计算示意图

当腹板作为一根梁时,与传统的梁单元类似,正应力 σ_x 及剪应力 τ_{xz} 分别按式(7.5)、式(7.6)进行计算：

$$\sigma_x = \frac{N_x}{A_x} + \frac{M_y z}{I_y} \tag{7.5}$$

$$\tau_{xz} = \eta \frac{V}{bh} \tag{7.6}$$

式中：A_x——腹板截面面积；

N_x——轴向力；

M_y——绕截面重心轴弯矩；

z——计算正应力应力点至截面重心轴的距离，重心轴以上为正值；

I_y——绕截面重心轴惯性矩；

η——剪应力不均匀系数，建议取值1.2；

V——沿截面高度方向剪力；

b——截面腹板宽度；

h——截面高度。

注：剪应力不均匀系数 $\eta = 1.2$ 的取值通过分析多座典型箱梁桥截面的剪应力分布得到。

（2）划分截面

用于模拟网格模型中的箱梁顶板和底板，也适用于网格划分后的腹板，主要承受轴力 N_x、N_y，面内剪力 V_{xy} 以及面外弯矩 M_x、M_y（出平面剪力为小量）。如图7.9所示，沿着单元厚度均匀分布的面内受力和顶底板的局部荷载产生的面外受力（沿着单元厚度线性变化的出平面弯曲正应力）可以通过"划分截面"完全体现出来。

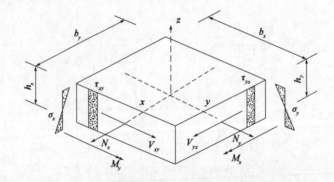

图7.9 空间网格模型"划分截面"效应计算示意图

①面外正应力

$$\sigma_x = \frac{M_y z}{I_y} \quad (7.7)$$

$$\sigma_y = \frac{M_x z}{I_x} \quad (7.8)$$

式中:σ_x——截面 x 向正应力;

σ_y——截面 y 向正应力;

z——计算正应力应力点至截面重心轴的距离,重心轴以上取正值;

I_x、I_y——垂直于 y 轴或 x 轴的截面绕各自截面重心轴惯性矩;

M_x、M_y——垂直于 y 轴或 x 轴的截面绕各自截面重心轴弯矩。

②面内正应力

$$\sigma_{x-m} = \frac{N_x}{A_x} = \frac{N_x}{b_x h_x} \tag{7.9}$$

$$\sigma_{y-m} = \frac{N_y}{A_y} = \frac{N_y}{b_y h_y} \tag{7.10}$$

式中:σ_{x-m}——截面中面 x 向正应力;

σ_{y-m}——截面中面 y 向正应力;

b_x、b_y——截面中垂直于 x 向或 y 向截面的宽度;

h_x、h_y——截面中垂直于 x 向或 y 向截面的高度。

③面内剪应力

$$\tau_{xy} = \frac{V_{xy}}{b_x h_x} \tag{7.11}$$

④面内主拉应力 σ_t 和主压应力 σ_c 按下式计算:

$$\left. \begin{matrix} \sigma_t \\ \sigma_c \end{matrix} \right\} = \frac{\sigma_{x-m} + \sigma_{y-m}}{2} \pm \sqrt{\left(\frac{\sigma_{x-m} - \sigma_{y-m}}{2}\right)^2 + \tau_{xy}^2} \tag{7.12}$$

7.2.5 空间荷载效应的表达方式

空间网格模型由六自由度梁单元组成,各纵横梁为刚性连接;计算结果采用"阶梯"形的应力分布模拟连续的正应力和剪应力分布,如图 7.10 所示。图 7.10a)的表达较为精细,相应的网格模型较密;图 7.10b)的表达精细化程度降低,但相应的网格模型较稀疏。

图 7.11a)是网格模型表现的自由扭转剪应力图示;图 7.11b)是网格模型表现的约束扭转剪应力图示。

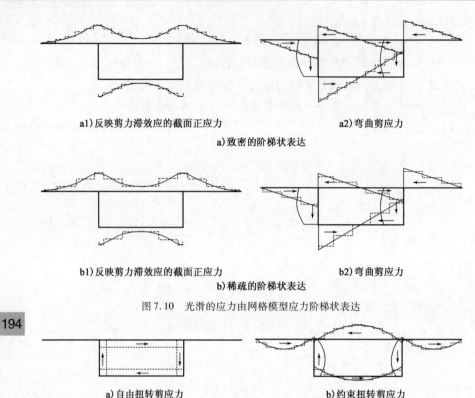

图7.10 光滑的应力由网格模型应力阶梯状表达

图7.11 网格模型剪应力阶梯状表达

此外,偏载作用下的横向效应(横向框架效应或箱梁畸变)可以由横向网格单元的应力结果进行相应的分析。如图7.12所示,对于同一箱梁截面,两种不同的截面划分方式下,空间网格模型所反应的截面畸变效应,图7.12a)表示顶底板划分、腹板不划分对应的部分空间网格模型中箱梁的畸变变形;图7.12b)表示顶底板、腹板均划分对应的完全空间网格模型中箱梁的畸变变形。

空间网格模型输出的结果是各个梁格单元的内力、应力及位移,代表不同部位的受力状态,这些受力状态是由箱梁空间效应解构而来。其中,箱梁的整体荷载效应会转化为各个板件的面内受力,可以采用下节阐述的基于面域应力的配筋设计方法,这也是现行规范中缺失的;局部荷载作用,如顶板车轮荷载,腹板内外温差,底板内抛物线钢束下崩力,表现为梁式受力(面外受力)特征,可以和现行桥梁设计规范直接挂钩,也可以进一步转化为面域应力指导配筋设计。由于空间网格模型输出的结果已经完整地反映了箱梁的空间效应,因此梁式受力(面外受力)采用现行桥梁设计规范计算配筋精度也能满足工程要求。

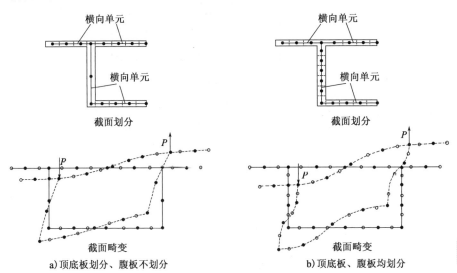

图 7.12 网格模型中箱梁截面畸变变形示意图

7.3 基于面域应力的配筋设计方法

7.3.1 工程应用背景

在工程应用中存在大量的由混凝土板式构件组成的结构(如箱梁、钢—混凝土组合梁及薄壁桥墩等),这些结构中板单元内的正应力及剪应力可以认为是近似均匀分布的,即组成的主应力可以看作有规律分布的二维应力,这些板式构件的"面域"分布简述如下:

(1)由多块板式构件(顶板、多道腹板、底板)组成的混凝土薄壁箱梁结构。对于作用在箱梁截面上的整体荷载(轴力 N、弯矩 M、剪力 V、扭矩 T),可以用顶板、底板和腹板上的正应力和剪应力来表示,如图 7.13 所示:正应力来源于轴力 N、弯矩 M_z、M_y 和扭矩 T(翘曲正应力),剪应力由剪力 V_z、V_y 和扭矩 T 产生。

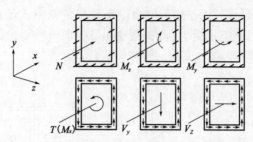

图 7.13　箱形桥梁断面的受力分解

也就是说,箱梁整体受力反映到各个板件上均是面内受力,箱梁顶板、底板和腹板均同时承受正应力和剪应力,两者合成主压应力和主拉应力,是二维的应力区域,如图 7.14 所示。这样,不但箱梁腹板具有承受主拉应力的面域,箱梁顶板和底板同样也具有承受主拉应力的面域。

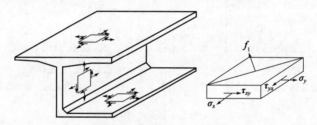

图 7.14　箱梁截面各板件面域

（2）由混凝土板式构件（顶板）和其他构件组成的组合梁结构。混凝土顶板具有相同的应力分布规律:在板厚度方向剪应力分布是均匀的（图 7.15）,即面域存在于钢—混凝土组合梁结构中的混凝土桥面板中。

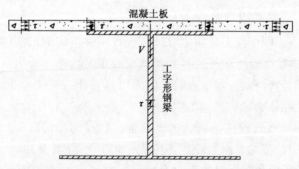

图 7.15　钢—混凝土组合梁混凝土顶板剪应力分布

（3）圆形截面的薄壁桥墩,也可以看成是由具有相同受力特征的板式构件组成的结构,当承受上部结构传来的水平力或承担地震水平荷载时,具有相同的应力分布规律:在板厚度方向正应力和剪应力分布都是均匀的,即主应力在板厚方向也是均匀分布的,可以认为在板厚方向存在着面域,如图 7.16 所示。

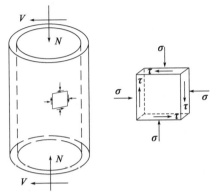

图 7.16 承受轴力和水平剪力的圆形薄壁桥墩

从"面域"的概念出发,混凝土结构的抗剪构件可以延伸到更广的范围,它并不单指腹板,而应包括所有承受面内二维应力的构件。承受面内二维应力的构件的抗剪配筋是针对面内主应力的面内剪切配筋,现行桥规中并未涉及,无法提供设计方法和手段。而混凝土结构基于"面域应力"抗剪配筋方法可以把梁单元(通常意义上的腹板抗剪)、板单元(顶底板等)的抗剪配筋都统一到针对面内主拉应力的配筋设计上来,实现抗剪配筋设计方法的统一。

7.3.2 配筋设计方法[3]

如前所述,箱梁的顶底板、钢—混组合梁中的混凝土桥面板及薄壁桥墩,这些板式单元中的正应力和剪应力在板厚度方向都是均匀分布的,可以对板中开裂区域进行针对主拉应力的配筋设计。

如图 7.17a)所示板单元中的正应力及剪应力分布,各自沿单元厚度方向均为均匀分布,相应的主拉应力可以得到:

$$f_1 = \frac{\sigma_x + \sigma_y}{2} + \sqrt{\left(\frac{\sigma_x - \sigma_y}{2}\right)^2 + \tau_{xy}^2} \tag{7.13}$$

主拉应力对应的力值 F_1 及该力值在纵横两个方向的分量,如图 7.17b)所示。

$$F_1 = f_1 \times \sqrt{a^2 + b^2} \times t$$

$$F_x = F_1 \times \cos\alpha = F_1 \times \frac{a}{\sqrt{a^2 + b^2}} = f_1 \times a \times t \quad (7.14)$$

$$F_y = F_1 \times \sin\alpha = F_1 \times \frac{b}{\sqrt{a^2 + b^2}} = f_1 \times b \times t$$

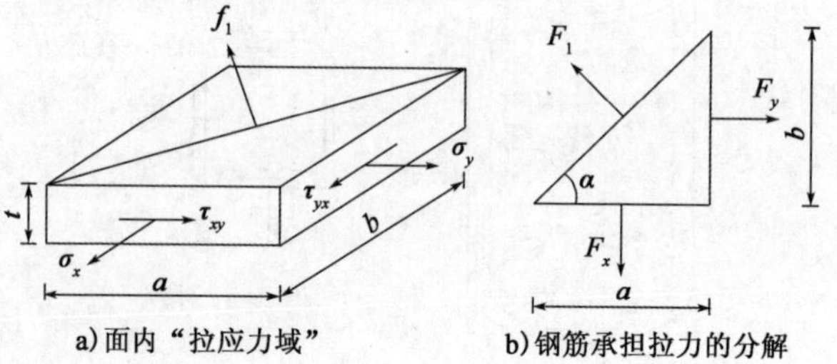

a) 面内"拉应力域" b) 钢筋承担拉力的分解

图 7.17 板单元应力示意图

板单元中的主拉应力在混凝土开裂后将分别由纵横两个方向的抗剪钢筋承担,如图 7.18 所示,配筋率计算公式为:

$$F_x = f_1 \times a \times t = A_{sx} \times f_{sx} \Rightarrow \rho_x = \frac{A_{sx}}{a \times t} = \frac{f_1}{f_{sx}}$$

$$F_y = f_1 \times b \times t = A_{sy} \times f_{sy} \Rightarrow \rho_y = \frac{A_{sy}}{b \times t} = \frac{f_1}{f_{sy}} \quad (7.15)$$

式中:ρ_y——斜截面竖向钢筋配筋率;

ρ_x——斜截面横向钢筋配筋率。

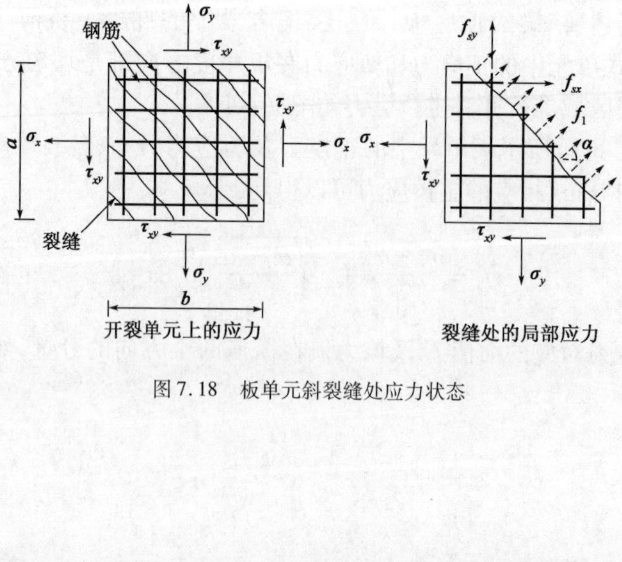

开裂单元上的应力   裂缝处的局部应力

图 7.18 板单元斜裂缝处应力状态

由式(7.15)可以看出,板单元中截面纵横向抗剪钢筋的配筋率是相同的。最后得到的配筋形式如图7.19所示。

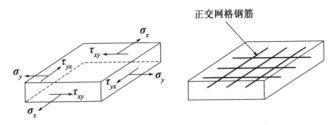

图7.19 板单元中正交网格钢筋示意图

由上述得到的配筋计算公式可以看出,考虑空间效应的混凝土配筋理论得到的网格钢筋适用于所有存在面域的构件,即不只适用于传统的承剪构件——腹板,也适用于同样为承剪构件的箱梁顶板和底板。同时,抗剪钢筋不再仅仅只是箍筋,与其正交的腹板水平钢筋也同样是抗剪钢筋。

除了上述极限阶段承载力计算方法和配筋设计方法以外,目前,关于面域主拉应力产生的斜裂缝宽度与正交钢筋应力关系的研究正在开展,以此可以得到斜裂缝宽度计算公式,这对于预应力混凝土桥梁的精细化分析以及可能发生的病害控制具有重要意义。

7.4 工程算例

7.4.1 竖向梁格模型应用之深梁

深梁是典型的面内二维受力构件,本节将竖向梁格模型用于深梁的分析和设计,验证平面梁格模型等代面内二维受力构件的准确性。

1)深梁主要设计分析方法及现状

(1)弹性设计方法

深梁不同于浅梁的一个重要特点就是深梁截面不再满足平截面假定,即在深梁横截面上的应力和应变分布不再是线性变化的。弹性分析方法关注在开裂前深梁的应力和应变分布情况,容许应力法是在弹性分析的结果上对钢筋混凝土深梁进行配筋设计。Leonhardt和Walther发现在开裂前的深梁内应力与按弹性分析方法得到的结果近似一致;在开裂后的应力与弹性分析方法得到的结果偏差很大。

(2) 拉压杆模型设计方法

拉压杆模型提供了反映力流在深梁中传递的近似简化方法,通过混凝土和钢筋来承受力流中的压力和拉力。拉压杆模型是由 Schlaich 提出的一种简化方法[4],Collins 和 Mitchell 对其做了完善[5]。加拿大规范(CSA-A23.3-04)最早提出了采用 STM 方法的深梁设计[6];之后在 1994 年,AASHTO 规范中提出建议采用 STM 方法来进行研究。基于 STM 方法,许多学者提出了多种深梁设计的简化模型和设计方法。

(3) 塑性设计方法

由于混凝土不是弹性体,塑性分析比弹性问题更为准确地反映深梁受力特点。深梁的塑性设计方法主要有极限分析法、滑移线场理论等。

极限分析法是指绕过弹塑性的变形过程,直接求解极限状态下的极限荷载。它主要应用了以下三条定理:

①下限定理(静力法):满足平衡方程、屈服条件和力边界的极限荷载,是结构不破坏的必要条件,给出了计算极限荷载的下限值;

②上限定理(机动法):满足能量守恒及几何约束条件的极限荷载,是结构破坏的充分条件,给出了计算极限荷载的上限值;

③如果采用静力法得到的下限解等于采用机动法得到的上限值,则得到了极限荷载的精确解。

已有的研究成果包括:根据塑性理论及极限分析的上限方法,探讨了求解钢筋混凝土简支深梁的抗剪强度的数值计算方法[7];根据塑性定理及软化桁架模型提出了裂缝滑移破坏模式,并给出了深梁抗剪极限承载能力[8]。

(4) 数值分析方法

工程中最通用的初等梁理论 Bernoulli-Euler 梁引入平截面假定和直法线假定,只有一个广义位移 w,适用于跨高比较大的浅梁。对于深梁构件由于剪切变形存在,直法线假定不再满足其要求,从而一些学者提出了针对深梁的梁系理论。其中,最经典的 Timoshenko 梁广义位移梁理论,保留了平截面假定,但不再假定它一定垂直变形后的中心线,通过假定剪切变形沿截面均匀分布(若剪切应力沿截面不均匀分布时通过剪切修正系数修正),引入广义位移 w、φ 建立基本方程。但它忽略了挠度和转角的内在联系,截面上的剪应变为常数而剪应力不是常数,因而不满足本构关系。Cowper 根据弹性力学中悬臂梁的剪应力分布形式及能量原理,给出了截面的剪切修正系数,将截面的挠度和转角理解为截面的平均挠度和转角。我国学者胡海昌基于能量原理也提出了剪切修正系数的计算公式。深梁的有限元法研究中最简单的模式是 Hughes 提出的线性插值单元,但由于挠度和转角都为一次连续,存在着剪切闭锁问题。胡海昌假定深梁单元竖向位移为三次插值、转角为二次插值,应用最小势能消去内部自由度,导出了深梁单元位移差值函数。由于要消去内部自由度,其理论推导繁杂。夏桂云利用解析式函数直接建立深梁单元横向位移、转角、剪切应变的插值函数,导出了单元考虑剪切变形影响的线弹性刚度矩阵、一致质量矩阵和几何刚度矩阵[9]。

综上所述,无论是深梁的弹性分析,还是配筋设计方法,均未与浅梁理论统一,将深梁看作一个构件是导致目前设计分析方法存在问题的关键所在。实际上,可以把深梁视作结构来进行分析,本节将阐释如何将梁格模型用于深梁的分析,并验证其准确性。

2) 深梁的梁格模型[10]

如图 7.20 所示的矩形截面简支深梁,将深梁沿高度方向划分为多层条带(图 7.21),每一条带用纵梁模拟,在截面高度方向,以竖杆连接各分层的纵梁,这样,深梁就可以用一片竖直放置的梁格来模拟,如图 7.21 所示。

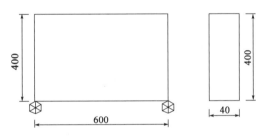

图 7.20　矩形简支深梁立面布置及截面图(尺寸单位:cm)

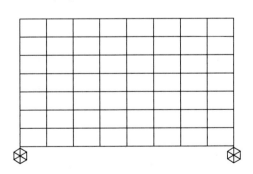

图 7.21　简支深梁梁格模型及截面条带划分

3)模型应力对比

对梁格模型和实体模型两种模型的应力结果(截面正应力、剪应力分布)进行对比分析,验证梁格模型用于深梁分析的合理性及正确性,如图7.22所示。

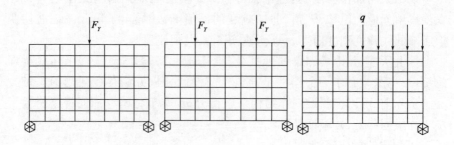

图7.22 不同荷载作用下简支深梁网格模型

分析工况一:跨中作用一集中力($F_Y = -3000$kN);

分析工况二:对称四分点处作用集中力($F_Y = -1000$kN);

分析工况三:顶面作用均布荷载($q = -125$kN/m)。

(1)分析工况一:跨中集中力作用

简支深梁的跨中作用一集中力($F_Y = -3000$kN)。图7.23比较了两种模型计算得到的四分点截面上的纵向正应力和剪应力,图7.24比较了梁中心线上的竖向正应力和剪应力。计算结果表明,两种模型得到的应力结果基本一致。

(2)分析工况二:四分点集中力作用

在简支深梁的四分点处对称作用集中力$F_Y = -1000$kN时,图7.25比较了两种模型计算得到的跨中截面上的纵向正应力和剪应力,图7.26比较了梁中心线上的竖向正应力和剪应力。计算结果表明,两种模型得到的应力结果基本一致。

(3)分析工况三:均布荷载作用

在简支深梁顶面作用均布荷载$q = -125$kN/m时,图7.27比较了两种模型计算得到的四分点截面上的纵向正应力和剪应力,图7.28比较了梁中心线上的竖向正应力和剪应力。计算结果表明,两种模型得到的应力结果基本是一致的。

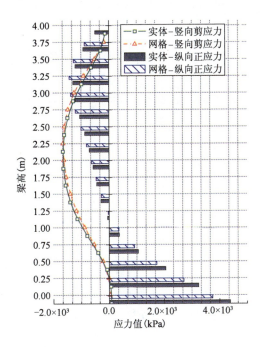

图7.23 四分点截面纵向正应力和剪应力

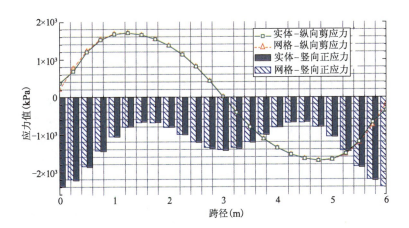

图7.24 梁中心线上的竖向正应力和剪应力

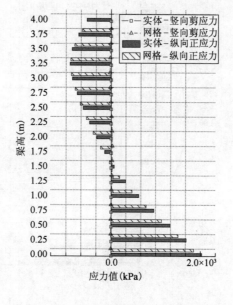

图 7.25 跨中截面纵向正应力和剪应力

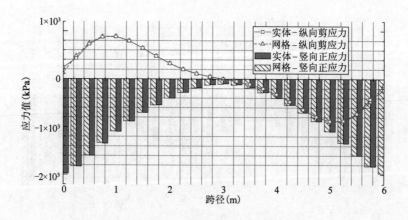

图 7.26 梁中心线上的竖向正应力和剪应力

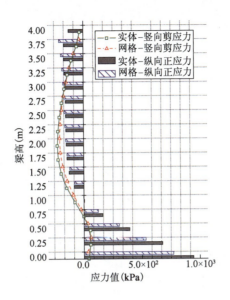

图7.27 四分点截面纵向正应力和剪应力

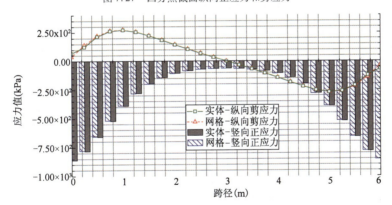

图7.28 梁中心线上的竖向正应力和剪应力

4)模型位移对比

(1)悬臂梁的位移比较

悬臂深梁($L=4m, B=0.4m, H=2m$)最外端作用一集中力($F=-100kN$),见图7.29。

比较梁格模型与实体模型的位移值,如图7.30、图7.31所示。计算结果表明,两种模型得到的悬臂梁位移结果基本一致。

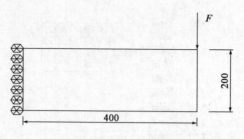

图 7.29 悬臂深梁受力及模型示意图(尺寸单位:cm)

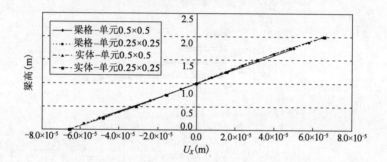

图 7.30 跨中处纵向位移 U_X

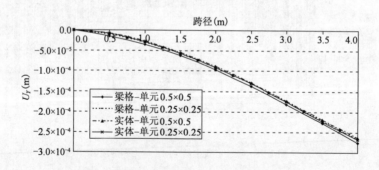

图 7.31 梁高 1m 处竖向位移 U_Y

(2)简支梁的位移比较

如图 7.32 所示。计算结果表明,两种模型得到的简支梁位移结果基本一致。

综上所述,通过对梁格模型和实体模型两种模型的应力结果、位移结果进行对比分析,验证了梁格模型用于深梁分析的合理性及正确性。梁格模型同样可以应用于浅梁,因此通过结构分析的方法实现了浅梁深梁分析理论的统一。梁格模型的输出结果可以采用基于面域应力的配筋设计方法,此处省略。

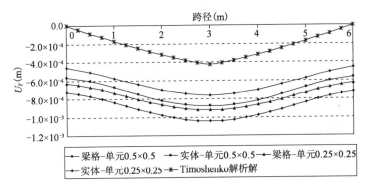

图 7.32 梁高 2m 处竖向位移 U_Y

7.4.2 空间网格模型应用之叠合梁

近年来,我国修建了大量的以叠合梁作为主梁的桥梁,包括简支梁桥、连续梁桥、斜拉桥等多种桥梁形式。本节通过对叠合梁桥基本分析方法的分析对比,并结合现有规范针对叠合梁桥的相应设计方法,总结已有方法的不足之处,以叠合梁受力机理为基础,对空间网格模型在叠合梁桥中的应用进行阐述。

1) 叠合梁分析方法现状及其存在问题

钢—混凝土叠合梁已历经几十年发展,特别是从 20 世纪 80 年代以来,欧洲各国在钢—混凝土叠合梁的研究、设计及施工方面做了大量工作。Euro Code 4 是目前世界上最完整的一部组合结构设计规范,为组合结构的研究和应用作了相当全面的总结。随着我国目前公路桥梁中组合结构的广泛应用,在国内众多学者多年研究下,也已形成丰富的理论研究成果[11-14],并陆续颁布了专门针对组合桥梁的相关规范[15-17]。

目前各国规范中[15,18-22],对于叠合梁截面特性的计算采用换算截面法,将叠合梁视为同一材料。该方法以换算截面法来对叠合梁进行整体受力分析,求解截面的内力,并据此对混凝土截面进行抗弯和抗剪配筋设计,简单方便,且易于理解,但是存在如下两方面问题:

(1)剪力滞效应的考虑:分析过程中均采用有效分布宽度的概念来考虑叠合梁混凝土板的剪力滞后效应,只是计算方法不尽相同。规范中同时提到,叠合梁有效宽度的概念仅针对简支梁,并不适用于复杂桥梁(例如连续叠合梁桥、叠合梁斜拉桥等)。相关文献的研究也表明,需要采用更为精确的方法来分析复杂组合桥梁的剪力滞后效应[11,23]。

(2)混凝土板的面内受力分析:在整体荷载作用下(反映到截面上即为弯、剪、扭效应),如图7.33所示,混凝土桥面板中面层会产生横向面内水平剪应力,图7.34所示为桥面板面内水平剪应力流的分布和腹板钢梁的剪力流分布。混凝土桥面板中的剪应力与正应力会合成主应力,如果引起的主拉应力超标就会引起桥面板产生斜向裂缝,裂缝形态如图7.35所示。这种二维应力较单轴应力引起的开裂更加危险,因为斜裂缝在板厚方向裂穿的、内外(或上下)通透的,截面将无法传递剪(应)力,很可能会导致桥面板的完全破坏。目前,各国规范均还没有针对叠合梁混凝土桥面板水平剪应力的面内配筋的相关条文说明。

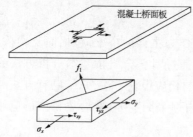

图7.33 叠合梁混凝土板的面内主应力

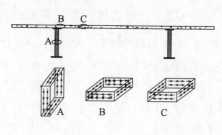

图7.34 叠合梁三个区域的剪应力流示意

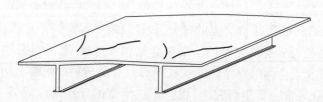

图7.35 叠合梁混凝土桥面板的斜向裂缝

除了各国规范统一采用的叠合梁换算截面法之外,相关文献采用实体模型有限元法进行叠合梁受力分析[24],该法能够完整地显示出结构的空间效应,方便构件的应力分析,但往往在整体效应中包含了局部效应,不能直接用来指导配筋,也很难得到结构的极限抗力,因此目前常被作为局部分析手段使用。国外学者也在不断探索更加适合叠合梁的分析方法[25,26]。

2)叠合梁分析方法现状及其存在问题

空间网格模型应用到钢—混叠合梁的基本思想是：根据构件的受力类型和计算需要，可以将叠合梁结构中的钢梁和混凝土板离散，其中混凝土桥面板单元又可以由十字交叉的正交梁格组成，，见图7.36a）。例如，针对某双主梁的叠合梁[图7.36b)]，可以将叠合梁截面的钢梁和混凝土板分离，其中混凝土板离散成网格模型，钢主梁采用单梁模拟。在完全抗剪连接组合体系的前提下，通过刚臂单元来连接钢主梁单元与混凝土板单元，从而形成该叠合梁的分离截面模型[图7.36c)]。这样，混凝土桥面板的受力可以由上缘、中面和下缘三个位置的验算应力来表达。其中，上缘和下缘的应力是单轴的，主要反映车辆荷载引起的局部弯曲效应；而中面应力表示了结构的整体弯曲效应，在模型纵向单元中主要以轴力反映，各纵梁应力的不同实际上即为剪力滞后效应[图7.36d)]。

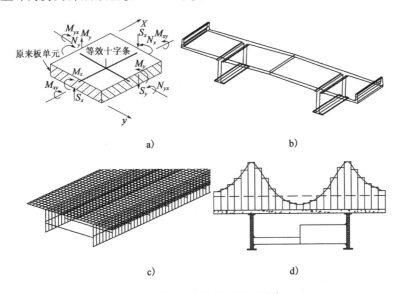

图7.36 叠合梁分离截面法示意

可见，将空间网格模型应用到钢—混凝土叠合梁中可以弥补前述的采用叠合梁换算截面法的不足，能够精确地进行复杂组合桥梁的空间受力分析，揭示叠合梁混凝土桥面板的空间受力机理：

(1)可以准确分析混凝土桥面板的剪力滞后效应，弥补叠合梁换算截面法中有效宽度仅适用于简支梁的局限性。

(2)同时,方便分析桥面板的面内受力,并可以为桥面板面内剪切配筋提供理论依据。

3)钢—混叠合梁桥空间网格模型分析实例

根据前述第2节空间网格模型的基本理论,笔者已经将空间网格模型应用到叠合梁桥的空间受力分析中,取得了良好的效果[27-30]。

(1)工程背景

本节以某双塔五跨钢—混凝土叠合梁斜拉桥为例,详细阐明空间网格模型在叠合梁斜拉桥中的应用[31]。该斜拉桥为主跨480m的钢—混凝土叠合梁斜拉桥,跨径布置为:70m+140m+480m+140m+70m,如图7.37所示。采用漂浮体系,空间密索型布置。主梁采用半封闭流线型扁平钢箱叠合梁,面全宽39.5m,其上部为混凝土桥面板,下部为由四块腹板和两块底板组成的分离式半封闭钢箱,如图7.38所示。

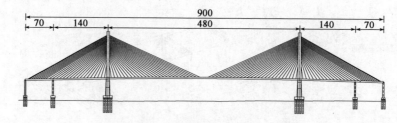

图7.37 叠合梁斜拉桥跨径布置(尺寸单位:m)

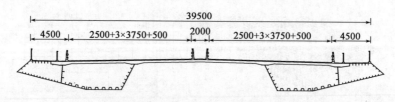

图7.38 桥面布置(尺寸单位:mm)

根据受力需要,钢梁在不同区段采用了不同的钢板厚度。各部构件主要尺寸:梁高3.5m;叠合梁混凝土桥面板厚260mm,埂腋处加高为400mm;底板宽3.88m+3.65m+3.65m+3.88m;底板板厚16~30mm;底板U形加劲肋厚8mm,下口宽400mm,高260mm,间距800mm;边腹板厚30mm,中腹板厚16~20mm;横隔板厚12~36mm。分离式双箱共4道腹板,标准节段每隔4.5m设一道横隔板,边跨节段每隔3m设一道横隔板。斜拉索采用低松弛高强度平行镀锌钢丝束,标准索距为9m,边跨索密区索距为6m。斜拉索横向吊点间距约为32.8m。全桥共设4×26对斜拉索。

(2)空间网格模型

在建立空间网格模型时,混凝土桥面板依次划分为1~5号顶板,钢箱划分为边腹板、中腹板、上斜底板、下斜底板、平底板等几部分,如图7.39所示。在空间网格建模过程中,这些板均划分成了由空间梁单元组成的正交网格,节段模型如图7.40所示。其他结构组成部分,包括主塔采用空间梁单元进行建模,拉索采用受拉桁架单元来模拟。最终得到的全桥空间网格计算模型如图7.41所示。

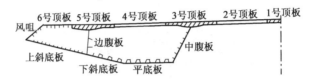

图7.39 组合截面网格划分

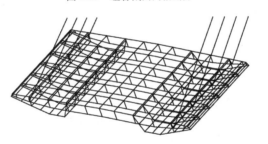

图7.40 节段网格模型

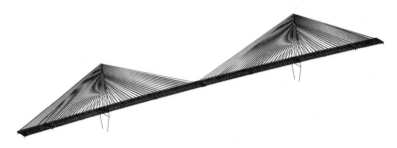

图7.41 全桥空间网格模型

(3)配筋设计

桥面板的面内受力和面外受力最终表现为混凝土桥面板1~5号的面域

应力和上下缘受力(纵向和横向),这些应力构成了配筋设计的基础。单元上下缘受力主要用于抗弯配筋,而面域应力(面内主应力)主要用于抗剪配筋。针对算例中的斜拉桥混凝土桥面板,选取图 7.42 所示的关键截面进行配筋设计,配筋原则如下:

①基于上下缘受力的抗弯配筋原则:裂缝宽度设定为 0.15mm,然后根据规范公式反算钢筋应力和间距。

②基于面域应力的抗剪配筋原则:按钢筋应力为 150MPa 来计算,主应力配筋将主拉应力分解到 X 轴和 Y 轴方向,根据两个方向主应力分别对桥面板的两个方向进行配筋,并平均分配到桥面板上下层的配筋结果中。

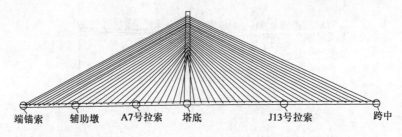

图 7.42　关键截面位置示意图

出于本书篇幅限制,上下缘受力结果略,只给出面域应力结果。在标准值组合下,对于其面域应力(面内主应力)计算,一般需进行四种情况的组合比较,即最大轴力对应的剪力,最小轴力对应的剪力,最大剪力对应的轴力,最小剪力对应的轴力。对这四种工况需要分别计算得出 8 组主应力,再进行比较得出最大和最小主应力。各关键断面面域应力中面主应力计算包络图如图 7.43~图 7.47 所示。

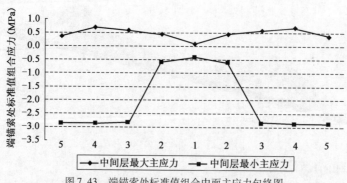

图 7.43　端锚索处标准值组合中面主应力包络图

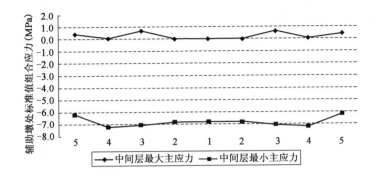

图 7.44　辅助墩处标准值组合中面主应力包络图

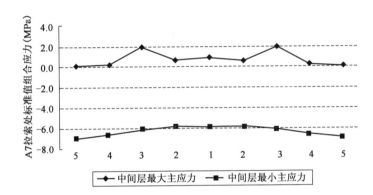

图 7.45　A7 拉索处标准值组合中面主应力包络图

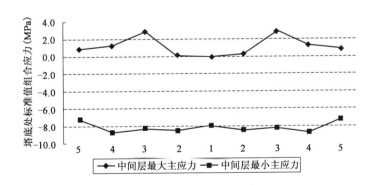

图 7.46　塔底处标准值组合中面主应力包络图

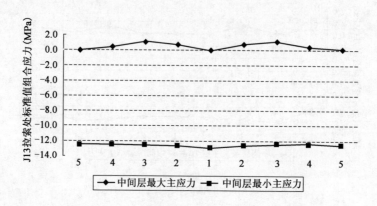

图 7.47　J13 拉索处标准值组合中面主应力包络图

考虑工程实际中混凝土桥面通常配置上下两层钢筋，以截面中腹板上受力最为复杂的 3 号桥面板为例，列出部分关键截面的纵向组合配筋结果，如表 7.1、表 7.2 所示。

桥面板纵向上层组合配筋结果　　　　　　　　　　表 7.1

位置		钢筋类型			
		HRB335 $d=20$		HRB335 $d=22$	
		钢筋间距(mm)	钢筋应力(MPa)	钢筋间距(mm)	钢筋应力(MPa)
端锚索	1(有索横梁)		构造		构造
	2(无横梁截面)		构造		构造
	3(有索横梁)		构造		构造
	4(无横梁截面)		构造		构造
辅助墩	1(无索横梁)		构造		构造
	2(无横梁截面)	152	150.0	185	150.0
	3(支座横梁)		构造		构造
	4(无横梁截面)	147	150.0	177	150.0
A7拉索处	1(无索横梁)	140	162.7	165	157.6
	2(无横梁截面)	149	150.0	180	150.0
	3(有索横梁)	149	160.6	174	155.5
	4(无横梁截面)	149	150.0	180	150.0

续上表

位 置		钢筋类型			
		HRB335 $d=20$		HRB335 $d=22$	
		钢筋间距(mm)	钢筋应力(MPa)	钢筋间距(mm)	钢筋应力(MPa)
塔底	1(无索横梁)	128	150.0	154	150.0
	2(无横梁截面)	111	150.0	135	150.0
	3(塔底横梁)	98	150.0	118	150.0
	4(无横梁截面)		构造		构造
J13拉索处	1(有索横梁)		构造		构造
	2(无横梁截面)		构造		构造
	3(无索横梁)		构造		构造
	4(无横梁截面)		构造		构造
跨中	1(有索横梁)		构造		构造
	2(无横梁截面)		构造		构造
	3(无索横梁)		构造		构造
	4(无横梁截面)		构造		构造

桥面板纵向下层组合配筋结果　　　　表7.2

位 置		钢筋类型			
		HRB335 $d=20$		HRB335 $d=22$	
		钢筋间距(mm)	钢筋应力(MPa)	钢筋间距(mm)	钢筋应力(MPa)
端锚索	1(有索横梁)	163	145.8	191	140.9
	2(无横梁截面)	184	143.5	215	138.6
	3(有索横梁)	230	139.6	268	134.8
	4(无横梁截面)		构造		构造
辅助墩	1(无索横梁)		构造		构造
	2(无横梁截面)	152	150.0	185	150.0
	3(支座横梁)		构造		构造
	4(无横梁截面)	147	150.0	177	150.0
A7拉索处	1(无索横梁)	192	150.0	232	150.0
	2(无横梁截面)	149	150.0	180	150.0
	3(有索横梁)	196	150.0	237	150.0
	4(无横梁截面)	149	150.0	180	150.0

续上表

位　置		钢筋类型			
		HRB335 $d=20$		HRB335 $d=22$	
		钢筋间距(mm)	钢筋应力(MPa)	钢筋间距(mm)	钢筋应力(MPa)
塔底	1(无索横梁)		构造		构造
	2(无横梁截面)		构造		构造
	3(塔底横梁)		构造		构造
	4(无横梁截面)		构造		构造
J13拉索处	1(有索横梁)		构造		构造
	2(无横梁截面)		构造		构造
	3(无索横梁)		构造		构造
	4(无横梁截面)		构造		构造
跨中	1(有索横梁)		构造		构造
	2(无横梁截面)		构造		构造
	3(无索横梁)		构造		构造
	4(无横梁截面)		构造		构造

注：表7.1和表7.2中当"钢筋应力"表示为"构造"时，表示根据构造进行配筋即可；当"钢筋应力"为"150MPa"时，表示面域应力控制配筋，钢筋应力控制在150MPa；当"钢筋应力"大于或小于"150MPa"时为上下缘受力控制配筋，钢筋应力和钢筋间距由0.15mm的设定裂缝宽度根据规范公式反算得出。

配筋小结：

①抗弯纵向钢筋：上层钢筋配筋区域主要集中在无索横梁处及辅助墩支座横梁位置，正应力下层钢筋配筋区域主要集中在无横梁截面处。

②抗弯横向钢筋：大部分区域不用进行横向配筋；但是在辅助墩支座横梁位置需配置横向钢筋。此处不再赘述此部分配筋数据。

③面域应力配筋：大部分截面纵横向都需要按照面域应力（面内主应力）进行配筋，且截面的配筋多由主应力配筋控制。

7.4.3 体外预应力锚固横梁配筋设计实例

1)锚固横梁结构形式

体外预应力桥梁一般有部分预应力拉索通过端锚固横梁进行锚固，从外形上来说，体外束的锚固横梁基本形状不外乎三种情况，如图7.48所示：

a)中锚固横梁为三边支承,靠箱梁中线侧为自由边;b)中锚固横梁由顶底板、腹板四边支承,中间开有人孔,前述这两种形式的锚固横梁应用较为广泛;c)中锚固横梁没有中间人孔,四边支承,这种形式的锚固横梁在两端将箱梁封闭住,不便于成桥后的检修,较少应用。

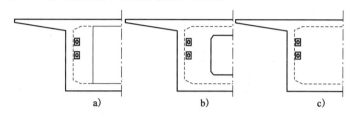

图7.48 锚固横梁的三种典型形状

锚固横梁内侧会出现较大拉应力。由于预应力束布置在梁截面外部,体外束完全依靠锚固系统提供预加力,一旦锚固结构出现问题,将导致体系崩溃。锚固结构因为几何和受力都比较复杂,难以用传统设计方法计算,近年来,拉压杆模型方法由于可以让设计者认清构造和受力区域的传力机制,在构造区域的配筋设计上得到较广泛应用,并被美国、加拿大等国纳入规范。拉压杆模型通常可以提供配筋总量,但该方法在处理配筋的分布形式上还仅限于构造,并且在确认力流传递形式上有较高要求。

前述的混凝土结构基于"面域应力"的配筋理论[32],广泛适用于各种结构和构件,以规律的应力分布(面域应力)为基础,强调网格钢筋的抗主拉应力作用,它通过网格配筋方式以承担混凝土拉应力的正交分量。该设计理论的特点是:在使用阶段控制参数为限制混凝土裂缝宽度的钢筋拉应力;在极限阶段控制参数为纵横向钢筋的面积。本节结合该理论对某体外预应力端锚固横梁内侧进行应力分析和配筋计算,阐述基于面域应力的配筋理论的适用性。

2)块体结构的"面域"以及"面域切片"的划分依据[33]

对于块体结构来说,同样存在"面域"。体外预应力端头锚固横梁在承受锚固力时,其内侧横截面的受拉区域主要承受面外双向梁式弯矩,且其横向切面的面内二维应力分布,沿纵向具有一致的规律性。可从横梁内侧往端头方向考察等厚切片。从切片中取出微元体,如图7.49a)所示,在切片面内一定范围受到近似双向纯弯曲的状态下,该区域内S_y、S_z近似为"切面内主应力",xy、xz平面可类比于箱梁腹板面。不妨以后续所述工程模型为例,考察不同切面横、竖向应力最大点的剪应力与近似主应力的相对大小。由表7.3可知，不管该结构是否考虑孔洞，靠近锚固衡梁5个切面的应力比值均不超过10%。

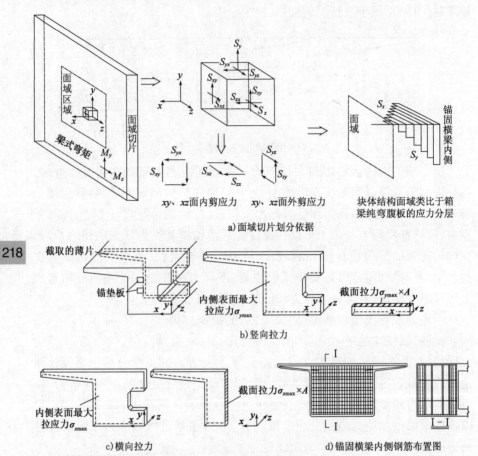

图7.49 面域法配筋图示

可以看出，表7.3基本满足以下条件：

(1) "xy、xz平面外剪应力" S_{zy}、S_{yz} 相对主应力 S_y、S_z 很小，因此主应力 S_y、S_z 偏出 xy、xz 平面的程度很小，并且在切片面内一定区域内分布比较均匀。

(2) "xy、xz平面内剪应力" S_{xy}、S_{xz} 相对主应力 S_y、S_z 较小，因此主应力 S_y、S_z 分别在 xy、xz 面内偏离的程度较小，切片在厚度方向有均匀的二维主应力分布，这也是切片沿厚度方向能够划分的依据。

剪应力的影响比例(%)　　　　　　　　表 7.3

切面编号	有孔洞应力比				无孔洞应力比			
	$\frac{\|S_{xy}\|}{\|S_y\|}$	$\frac{\|S_{xz}\|}{\|S_z\|}$	$\frac{\|S_{yz}\|}{\|S_y\|}$	$\frac{\|S_{zy}\|}{\|S_z\|}$	$\frac{\|S_{xy}\|}{\|S_y\|}$	$\frac{\|S_{xz}\|}{\|S_z\|}$	$\frac{\|S_{yz}\|}{\|S_y\|}$	$\frac{\|S_{zy}\|}{\|S_z\|}$
1号	0.16	1.24	0.00	2.86	0.17	0.21	0.00	2.39
2号	2.70	2.61	0.00	3.46	0.62	2.53	0.00	3.14
3号	5.52	6.50	0.00	3.03	1.70	3.48	0.00	3.76
4号	7.49	7.47	0.00	3.47	6.04	6.98	0.00	3.46
5号	9.52	4.96	0.00	3.45	7.17	5.18	0.00	3.06

在图 7.49a) 中一定区域内的点均具有类似规律, 因此, 在内侧切片面内一定区域和纵向一定"深度"范围内, 块体切片是存在类似于纯弯腹板结构的"面域"。该区域即作为端锚固横梁内侧配筋设计的主要区域。

判定了"面域切片"之后, 可在该二维主应力区域内用面内正交钢筋网抵抗横、竖向拉应力。假设横梁内侧受拉钢筋布置间距为 10cm, 以该钢筋网纵向位置为中心, 前后各 5cm 即截取 10cm 厚的横梁切片, 偏安全起见, 认为各切片横、竖向截面上的最大拉应力在该截面拉应力区域均匀分布, 就可以很方便地得出各层切片在箱梁横向和竖向的拉力, 再依据此拉力可以得出钢筋的配置面积, 面域法的应用如图 7.49b) ~ d) 所示。

在面域的配筋法中, 将薄片结构中的应力分布看成是最大应力的均匀分布, 这和实际情况相比明显是偏大的, 特别对于面积大的横梁更加明显。所以在实际设计工作中, 可以按应力的大小情况分区域进行配筋设计, 使配筋结果更为准确。当混凝土中拉应力小于 1MPa 时, 不再配置受拉钢筋, 可以按构造要求进行配筋。这种配筋方法直接利用实体单元的应力分析结果, 过程比较简单, 配筋结果就是每层需要配置的钢筋数量, 从某种程度上也简化了钢筋的布置工作。

3) 实体结构的"面域应力深度"

根据面域的分布规律可以定义实体结构"面域应力深度"的概念, 如图 7.50 所示。即从锚固横梁内侧往外侧方向存在"面域"的连续横向切片延伸的总长度 L, 概念上类似于受弯混凝土梁的受拉区高度, 并定义直到横向切片中最大拉应力小于 1MPa 时, "面域"终止。因此, "面域应力深度" L 决定了设计中需要计算的横向切片的数量以及钢筋网布置的纵向区域。若将锚固横梁在承受锚固力时的状态看作是由顶、底板和边腹板四边弹性支撑的梁体,则内侧截面的面内双向受拉是由于锚固力作用产生的双向弯曲引起的,由于一般横向弯矩和竖向弯矩不同,故竖向面域应力深度 L_v 一般不等于横向面域应力深度 L_t。对于特定的锚固横梁,其"面域应力深度"主要受到端头锚固力、锚固形式、局部横向以及竖向预应力筋的影响。

在配筋计算时,对于可以连续划分"面域切片"的任意实体结构,在面域应力深度范围内,平行于切片的任何相邻截面的最大拉应力应该是连续的,如果以垂直于"面域切片"的轴作为横轴 x,最大拉应力截面位置作为起始零点,则对于 x_i,$0 \leq x_i \leq L_k$,(k = v,t),最大拉应力为函数 $p(x)$,如图 7.51 所示。

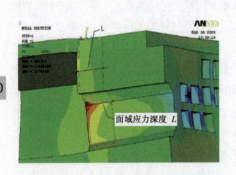
图 7.50　面域应力深度图示

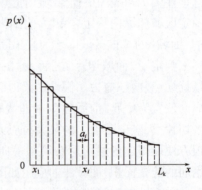
图 7.51　面域应力深度函数

设"面域应力深度"范围内,总的横、竖向拉力为 N_t、N_v,则有:

$$N_k = \int_{L_k} p(x) \mathrm{d}x \approx \sum_i a_i p(x_i) \quad (k = v, t) \tag{7.16}$$

其中 a_i 为 x_i 处的切片厚度,设配置的横、竖向钢筋使用阶段最大应力为 150MPa,则在"面域应力深度"范围内的横、竖向钢筋根数分别为 n_t、n_v,单根钢筋面积为 s:

$$n_k = \mathrm{Int}\left(\frac{N_k}{150 \cdot s}\right) + 1 \quad (k = v, t) \tag{7.17}$$

综上所述,混凝土结构中基于面域应力的配筋方法是针对有规律应力分布构件的广泛适用性配筋方法,应用到体外预应力锚固横梁的实体配筋中,根据应力切片和面域应力深度控制钢筋网分布,可以达到抵抗主拉应力的目的。

7.5 结语

本章以空间网格模型和基于面域应力的混凝土配筋设计理论为切入点,深入挖掘大型桥梁结构中普遍存在的二维应力区域,即面域,并以此为基础形成新的理论体系,从而达到混凝土桥梁实用精细化分析的目的。文中分别列举了深梁、钢—混凝土叠合梁、体外预应力锚固横梁的工程分析算例,展现了基于面域应力的混凝土桥梁精细化分析及配筋设计方法的广泛适用性。本章方法可供桥梁设计和施工参考。

本章参考文献

[1] 中华人民共和国行业标准.JTG D62—2004 公路钢筋混凝土及预应力混凝土桥涵设计规范[S].北京:人民交通出版社,2004.

[2] 徐栋,赵瑜,刘超.混凝土桥梁结构实用精细化分析与配筋设计[M].北京:人民交通出版社,2013.

[3] 赵瑜.混凝土结构抗剪配筋设计研究——"拉应力域"方法[D].上海:同济大学,2011.

[4] Schlaich, Schaefer, K. and Jennewein, M. Toward a consistent design of structural concrete[J]. Prestressed Concr. Inst., 1981,32(3):74.

[5] M. P. Collins, D. Mitchell. Prestressed Concrete Structures[M]. Englewood:Prentice Hall,1991.

[6] CAN/CSA-A23.3-04. Design of concrete structures[S]. Canadian standards association,2007.

[7] 黄侨.基于塑性理论的钢筋混凝土简支深梁的抗剪强度研究[J].工程力学,2005,22(4):167-170.

[8] Y. Zhao. On the conceptual basis of the crack sliding theory Appendix A. Calculations for short beams[M]. Copenhagen:Technical University of Denmark, 2008.

[9] 夏桂云.考虑剪切变形影响的杆系结构理论与应用[M].北京:人民交通出版社,2008.

[10] 徐方圆.深梁承载力计算与弯剪配筋设计的非线性网格模型方法

[D]. 上海:同济大学,2014.
[11] 聂建国. 钢—混凝土组合结构桥梁[M]. 北京:人民交通出版社,2011.
[12] 张春玉. 钢—混凝土组合结构[M]. 北京:中国计量出版社,2008.
[13] 刘玉擎. 组合结构桥梁[M]. 北京:人民交通出版社,2005.
[14] 黄侨. 桥梁钢—混凝土组合结构设计原理[M]. 北京:人民交通出版社,2004.
[15] 中华人民共和国行业标准. JTG D64—2015 公路钢结构桥梁设计规范[S]. 北京:人民交通出版社股份有限公司,2015.
[16] 中华人民共和国行业标准. JTG/T D64-01—2015 公路钢—混凝土组合桥梁设计与施工规范[S]. 北京:人民交通出版社股份有限公司,2016.
[17] 中华人民共和国国家标准. GB 50917—2013 钢—混凝土桥梁设计规范[S]. 北京:计划出版社,2013.
[18] Euro Code No.4. Composite steel and concrete structural. Part 2: Bridges[S]. 2005.
[19] AASHTO LRFD Bridge Design Specifications. American Association of State Highway and Transportation Officials[S]. 2005.
[20] BS 5400. Steel, concrete and composite bridges, Part 3: Code of practice for design of steel bridges[S]. 2000.
[21] 中华人民共和国行业标准. DL/T 5085—1999 钢—混凝土组合结构设计规程[S]. 北京:中国电力出版社,1999.
[22] 中华人民共和国国家标准. GB 50017—2003 钢结构设计规范[S]. 北京:中国计划出版社,2003.
[23] 胡佳安,张先蓉,刘佳,等. 钢—混凝土组合结构连续梁有效宽度. 土木工程与管理学报[J],2011(18):50-53.
[24] 苏庆田,杨国涛,曾明根. 宽箱组合梁桥施工过程中受力的有限元仿真分析[J]. 结构工程师,2011,27(2):78-83.
[25] Goncalves Rodrigo,Camotim Dinar. Steel-concrete composite bridge analysis using generalised beam theory.[J] Steel and Composite Structures,2010,10(3):223-243.
[26] Gara, F., Ranzi, G., Leoni, G.. Simplified method of analysis accounting for shear-lag effects in composite bridge decks[J]. Journal of Con-

structional Steel Research, 2011, 67(10):1684-1697.

[27] LIU Chao, XU Dong. Space frame lattice model for stress analysis of bridge [J]. The Baltic Journal of Road and Bridge Engineering, 2010, V(2): 98-103.

[28] 徐栋,刘超,赵瑜. 混凝土桥梁结构分析与配筋设计的精细化[J]. 第十九届全国桥梁学术会议,北京:人民交通出版社,2010.6:798-804.

[29] LIU Chao, XU Dong. Application of space frame lattice model in a box-girder bridge[J]. Proceeding of Bangkok IABSE Symposium, 2009,9.

[30] XU Dong, XU Fangyuan, ZHAO Yu. Modelling of a major composite cable-stayed bridge[J]. Proceeding of Venice IABSE Symposium, 2010,9.

[31] 窦巍. 组合梁桥基于应力的配筋设计方法[D]. 上海:同济大学,2010.

[32] 邓锦平. 体外预应力混凝土桥梁关键部位设计方法[D]. 上海:同济大学,2008.

[33] 徐栋,孙远. 体外预应力锚固横梁拉应力域法配筋[J]. 同济大学学报(自然科学版),2010,38(7):961-968.

徐栋 教授

博士,博士生导师。1988年毕业于同济大学桥梁工程系,获工学学士学位,1991年毕业于同济大学桥梁工程系,获工学硕士学位。1991年4月留校任教于同济大学桥梁工程系。1999年获得同济大学工学博士学位。1999年6月任职副教授,2005年6月任职教授、博士生导师至今。

中国公路学会桥梁和结构工程分会第八届理事会常务理事,中国茅以升基金会桥梁委员会委员,国际桥梁与结构工程协会(IABSE)中国团组秘书长、SEI杂志编委,IABSE第三工作委员会(WC3)、fib混凝土工作委员会委员。长期从事混凝土和钢—混凝土组合结构桥梁的结构理论和精细化设计技术、混凝土桥梁病害处理及加固等教学、科研和咨询工作。

博士毕业后主要研究领域为体外预应力及混凝土桥梁的预制拼装技术,2008年出版专著《桥梁体外预应力设计技术》;近10年来主要研究领域为混凝土桥梁和钢—混凝土组合结构桥梁的实用精细化分析方法和相关软件发展,并于2013年出版第二部专著《混凝土桥梁结构实用精细化分析与配筋设计》。

参编教材多部,发表国内外学术期刊、学术会议论文近百篇。多次参加国际、国内主要学术会议并做会议报告或担任会议主持,2014年9月在西班牙马德里召开的2014年国际桥梁与结构工程协会(IABSE)学术会议上做大会报告"New Developments and Challenges in PC Bridge Design in China"。

主持多项国家级和省部级科研项目,获国家科技进步奖二等奖1项(短线匹配法节段预制拼装体外预应力桥梁关键技术)、省部级科技进步奖多项;获国家发明专利授权2项:"体外预应力体系及施工方法""转向器";参编规范指南:《公路桥涵设计通用规范》(JTG D60)、《公路钢筋混凝土及预应力混凝土桥涵设计规范》(JTG D62)、《大跨径预应力混凝土梁桥设计施工技术指南》;参加国际合作项目(西班牙交通部项目):Experimental Study of Friction Coefficient between Concrete Precast Bridge Segments with Match-Cast Dry Joints;参加国内多座重要桥梁的科研工作,包括苏通大桥、杭州湾大桥、崇启大桥、台州椒江二桥、南昌朝阳大桥、山西运宝黄河大桥、天津海河大桥、天津大沽桥、天津蚌埠桥、沈阳三好桥等。

第8章 混凝土桥梁组合加固新技术研究与应用

王春生[1,2]，张志兴[1,2]，王世超[1,2]，王茜[1,2]，段兰[1,2]，罗乔[1,2]

1. 长安大学公路学院桥梁工程研究所，陕西西安，710064
2. 长安大学公路大型结构安全教育部工程研究中心，陕西西安，710064

8.1 引言

截止到2016年年底，我国公路桥梁已近80万座，其中混凝土桥梁占比超过九成。桥梁结构作为国家交通基础设施的重要组成部分，具有投资大、工作环境恶劣、服役周期长、灾变后果严重等特点。桥梁使用安全是国家打造"安全、绿色、智慧、综合"交通的基石，关系到每个人的出行安全。随着我国桥梁"老龄化"以及服役条件的恶化，大批20世纪按老标准修建的公路混凝土桥梁承受着日益繁重的交通荷载（超载客观存在）和环境侵蚀作用，导致混凝土桥梁出现了开裂、下挠、钢筋锈蚀、结构刚度退化等突出病害，承载性能下降显著，已不能满足交通运输发展的需要[1-3]。对这些混凝土桥梁进行维修和加固已迫在眉睫，因此，桥梁维修、加固及改造新技术研发已成为桥梁科技创新发展的重要方向。

目前对混凝土桥梁上部结构的加固方法主要有增大截面加固法、粘贴钢板加固法、体外预应力加固法、粘贴复合纤维材料加固法以及聚合砂浆钢绞线网加固法等。这些既有加固方法具有各自的技术经济优势和适用条件，在实桥加固工程中得到了广泛应用，取得了较好的加固效果[4-11]。但也存在一些混凝土桥梁因检测评估、加固设计、加固施工等环节中存在的技术不足，未能从根本上解决桥梁病害问题，导致加固后较短时间内仍需要进行二次加固[12]。因此，探索高效、可靠、经济、耐用的加固方法十分必要。

清华大学聂建国教授率先提出钢板—混凝土组合加固的思想，并开展了大量的试验、理论研究和工程应用[13-19]。钢板—混凝土组合加固技术是对原有混凝土结构表面进行凿毛和植筋，外包焊有抗剪连接件的钢板，在原结构和钢板之间通过浇筑混凝土，将原结构与新增加的钢结构组合成整体共同工作。钢板—混凝土组合加固技术充分利用了钢材和混凝土各自的材料性能，能有效增加原结构的有效受力面积，对承载力和刚度提高幅度大；外置的钢板可以避免混凝土裂缝外露，有利于提高结构的耐久性；利用后浇混凝土将新、旧结构组合成整体，对原结构表面平整度要求低；由于钢板可以作为混凝土浇筑的模板，可以大大加快施工速度；该加固方法为桥梁维修加固提供了一种新思路。

为研究钢板—混凝土组合加固构件的力学行为和破坏模式，聂建国教授团队共进行了19根简支梁的静力试验以及8根钢板—混凝土组合加固梁的等幅疲劳试验[1-19]，试验结果表明：钢板—混凝土组合加固梁在弯曲和剪切荷载共同作用下可能发生的破坏形态包括：弯曲破坏、钢板剥离破坏、弯曲与钢板剥离混合破坏、新老混凝土界面剥离破坏以及斜截面抗弯破坏等；剪力连接和新老混凝土界面设计合理的加固梁在荷载作用下呈现出典型的弯曲破坏形态，不仅混凝土梁承载力和刚度得到了大幅度的提高，而且具有良好的变形能力和延性；栓钉数量过少将导致钢板剥离破坏，构件延性较差，承载能力也小于弯曲破坏构件；组合加固梁的疲劳试验结果表明，疲劳破坏是因裂纹从栓钉焊趾处开始萌生、缓慢扩展直至贯穿加固钢板导致的，提出了考虑应力水平影响的组合加固梁疲劳寿命、疲劳破坏后的残余静力承载力和残余刚度的计算方法。

王春生等传承和发展了聂建国教授提出的钢板—混凝土组合加固新技术，对带损伤混凝土桥梁的组合加固新技术进行了较为系统的试验、理论与应用研究[20-29],实现了从模型梁、足尺梁到实桥应用的系列跨尺度研究。通过钢板—混凝土组合加固混凝土模型梁的抗弯和抗剪性能试验,提出了基于模型梁试验结果的抗弯、抗剪承载力理论简化计算公式,研究结果表明钢板—混凝土组合加固可显著提高模型梁的承载性能,且可实现极限损伤混凝土模型梁的加固修复。开展了小箱梁、空心板、T 梁三种典型危旧混凝土梁组合加固的系列足尺试验、数值和理论分析[27-29],明确了钢板—混凝土组合加固、钢板—预应力混凝土组合加固、钢板—UHPFRC(超高性能纤维混凝土)组合加固、钢板—预应力 UHPFRC 组合加固技术经济性能与适用条件,提出了基于足尺试验的典型危旧混凝土梁桥组合加固后承载安全评价模型与承载力简化计算公式,实现了对模型梁试验与理论研究成果的拓展,建立了系统的混凝土桥梁组合加固的设计计算方法体系、加固工艺与质量评价技术标准,丰富和发展了混凝土桥梁加固技术体系,为危旧混凝土梁桥的科学维护提供了技术依据。在组合加固新技术研究成果指导下成功实施了多座高速公路混凝土桥梁火灾后的快速抢修,以及西安市香王、方家村大型立交桥、G310 国道良田桥的危桥加固改造工程,为火灾后高速公路保通和危桥抢修提供了有效的技术支持。依托混凝土桥梁组合加固技术研究成果,编制了陕西省地方标准《钢板—混凝土组合加固混凝土桥梁设计与施工技术规程》(DB 61/T 550—2012)[30]。

8.2 组合加固新技术模型试验

8.2.1 组合加固矩形梁的抗弯性能试验

试验采用了 4 根钢板—混凝土组合加固矩形模型梁[20],编号为 SPCCSB-1 ~ SPCCSB-4。试验梁 SPCCSB-3 加固前预压梁的编号为 RCB-2,SPCCSB-4 加固前预压梁的编号为 RCB-1。试验梁总长 3700mm,计算跨径 3450mm,梁宽 200mm,原梁高 320mm,加固后跨内梁高为 406mm,具体尺寸见图 8.1。试验梁设计参数见表 8.1,试验梁加载装置见图 8.2。

试验梁 SPCCSB-1 和 SPCCSB-2 新老混凝土界面发生了显著剥离,为脆性剥离破坏;试验梁 SPCCSB-3 加载全主筋屈服后新老混凝土界面发生剥离,为塑性弯曲破坏;试验梁 SPCCSB-4 加载全过程中新老混凝土界面未发生明显的剥离现象,试验结束时裂缝以竖向裂缝为主,为弯曲破坏。所有试验梁未出现植筋拔出的现象,剥离失效主要是新老混凝土界面抗剪不足造成的。各试验梁的跨中弯矩—挠度关系对比曲线如图 8.3 所示,各曲线的变化趋势可把荷载—挠度曲线近似分为弹性工作阶段、带裂缝工作阶段、塑性工作阶段。当荷载小于 $0.2M_u$ 时,试验梁处于弹性阶段,加固混凝土尚未开裂,跨中挠度随荷载增加呈线性关系增长,试验梁整体性能良好。当荷载大于 $0.2M_u$ 小于 $0.8M_u$ 时,试验梁处于带裂缝工作阶段,该阶段 4 根试验梁跨中出现多条竖向裂缝;继续加载试验梁 SPCCSB-1 和 SPCCSB-2,弯矩—挠度曲线没有明显的塑性平台而直接进入下降段,试验梁 SPCCSB-3 和 SPCCSB-4 存在显著的塑性平台区。由试验结果可知:钢板—混凝土组合加固可显著提高原梁的刚度和极限承载力,配置合理的植筋间距可以保证新老混凝土接合面的抗剪强度,避免新老混凝土之间剥离失效,防止加固梁发生脆性破坏[20]。

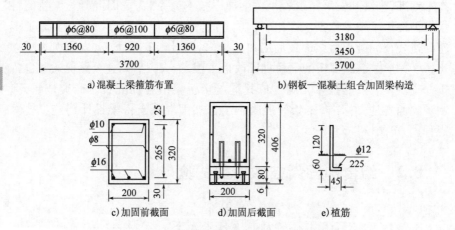

图 8.1 矩形试验模型梁构造图(尺寸单位:mm)

矩形试验模型梁设计参数 表 8.1

编号	植筋间距 (mm)	栓钉间距 (mm)	剪跨长度 (mm)	预加荷载	加载方式
RCB-1	—	—	1325	91kN	双点
RCB-2	—	—	1325	50kN	双点
SPCCSB-1	100	100	1325	—	双点
SPCCSB-2	200	100	1325	—	双点
SPCCSB-3	100	100	1725	—	单点
SPCCSB-4	100	100	1725	—	单点

 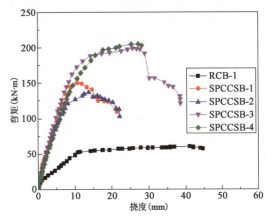

图 8.2　矩形试验模型梁加载装置　　图 8.3　矩形试验模型梁弯矩—挠度关系对比曲线

试验梁加固前后承载力对比见表 8.2，SPCCSB-1 破坏荷载比 SPCCSB-2 高约 9.7%，说明植筋间距对加固梁的承载力具有一定影响，植筋间距越大，试验梁承载力越小。试验梁 SPCCSB-3 破坏荷载与 SPCCSB-4 几乎相等，表明原梁弯曲损伤程度对组合加固梁的承载力影响很小。比较试验梁 SPCCSB-1、SPCCSB-3 与 SPCCSB-4 的试验结果，可知剪跨比对试验梁的破坏形态、极限承载力、结构延性均具有显著影响，剪跨比越大，剪力对新老混凝土接合面受力的影响越小。

矩形试验模型梁加固前后承载力的对比　　表 8.2

编号	M_{ry}（kN·m）	提高（%）	M_u（kN·m）	提高（%）
RCB-1	60	—	61	—
SPCCSB-1	未屈服	—	150	147
SPCCSB-2	未屈服	—	137	126
SPCCSB-3	192	222	199	228
SPCCSB-4	199	233	204	238

注．M_{ry} 为土筋屈服时的弯矩，M_u 为极限弯矩。

依据试验结果，假设组合加固矩形模型梁发生塑性弯曲破坏，钢板和钢筋均达到屈服，压区混凝土达到极限抗压强度，加固截面满足平截面假定，按此建立的钢板—混凝土组合加固混凝土矩形梁正截面抗弯承载能力计算图式见图 8.4,依据截面平衡条件建立的组合加固矩形梁的正截面极限抗弯承载能力简化计算公式为[20]:

$$\alpha_1 f_c bx + f'_{sy} A'_s = f_{spy} A_{sp} + f_{sy} A_s \quad (8.1)$$

$$M_u = f_{sy} A_s \left(h_{01} - \frac{x}{2} \right) + f_{spy} A_{sp} \left(h - \frac{t_{sp}}{2} - \frac{x}{2} \right) + f'_{sy} A'_s \left(\frac{x}{2} - a'_s \right) \quad (8.2)$$

式中:α_1——受压区混凝土矩形应力值与混凝土轴心抗压强度设计值的比值,小于 C50 的混凝土 $\alpha_1 = 1.0$;

x——混凝土受压区高度;

f_{spy}——加固钢板的屈服强度;

f_{sy}——受拉钢筋的屈服强度;

f'_{sy}——受压钢筋的屈服强度;

a'_s——纵向受压钢筋合力点至混凝土受压区边缘的距离;

h_{01}——构件加固前的截面有效高度;

h——构件加固后的截面高度;

A'_s——截面受压钢筋面积;

A_s——截面受拉钢筋面积;

A_{sp}——加固钢板底板面积;

t_{sp}——加固钢板厚度;

f_c——混凝土轴心抗压强度实测值;

b——矩形梁的宽度。

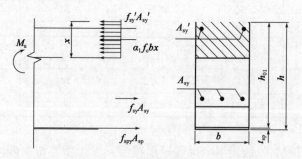

图 8.4 钢板—混凝土组合加固矩形梁正截面抗弯承载能力计算图式

按照理论简化计算公式(8.2)计算所得组合加固梁塑性极限抗弯承载力 $M_{uc}=203\text{kN}\cdot\text{m}$,理论计算值与试验值在弯曲破坏下吻合较好。

通过对4根钢板—混凝土组合加固矩形模型梁的试验和理论简化分析,得到的主要结论如下[20]:钢板—混凝土组合加固可显著提高矩形模型梁的抗弯极限承载力,但加固设计时应合理配置植筋间距,保证新老混凝土接合面的抗剪强度,避免新老混凝土之间剥离,防止加固梁发生脆性破坏;植筋间距对加固梁的承载力具有一定影响,植筋间距越大承载力越小;原梁弯曲损伤程度对组合加固梁的承载力影响很小;剪跨比对试验梁的破坏形态、极限承载力、结构延性均具有显著影响;组合加固可实现带极限损伤的混凝土矩形模型梁的加固修复;按照塑性理论建立了加固矩形模型梁极限抗弯承载能力简化计算公式,理论计算值与试验值相差不超过3%。

8.2.2 组合加固T梁的抗弯性能试验研究

对4根钢筋混凝土T形模型梁进行了钢板—混凝土组合加固抗弯试验[22,23,25],试件的主要设计参数包括损伤程度和植筋间距。加固后试件编号依次为SPCCSBT-1~SPCCSBT-4。对试验梁SPCCSBT-3和SPCCSBT-4在加固前预压用来模拟混凝土梁的已有损伤,相应的对比梁编号分别为RCBT-1和RCBT-2。为了保证组合加固后试验梁发生弯曲破坏,加固钢板的厚度采用4mm,试验梁组合加固构造如图8.5所示,具体设计参数如表8.3所示,试验加载装置如图8.6所示。

T形试验模型梁设计参数与主要试验结果　　表8.3

编号	植筋间距(mm)	栓钉间距(mm)	预压荷载(kN)	剪跨长度(mm)	w_{ry}(mm)	M_u(kN·m)
RCBT-1	—	—	55.7	1825	—	—
RCBT-2	—	—	111.8	1825	15	102
SPCCSBT-1	100/150	100/150	—	1825	39	326
SPCCSBT-2	200	100/150	—	1825	28	313
SPCCSBT-3	100/150	100/150	—	1825	24	318
SPCCSBT-4	100/150	100/150	—	1825	24	339

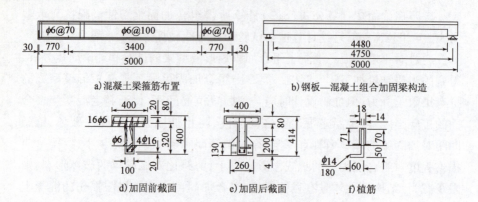

图 8.5 T 形试验模型梁构造图(尺寸单位:mm)

图 8.6 T 形试验模型梁加载装置

为了比较不同损伤程度对试验梁加固后受力性能的影响,对两片未加固 T 梁进行预压,预压荷载分别为 55kN(RCBT-1)和 111.8kN(RCBT-2)。当试验梁 RCBT-1 荷载约为 24kN 时跨中出现竖向裂缝,随后加载的过程中裂缝不断增多,当荷载大小为 55kN 时竖向裂缝宽度约为 0.04mm,此时尚未出现斜裂缝;当试验梁 RCBT-2 荷载接近 111.8kN 时,混凝土梁主筋已屈服,此时剪跨段出现若干斜裂缝,裂缝宽度约为 0.06mm;RCBT-2 梁达到塑性极限承载力时跨中竖向裂缝最大宽度约为 0.2mm,竖向裂缝间距在 100mm 左右,裂缝分布见图 8.7。

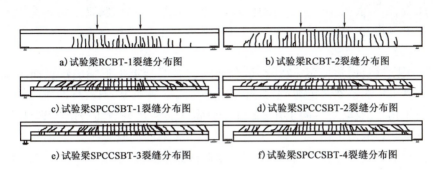

图 8.7 T形试验模型梁裂缝分布

图 8.8 为各试验梁跨中荷载—挠度曲线,当荷载小于 $0.1M_u$ 时,试验梁处于弹性工作阶段,腹板底面混凝土未有裂缝产生。当荷载在 $0.1M_u$ ~ $0.8M_u$ 之间时,试验梁处于带裂缝工作阶段,腹板底面加固混凝土逐渐开裂,此时跨中竖向裂缝不断增多,腹板底面加固钢板应变接近屈服,剪跨段加固混凝土上方出现多条斜裂缝,但裂缝宽度不大,最大约 0.2mm。当荷载大于 $0.8M_u$ 后,纵向受拉钢筋屈服,此时腹板加固钢板应变迅速增加,试验梁挠度显著增大,纯弯段弯曲裂缝的宽度增长迅速,试验梁发生塑性弯曲破坏。加固后试验梁的新旧混凝土界面、钢板与新混凝土界面均无显著滑移,梁体裂缝分布详见图 8.7。

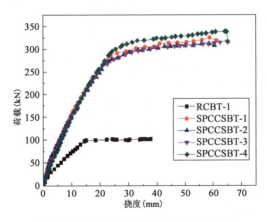

图 8.8 T形试验模型梁荷载—挠度关系曲线

钢板—混凝土组合加固 T 形梁的典型受弯破坏过程为:腹板底面加固钢板首先发生屈服,随着截面塑性发展,中性轴高度不断上升,原梁受拉主筋屈服，顶板混凝土压应变达到极限压应变，组合加固试验梁达到塑性极限抗弯承载状态。组合加固 T 形梁主筋屈服挠度和塑性抗弯承载力试验结果见表 8.3。

根据试验梁塑性破坏特征，组合加固钢筋混凝土 T 形梁的正截面承载力计算采用的基本假定为：①加固混凝土与原梁混凝土、钢板与加固混凝土之间无相对滑移，可协同工作；②组合加固截面满足平截面假定；③受拉区混凝土开裂退出工作，不计其贡献。组合加固钢筋混凝土 T 形梁正截面塑性抗弯承载能力计算图式见图 8.9。根据截面平衡条件，建立的组合加固钢筋混凝土 T 形梁的极限抗弯承载能力计算公式为[22]：

$$\alpha_1 f_c b'_f x + f'_{sy} A'_{sy} = f_{spy} A_{sp} + 2 f_{spy} A_{spw} + f_{sy} A_{sy} \tag{8.3}$$

$$M_u = f_{sy} A_{sy} \left(h_{01} - \frac{x}{2} \right) + f_{spy} A_{sp} \left(h - \frac{t_{sp}}{2} - \frac{x}{2} \right) +$$

$$2 f_{spy} A_{spw} \left(h - \frac{h_{spw}}{2} - \frac{x}{2} \right) + f'_{sy} A'_{sy} \left(\frac{x}{2} - a'_s \right) \tag{8.4}$$

式中：α_1——受压区混凝土矩形应力值与混凝土轴心抗压强度设计值的比值，小于 C50 的混凝土 $\alpha_1 = 1.0$，当混凝土强度等级为 C80 时，$\alpha_1 = 0.94$，其间按线性内插法确定；

x——混凝土受压区高度；

f'_{sy}——受压钢筋的屈服强度；

a'_s——纵向受压钢筋合力点至混凝土受压区边缘的距离；

h_{01}——构件加固前的截面有效高度；

h——构件加固后的截面高度；

A'_{sy}——结构受压钢筋面积；

A_{sy}——结构受拉钢筋面积；

A_{sp}——底部加固钢板面积；

t_{sp}——底部钢板厚度；

A_{spw}——单侧加固钢板面积；

h_{spw}——侧向加固钢板高度；

b'_f——T 梁翼缘宽度；

t_{sp}——T 梁腹板下缘加固钢板厚度。

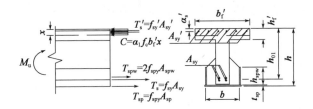

图 8.9　钢板—混凝土组合加固 T 形截面抗弯承载力计算图式

图 8.9 中，h'_f 为 T 梁翼缘厚度，b 为 T 梁腹板下缘加固钢板宽度，T'_s 为受压钢筋合力，C 为受压区混凝土的合力，T_s 为受拉钢筋合力，T_{spw} 为侧向加固钢板合力，T_{sp} 为 T 梁腹板下缘加固钢板合力。

按组合加固混凝土 T 梁的塑性极限抗弯承载能力简化计算公式，计算加固后截面抗弯承载力为 $M_{uc} = 310\text{kN}\cdot\text{m}$，与试验值吻合较好。

钢板—混凝土组合加固 T 梁的抗弯性能试验和理论简化分析结果表明：支点附近植筋加密的试验梁承载力较高，原梁损伤程度对加固后的承载力影响不显著；合理的植筋和栓钉布置可保证新旧混凝土界面、钢板与新混凝土界面无显著滑移；加固钢板约束了混凝土裂缝的开展，延缓了纵向受拉主筋的受力，使得组合加固截面主筋屈服挠度提高 60% 以上，截面刚度显著提高；合理的组合加固截面设计，可以使模型梁截面塑性抗弯承载力提高 2 倍；组合加固技术可实现带极限损伤的混凝土 T 形模型梁的加固修复；按照塑性理论建立了 T 形模型梁组合加固后极限抗弯承载能力简化计算公式，其计算值与试验值相差不超过 10%。

8.3　组合加固新技术足尺试验

与传统模型梁的试验研究方法相比，通过对从实桥拆除的足尺梁进行极限承载力试验来评价桥梁承载性能，不仅使试验梁能包含实桥的损伤状态，而且能从足尺层面掌握混凝土梁的破坏机理、刚度退化机制、加固技术效果，可实现对小尺度模型梁试验结果的有益补充，但因其试验费用昂贵且实施难度大，各国学者所开展的足尺试验研究较少[31-38]。本文在小尺度模型梁试验研究基础上，开展了小箱梁、空心板、T 梁三种典型危旧混凝土梁组合加固的系列足尺试验研究。

8.3.1 组合加固预应力小箱梁足尺抗弯性能试验

利用从某高速公路跨线桥上拆除的跨径 20m 的预应力混凝土小箱梁作为足尺试验梁,原梁高 1m,长 19.96m,翼缘板厚 140mm,腹板厚 240mm,顶板宽 2.5m,底板宽 1m。加固方式采用顶板补强加固和钢板—混凝土组合加固腹板、底板相结合,即在顶板进行桥面铺装补强层加固,补强层厚 80mm,内设一层钢筋网,并通过植筋加强顶板新旧混凝土层之间的连接,提高整体工作性能,并采用聚合物水泥注浆料修补梁体裂缝;同时对试验梁腹板、底板进行钢板—混凝土组合加固,加固钢板厚 6mm,混凝土层厚 80mm,为保证新旧混凝土结合面及加固混凝土与加固钢板结合面之间不发生剥离破坏,设计栓钉间距 150mm,植筋间距 200mm,并在支点附近加密至 100mm。加固后梁高 1.166m,在跨中 7.33m 范围内组合加固高度为 0.536m,在距离支点 5.3m 范围内加高至 0.7m。加固前后试验梁截面构造如图 8.10 所示,加固施工流程如图 8.11 所示。

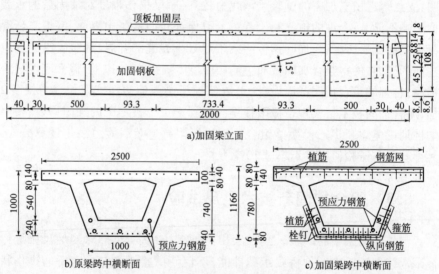

图 8.10　足尺预应力混凝土小箱梁加固前后试验梁截面构造(尺寸单位:mm)

抗弯试验采用跨中两点加载方法,两加载点间距 3.5m,如图 8.12 所示。未加固的足尺对比梁编号为 N-B,钢板—混凝土组合加固足尺抗弯试验梁编号 SPCCS-B。试验中,对比梁 N-B 为典型的适筋梁破坏,试验梁 SPCCS-B 亦为塑性弯曲破坏。抗弯试验梁的跨中荷载—挠度曲线对比如图 8.13 所示。

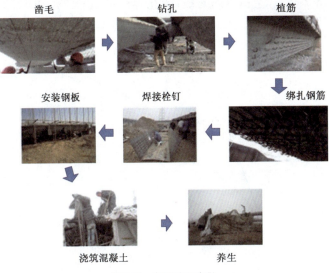

图 8.11　加固施工流程

图 8.12　足尺预应力混凝土小箱梁抗弯试验加载装置

对于足尺试验梁 SPCCS-B，当荷载低于 250kN 时，荷载与挠度基本线性相关，此时梁最大挠度不到 8mm，试验梁处于弹性阶段；当荷载超过 250kN 时，原梁旧裂缝开始扩展，试验梁刚度下降，挠度增长加快，试验梁处于弹性带裂缝工作阶段，加载过程中试验梁跨中新旧裂缝不断扩展，裂缝宽度不断增大；当荷载达到 1103kN 时，加固钢板开始屈服，在 1400kN 时底板钢筋开始出现屈服；荷载达到 1992kN 后，西侧加载垫石外侧顶板混凝土压碎，试验梁破坏。由图 8.14 中可知，相比于未加固梁，在未开裂阶段，加固后的试验梁刚度有所提高,开裂荷载略有提高;在弹性带裂缝工作阶段,加固试验梁刚度提高明显。表8.4列出了抗弯试验梁 N-B 和 SPCCS-B 的屈服荷载和极限荷载。

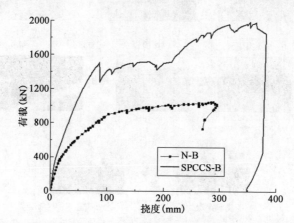

图8.13 抗弯试验梁荷载—挠度曲线

试验梁的抗弯、抗剪的屈服荷载和极限荷载　　　　表8.4

试验梁荷载	未加固梁荷载 P_0	组合加固梁荷载 P_1	P_1/P_0
屈服荷载(kN)	880	1410	160%
极限荷载(kN)	1047	1992	190%

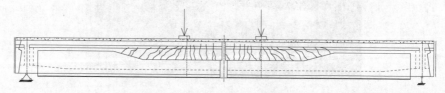

图8.14 试验梁 SPCCS-B 裂缝分布

试验梁腹板裂缝分布如图8.14所示,试验梁 SPCCS-B 的裂缝分布比较均匀,纯弯段基本上都是竖向裂缝,且都扩展到了原梁顶板的位置;剪跨段基本为弯剪斜裂缝,角度约为45°。

钢板—混凝土组合加固小箱梁抗弯性能足尺试验结果表明:钢板—混凝土组合加固试验梁与未加固梁相比,屈服荷载提高60%,极限荷载提高90%,开裂荷载也有所提高;在不同的荷载阶段,钢板—混凝土组合加固法提高了试验梁的抗弯刚度,组合加固对弹性带裂缝工作阶段的抗弯刚度提高最为显著。钢板—混凝土组合加固小箱梁抗弯性能可满足其承受公路—Ⅰ级荷载的要求。

8.3.2 组合加固预应力空心板梁足尺抗弯性能试验

对于梁体开裂较严重或需要考虑二次受力的影响时,可在结构的加固过程中采用预应力技术,变被动加固为主动加固[3-40]。钢板—无黏结预应力混凝土组合加固技术是在原结构和加固钢板之间的混凝土组合层内布设无黏结预应力筋,通过施加预应力进一步提高组合加固后结构的刚度和抗裂性,改善结构的受力性能和长期耐久性。本文采用跨径20m足尺预应力混凝土空心板梁,研究钢板—无黏结预应力混凝土组合加固法的技术效果。加固前对比梁编号为NS-M1,该梁加载至抗弯极限状态后,采用钢板—无黏结预应力混凝土组合加固法进行加固,编号为SPCUBPCS-M1。

钢板—无黏结预应力混凝土组合加固的具体构造为:在顶板铺设厚度8cm的钢筋混凝土层进行加固,底板采用钢板—体内无黏结预应力混凝土组合加固,钢板厚6mm,组合层混凝土厚8cm,底板组合加固混凝土层内布设两根无黏结预应力钢绞线,加固长度沿梁纵向为16.8m,加固后跨中截面梁高为1.11m。图8.15为试验梁SPCUBPCS-M1的加固构造图。足尺试验梁计算跨径为19.26m,跨中两点加载,纯弯段长度为2m,图8.16为加载方案示意。

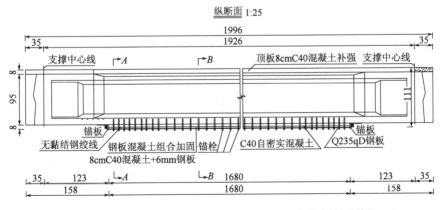

图8.15 钢板—无黏结预应力混凝土组合加固足尺空心板构造(尺寸单位:cm)

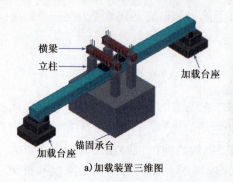

a) 加载装置三维图　　　　　　b) 试验加载

图 8.16　足尺预应力混凝土空心板试验加载装置

图 8.17 为加固前后试验梁跨中截面荷载—挠度曲线,曲线可分为未开裂阶段、带裂缝工作阶段和塑性阶段。试验梁在混凝土开裂之前或原有裂缝再次开裂之前,试验梁跨中荷载—挠度曲线呈线性变化趋势;随着荷载进一步增加,试验梁进入带裂缝工作阶段,此阶段试验梁 SPCUBPCS-M1 的抗弯刚度明显高于 NS-M1;试验梁进入第三阶段后,随着钢筋、钢板、钢绞线逐步进入屈服状态,荷载增速放缓,挠度增长加快,结构逐渐达到塑性极限状态。表 8.5 列出了试验梁各阶段对应的荷载值,其中 F_u 表示极限荷载,F_{sy} 为原结构底板受拉钢筋屈服时荷载,F_{spy} 为加固钢板屈服时荷载。由表 8.5 可知,组合加固试验梁的屈服荷载和极限荷载均高于未加固梁。足尺预应力混凝土空心板加固前后梁体裂缝以竖向弯曲裂缝为主,详见图 8.18。SPCUBPCS-M1 为体内有黏结和无黏结预应力的混合配束梁,其受力行为较为复杂[37,38],后续研究工作还需深入开展。

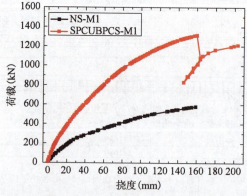

图 8.17　加固前后足尺预应力混凝土空心板跨中截面荷载—挠度曲线

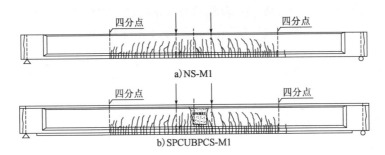

图 8.18　加固前后足尺预应力混凝土空心板裂缝分布

加固前后足尺预应力混凝土空心板承载性能试验结果　　表 8.5

试验梁编号	F_u(kN)	F_{sy}(kN)	F_{spy}(kN)
NS-M1	580	423	—
SPCUBPCS-M1	1318	834	812

组合加固预应力空心板梁抗弯性能足尺试验结果表明:采用钢板—无黏结预应力混凝土组合加固法,足尺预应力混凝土空心板梁的抗弯极限承载力可提高 1 倍,梁体刚度和开裂弯矩也有显著提高,提升了原结构的承载性能与长期耐久性,可满足桥梁加固需求,而且预应力组合加固技术可实现带极限损伤的足尺空心板梁的加固修复。

8.3.3　组合加固钢筋混凝土 T 梁足尺抗弯性能试验

随着超高性能纤维混凝土(UHPFRC)研究与应用工作的深入,也为混凝土桥梁加固技术的研发提供了新思路[41-46]。与普通混凝土相比,UHPFRC 不仅抗压强度高,而且抗拉强度可达 8～10MPa,如图 8.19 所示。此外,UHPFRC 还具有良好的延性、密实性、流动性、抗渗性和更低的徐变系数。UHPFRC 的受拉本构关系可分为弹性阶段、强化阶段和塑性阶段[44-46]。钢板—UHPFRC 组合加固是在钢板—混凝土组合加固基础上,用 UHPFRC 替代组合加固层内的普通自密实混凝土,以进一步减少材料用量、减轻自重,充分发挥 UHPFRC 抗拉强度高、抗裂性强等性能优势来有效提高加固梁的抗弯刚度和耐久性能。

采用从某国道桥梁上拆除的跨径为 20m 的足尺钢筋混凝土 T 梁,进行加固前抗弯试验,编号为 NS-B1,然后对其进行钢板—UHPFRC 组合加固。

组合加固梁 SP-U-CS-B1 的顶板浇筑厚度 40mm 的 UHPFRC,内设钢筋网片;腹板外包厚度 3mm 的钢板,钢板与原梁腹板之间浇筑厚度 40mm 的 UHPFRC,采用锚栓将钢板、UHPFRC 与 T 梁腹板相连,锚栓间距 25cm,在端部 1.5m 范围锚栓间距调整为 20cm,锚栓排列呈梅花形布置。加载装置如图 8.20 所示。

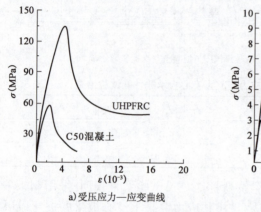
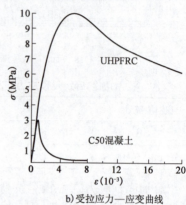

a) 受压应力—应变曲线　　　　b) 受拉应力—应变曲线

图 8.19　UHPFRC 与 C50 混凝土的应力应变曲线对比

图 8.20　足尺钢筋混凝土 T 梁试验加载装置

足尺钢筋混凝土 T 梁主要试验结果如表 8.6 所示,图 8.21 为试验梁跨中荷载—挠度曲线。试验梁 NS-B1 和 SP-U-CS-B1 的竖向弯曲裂缝分布情况如图 8.22 所示。由图 8.21 和表 8.6 可知,采用钢板—UHPFRC 组合加固可提高钢筋混凝 T 梁抗弯极限承载能力 60%,抗弯刚度可提高 1.2 倍。相比于钢板—混凝土组合加固方案,钢板—UHPFRC 组合加固材料用量均减少一半,加固材料自重降低 1 倍,加固后结构性能提升显著,体现了钢板—UHPFRC 组合加固的技术优势。

足尺钢筋混凝土 T 梁抗弯试验结果 　　　表 8.6

试验梁	开裂荷载(kN)	屈服荷载(kN)	极限荷载(kN)	最大挠度(mm)
NS-B1	300	550	590	116
SP-U-CS-B1	250	934	950	182

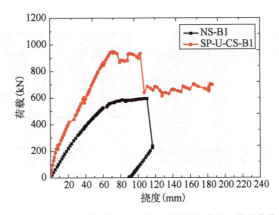

图 8.21　足尺钢筋混凝土 T 梁抗弯试验跨中荷载—挠度曲线

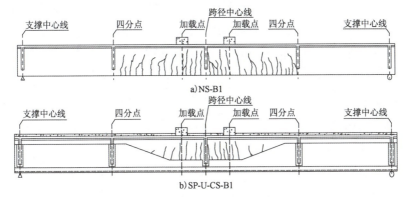

图 8.22　足尺钢筋混凝土 T 梁抗弯试验裂缝分布图

8.4　组合加固新技术工程应用

8.4.1　工程概况

某高速公路高架桥因油罐车侧翻引起火灾，部分桥跨烧损严重，如图 8.23 所示。火烧桥跨上部结构为 4×29.6m 先简支、后连续预应力混凝土连续小箱梁,梁高1.6m。火灾后桥梁应急检查发现部分箱梁严重烧损,梁体混凝土表面呈现浅黄色,伴有严重混凝土剥落、漏筋,混凝土强度不能满足设计要求。该桥上行线第85、第86跨静动载试验表明:两测试跨主梁均受到火灾影响,主梁强度和刚度明显下降,部分主梁承载力已不能满足设计和正常安全运营要求。

图8.23　火灾后梁体受损和组合加固修复后结构状况

8.4.2　组合加固设计

对火灾受损严重梁体(上行线85孔1~3号梁、86孔1号梁)采用钢板—混凝土组合加固的方法进行加固(图8.24),箱梁计算跨径29.6m,钢板—混凝土组合加固长度27m,加固用Q345钢板厚10mm,组合层为8cm厚的C40混凝土,加固后实桥状态如图8.24所示。

8.4.3　加固后评价

采用有限元分析软件建立了组合加固后桥跨结构的空间模型,数值分析模型中普通和预应力钢筋采用LINK8单元模拟;原梁混凝土、加固混凝土采用SOLID65单元模拟;忽略普通钢筋和预应力钢筋材性的变化,通过混凝土弹模折减来计入火烧对该桥整体刚度的影响。按设计荷载标准汽车超—20级确定了组合加固后静力试验加载水平,车辆静力加载工况下各主梁实测跨中挠度如图8.25所示。采用考虑火灾损伤的组合加固后结构有限元模型,计算得到静力加载下各主梁跨中挠度理论计算值,详见图8.25。组合加固后各主梁挠度的实测值均小于理论值,而且实测挠度小于活载挠度限值。表8.7给出了火灾后和加固后结构自振频率的实测值和理论值对比结果。由表8.7可知,结构烧损后刚度降低,结构实测频率小于计算频率;加固后结构实测自振频率大于计算值,且显著大于加固前的实测值。静载挠度实测与计算值、自振频率实测与计算值的对比结果均表明，组合加固后结构承载性能和结构刚度得到有效恢复，可满足设计及运营安全要求。

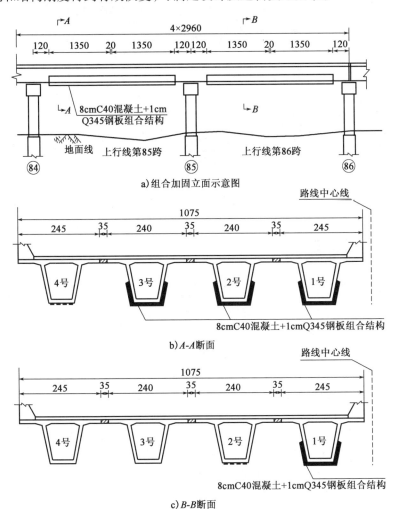

图8.24　火灾受损桥跨组合加固构造(尺寸单位：cm)

结构自振频率实测值和理论值的对比　　　　表8.7

烧损后计算值 (Hz)	烧损后实测值 (Hz)	加固后计算值 (Hz)	实测值 (Hz)	阻尼比
3.1	2.93	3.17	3.61	0.0352

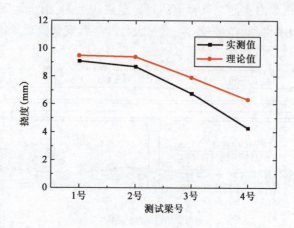

图 8.25 静载加载主梁挠度实测值和理论值的对比

8.5 结语

（1）发展了钢板—混凝土组合加固新技术，对带损伤混凝土桥梁的组合加固新技术进行了较为系统的试验、理论与应用研究，实现了从模型梁、足尺梁到实桥应用的系列跨尺度研究。

（2）通过钢板—混凝土组合加固混凝土模型梁的抗弯性能试验，提出了基于模型梁试验结果的抗弯承载力理论简化计算公式，研究结果表明钢板—混凝土组合加固可显著提高模型梁的承载性能，且可实现极限损伤混凝土模型梁的加固修复。

（3）开展了小箱梁、空心板、T梁三种典型危旧混凝土梁组合加固的系列足尺试验，明确了钢板—混凝土组合加固、钢板—预应力混凝土组合加固、钢板—UHPFRC组合加固的技术效果，实现了对模型梁试验研究成果的拓展，丰富和发展了混凝土桥梁加固技术体系。

（4）在组合加固新技术研究成果指导下成功实施了某高架桥火灾后的快速抢修，组合加固后的静动力测试与数值分析结果表明，组合加固后结构承载性能和结构刚度得到有效恢复，可满足设计及运营安全要求。

（5）依托混凝土桥梁组合加固技术研究成果，编制了陕西省地方标准《钢板—混凝土组合加固混凝土桥梁设计与施工技术规程》（DB 61/T 550—2012）。

本章参考文献

[1] 交通运输部综合规划司.2015年交通运输行业发展统计公报[G].交通运输部,2016.

[2] 冯正霖.对我国桥梁技术发展战略的思考[J].中国公路,2015,(11):38-41.

[3] 张树仁.桥梁病害诊断与加固设计[M].北京:人民交通出版社,2013.

[4] 刘山洪,刘毅.桥梁病害种类及处理方法[J].重庆交通大学学报(自然科学版),2008,27(s1):902-905.

[5] 杨斌,安关峰,单成林.增大截面加固受弯构件的正截面承载力计算方法[J].公路交通科技,2015,32(6):81-88.

[6] 刘卫东,杨伟波,苏海华,等.钢筋混凝土梁受弯加固对比试验研究[J].建筑结构学报,2008(S1):138-141.

[7] 任伟,贺拴海,袁旭斌.粘贴纤维布、钢板加固钢筋混凝土T梁试验研究[J].西安建筑科技大学学报自然科学版,2008,40(3):323-330.

[8] 张耀庭,邱继生,黄恒卫.体外预应力混凝土梁的研究现状综述[J].华中科技大学学报,2002,19(4):86-91.

[9] 卜良桃,王月红,尚守平.复合砂浆钢筋网加固抗弯RC梁的非线性分析[J].工程力学,2006,23(9):125-130.

[10] 叶列平,冯鹏.FRP在工程结构中的应用与发展[J].土木工程学报,2006,39(3):24-36.

[11] 杨慧宁.预应力CFRP在PC空心板梁桥加固中的应用研究[D].哈尔滨:哈尔滨工业大学,2013.

[12] 周志祥.桥梁加固改造新技术[M].北京:人民交通出版社股份有限公司,2014.

[13] 聂建国,赵洁,唐亮.钢板—混凝土组合在钢筋混凝土梁加固中的应用[J].桥梁建设,2007(3):76-79.

[14] 聂建国,陶慕轩,樊键生,等.钢—混凝土组合结构在桥梁加固改造中的应用研究[J].防灾减灾工程学报,2010,30(S1):335-344.

[15] 聂建国.钢—混凝土组合结构桥梁[M].北京:人民交通出版社,2011.

[16] 赵洁,聂建国.钢板—混凝土组合加固钢筋混凝土梁的非线性有限元

分析[J].计算力学学报,2009,26(6):906-912.

[17] 聂建国,赵洁.钢板—混凝土组合抗弯加固中滑移分布分析[J].清华大学学报(自然科学版),2007,47(12):2085-2088+2094.

[18] 聂建国,赵洁.钢板—混凝土组合加固钢筋混凝土简支梁试验研究[J].建筑结构学报,2008,29(5):50-56.

[19] 聂建国,王宇航.钢板—混凝土组合受弯加固梁疲劳性能试验研究[J].建筑结构学报,2011,32(2):1-9.

[20] 王春生,袁卓亚,高珊,等.钢板—混凝土组合加固矩形梁的抗弯性能试验[J].中国公路学报,2011,24(5):65-73.

[21] 冯林军.钢板—混凝土组合加固试验与实桥应用研究[D].西安:长安大学,2011.

[22] 王春生,袁卓亚,郭晓宇,等.钢板—混凝土组合加固混凝土T梁的抗弯性能试验[J].交通运输工程学报,2010,9(6):32-40.

[23] 王春生,高珊,任腾先,等.钢板—混凝土组合加固带损伤钢筋混凝土T梁的抗弯性能试验[J].建筑科学与工程学报,2010,27(3):94-101.

[24] 郭晓宇.钢板—混凝土组合加固混凝土梁抗弯性能试验研究[D].西安:长安大学,2010.

[25] 高珊.钢板—混凝土组合加固钢筋混凝土T梁抗弯性能试验研究[D].西安:长安大学,2009.

[26] 任腾先.钢板—混凝土组合加固钢筋混凝土T梁抗剪性能试验研究[D].西安:长安大学,2009.

[27] DUAN L, GUO Y, WEN Y, et al. Shear Behavior Experimental Study for Full-scale PC Box Girder Strengthened by Composite Strengthening Method[C]. IABSE Symposium Report,2016.

[28] WANG Q, LI R, LUO Q, et al. Study on Full-scale Bending Experiment of Concrete Girder Reinforced by Steel Plate and Concrete Composite Strengthening Method[C]. IABSE Symposium Report,2015.

[29] DUAN L, DONG P, WANG C S, E Brühwiler. UHPFRC Strengthening Method for Existing Bridges[C]. IABSE Symposium Report,2015.

[30] 中华人民共和国地方标准.DB 61/T 550—2012 钢板—混凝土组合加固混凝土桥梁设计与施工技术规程[S].陕西省质量技术监督局,2012.

[31] Zhang Jian-ren, Li Chuang-xi, Xu Fei-hong, et al. Test and Analysis for Ultimate Load-Carrying Capacity of Existing Reinforced Concrete Arch Ribs[J]. Journal of Bridge Engineering, 2015, 12(1):4-12.

[32] 张建仁,彭晖,张克波,等.锈蚀钢筋混凝土旧桥超限及极限荷载作用的现场破坏性试验研究[J].工程力学,2009,26(增刊Ⅱ):213-224.

[33] 徐文平.既有预应力混凝土梁桥承载能力实桥试验及分析研究[D].南京:东南大学,2006.

[34] Harries K A. Structural Testing of Prestressed Concrete Girders from the Lake View Drive Bridge[J]. Journal of Bridge Engineering, 2009, 14(2):78-92.

[35] Ahlborn T M, Shield C K, French C W. Full-Scale Testing of Prestressed Concrete Bridge Girders[J]. Experimental Techniques, 1997, 21(1):33-35.

[36] 方志,汪建群,何鑫,等.预应力混凝土简支箱梁受力性能足尺模型试验[J].中国公路学报,2011,24(6):49-56.

[37] 张蓓,徐天昭,王复明,等.预应力混凝土空心板梁桥承载能力实桥试验研究[J].公路,2008(6):1-5.

[38] 钱永久,滕蕴珊.极限荷载作用下铁路钢筋混凝土旧桥的受力行为试验研究[J].西南交通大学学报,1994,29(4):423-428.

[39] 孙宝俊,李秉南,李延和.混凝土结构综合加固技术及其应用[J].工业建筑,2003,33(5):74-77.

[40] 杜修力,张建伟,邓宗才.预应力FRP加固混凝土结构技术研究与应用[J].工程力学,2007,24(S2):62-74.

[41] Brühwiler E, Denarié E. Rehabilitation and Strengthening of Concrete Structures Using Ultra-High Performance Fibre Reinforced Concrete[J]. Structural Engineering International, 2013, 23(4):450-457.

[42] Martin-Sanz H, Chatzi E, Brühwiler E. The use of Ultra High Performance Fibre Reinforced cement-based Composites in rehabilitation projects: a review[C]. International Conference on Fracture Mechanics of Concrete and Concrete Structures, 2016.

[43] Habel K, Viviani M, Denarié E, et al. Development of the mechanical properties of an Ultra-High Performance Fiber Reinforced Concrete (UHP-

FRC)[J]. Cement & Concrete Research, 2006, 36(7):1362-1370.
[44] Zwicky D, Brühwiler E. Chillon Viaduct Deck Slab Strengthening using Reinforced UHPFRC: Full-Scale Tests[C]. International Conference on Concrete Repair, Rehabilitation and Retrofitting, 2015.
[45] Noshiravani T, Brühwiler E. Rotation capacity and stress redistribution ability of R-UHPFRC – RC composite continuous beams: an experimental investigation[J]. Materials and Structures, 2013, 46(12):2013-2028.
[46] YU R, Spiesz P, Brouwers H J H. Mix design and properties assessment of Ultra-High Performance Fibre Reinforced Concrete (UHPFRC)[J]. Cement & Concrete Research, 2014, 56(2):29-39.

王春生　教授

博士、博士生导师。本科、硕士毕业于西安公路交通大学桥梁工程专业、博士毕业于同济大学桥梁与隧道工程专业，2006年清华大学博士后出站，瑞士洛桑联邦理工学院高级访问学者，美国普渡大学、里海大学访问学者，香港理工大学助理研究员。现为长安大学公路学院桥梁所教授、博导，桥梁结构安全技术国家工程实验室技术委员会委员、教育部高等学校道路运输与工程教学指导分委员会委员、中国公路学会桥梁和结构工程分会常务理事、中国钢结构协会桥梁钢结构分会、结构稳定与疲劳分会理事、结构抗振控制与健康监测专业委员会委员、茅以升科技教育基金会桥梁委员会委员，美国土木工程师协会、国际桥梁与结构工程协会、国际桥梁安全与维护协会会员，全国百篇优秀博士论文奖获得者，获国务院政府特殊津贴，入选国家中青年科技创新领军人才计划和教育部新世纪优秀人才支持计划。

主要从事钢与组合结构桥梁、桥梁耐损性设计方法与安全维护技术、长寿命高性能桥梁结构理论研究，主持承担了6项国家自然科学基金、2项973项目子题，以及教育部新世纪优秀人才基金、霍英东青年教师基金、交通运输部科技项目等省部级科研项目20余项，参与编制了交通运输部《公路钢结构桥梁设计规范》(JTG 64)、《公路工程结构可靠度设计统一标准》(GB/T 50283)2部国家和行业技术标准，主持编写陕西省地方标准2部。在Journal of Bridge Engineering(ASCE)、Journal of Constructional Steel Research、土木工程学报、中国公路学报等国内外重要学术期刊和国际会议发表论文100余篇，其中70余篇论文被SCI、EI收录，出版专著1部，获准国家发明专利6项。获国家科技进步二等奖1项、省级和学会科技奖10项，以及交通运输部交通青年科技英才、陕西省青年科技奖、陕西省师德先进个人、陕西青年五四奖章等荣誉称号。

第9章 超高混凝土桥塔的施工质量控制和品质提升

马祖桥[1],胡可[1],石雪飞[2],宋军[2]
1. 安徽省交通控股集团有限公司,合肥,230088
2. 同济大学桥梁工程系,上海,200092

9.1 引言

近30年来,我国相继建成数十座大跨径斜拉桥与悬索桥,为超高桥塔的建造积累了较多的实践经验,也推动了更大跨径桥梁的发展。随着桥塔建设高度的持续增加,风、温度效应愈发显著,由于缺少相对稳定的作业环境,对混凝土、钢筋、预埋件、线形等要素的质量控制形成极大的挑战。受作业环境恶劣、展开面大、工序多、工艺复杂等条件限制,混凝土桥塔建设中存在的一些普遍问题,在超高塔的建设中得以放大,控制难度也逐渐提升。

施工环节的质量保障对于实现设计构想、减少后期维护的投入都有着极为重要的作用,促使从源头进行质量保障成为目前的关注要点,桥塔的建造经验积累以及蓬勃发展的现代信息技术,为超高桥塔施工技术的重新审视、创新以及质量管理技术改进提供了契机。

本章以芜湖长江公路二桥桥塔建设为背景,介绍工厂化的技术理念、大数据的管控方法以及精细化施工概念,通过应用示例以及技术背景展示,为超高桥塔的建设提供有益的借鉴。

9.2 芜湖二桥桥塔概况

9.2.1 桥塔设计方案

芜湖长江公路二桥桥塔采用分肢柱式构造,坐落于厚度8m直径39m的圆柱形承台,承台下设置30根直径3m的钻孔灌注桩。桥塔包括上塔柱、中塔柱、下塔柱、塔座和下横梁,混凝土材料等级为C50。索塔总高259.48m(含塔座),上塔柱高108m,中塔柱高104.936m,下塔柱高46.545m;中、下塔柱横桥向侧面的斜率为1/49.425,顺桥向侧面的斜率为1/74.137。索塔桥面以上高度为212.936m,高跨比为0.264,索塔底部截面尺寸为18.5m×15m,顶部尺寸为8m×8m。如图9.1所示。

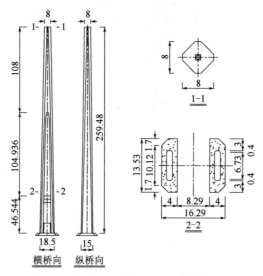

图9.1 桥塔立面及断面图(尺寸单位:m)

上塔柱为整体单箱单室,尺寸由 8m×8m 变化到 12.37m×10.914m。上塔柱壁厚顺桥向为 2.77~3.82m,横桥向厚度为 2.03~3.6m。中、下塔柱为分肢箱形等高度截面,截面高度为4m,内设宽度为1.5m的空腔。

下塔柱底部17.5m的范围设横联将两分肢塔连成整体,提高抗船撞性能,桥面处设置一道横梁,以减小中下塔柱自由长度,提升稳定性能。

上塔柱内置创新的同向回转拉索锚固体系,以消除锚固区拉应力。该体系构造为,钢绞线拉索从一幅桥面锚具出发,上行至桥塔,穿过内置鞍座,绕桥塔180°,回到另一幅同截面桥面锚具。在张拉后,索力以环形径向压力的形式传递给索塔,成为上塔柱环向预应力,这种将索力的拉力转换为压力的方式,从根本上避免索塔锚固区产生的拉应力,提升桥塔的耐久性能。

鞍座包含锚体、导管、过渡管和延伸管组成,锚体位于圆弧段,由外壳、分丝管、限位板、填充料组成,分丝管为雨滴形构造,用于穿钢绞线并对钢绞线起夹持作用;限位板上开孔,分丝管穿过限位板对应孔位被固定,限位板与锚体外壳相连,在锚体在分丝管间隙灌注填充料。单个桥塔共预埋22对同向回转鞍座(图9.2)。

图9.2 同向回转鞍座原理及构造示意

9.2.2 总体施工方案

桥塔总工期23个月,采用爬模法进行逐节浇筑施工,单节浇筑高度为4.5~6m,两个塔柱分别分为45节及59节。外表面采用木模板成型,内表面采用钢模板成型。桥塔整体施工方案如下(图9.3):

(1)下塔柱起始三节段采用塔吊配合爬模模板施工,下塔柱其余节段按正常爬模工艺分节段施工。

(2)下横梁采用塔梁异步支架法施工,在塔柱上设置牛腿,利用型钢搭设支架。

(3)中塔柱采用爬模法分节段施工。按照设计要求在上下游塔柱之间设置横向钢支撑,钢支撑采用钢管制作。

(4)上、中塔柱结合部采用支架法施工,中塔柱预埋钢板焊接牛腿,采用工字钢及分配梁搭设底部施工平台。

(5)上塔柱采用爬模法分节施工,鞍座采用散拼及整拼两种方式进行预埋。

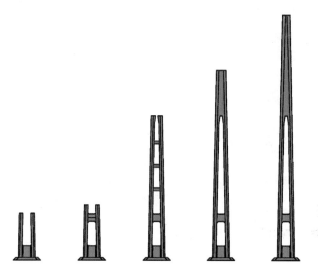

图9.3 桥塔主要施工过程

9.3 柱式塔分区段温控方法

9.3.1 桥塔关键质量问题

桥塔最小尺寸普遍超出1m,符合大体积混凝土定义,有产生温度裂缝的风险。许多国家诸如美国垦务局、苏联水工研究院、日本京都大学等对大体积混凝土结构的实际设计、施工技术、温度控制指标和温度控制措施都做了深入的研究,其重点在于预防大体积混凝土结构产生裂缝,同时也探求了对已有的裂缝进行有效处理的各种技术措施。

我国20世纪50年代后对大坝大体积混凝土结构的温度场及温度应力问题的研究也做了大量的工作,取得了较好的成就,建成了一批无裂缝的大坝工程。同期,工民建结构也注意到温度裂缝的相关问题,从约束层面建立了一系列计算方法与控制工艺。桥塔构造类型及控制难点见表9.1。

桥塔构造类型及控制难点　　　　　　　　　　表9.1

简　图	结构形式	说　明
	空心柱	用于布置同向回转鞍座,由下至上截面逐渐变小,壁厚较厚,水化蓄热较多,内表控制难
	薄壁+实心分肢	分肢薄壁构造,截面细长,每肢两端为大实心,实心间设置两薄壁连接,实心与薄壁差异化受力控制难度大
	薄壁方横梁	两分肢之间采用矩形薄壁大箱的横梁进行连接,横梁与分肢耦合水化效应复杂
	井字形塔柱与横联	下方横联与分肢塔柱连接,形成井字形结构,分肢及横联各位置水化效应复杂
	大体积承台与塔座	标准大体积混凝土构件,实施周期贯穿整个冬季,管控难度大

虽然桥塔建设中注意到水化热效应带来的问题,但仍然缺乏有效的控制手段,主要受限于结构本身以及作业环境限制。以芜湖二桥桥塔为例,下塔柱最小厚度为 1.25m,最大厚度为 3~4m,上塔柱厚度分布较为均匀,位于 3~5m 之间,水化温升及蓄热效应显著,内部温升远高于承台构件,极易产生大量的内部及表面的开裂现象,对塔柱的耐久性造成不利影响,由于缺少针对塔柱温度与裂缝控制的指导规程及技术经验,部分塔柱在建设中从降低水化热量或者表面养护等方面做了一些尝试,但受季节变动大影响以及单节塔柱养护工期短的条件限制,以及不同区段结构显著差异的影响,难以建立有效的控制标准,不能取得较好的控制效果(图 9.4)。

桥塔施工历经 70~90 个节段循环,总工期近 700 天,还需考虑高温、寒潮等各类极端气候对不同区段结构的差异化影响,对于裂缝以及水化热控制的要求各不相同,需从材料、工艺、工序等多方面联合控制,控制难度全面提升。

图 9.4 桥塔混凝土施工现场照片

9.3.2 水化温度裂缝控制原理

由水化过程生热引起的混凝土膨胀或者收缩形变,在受到约束的情况下,产生的拉应力超过混凝土抗拉强度时会引发桥塔的开裂。其中无外部约束或者完全静定的结构,由非线性温度场引起的裂缝称为自生裂缝;受外部约束的结构,在水化降温阶段产生拉应力,最终引发的裂缝称为约束裂缝。温度的两种作用方式如图 9.5 所示。

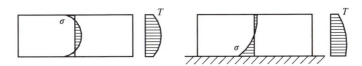

图 9.5 温度的两种作用方式

桥塔结构同样适用温度裂缝的典型规律,加上高强度等级混凝土的应用以及桥塔客观建设条件影响,使水化温度裂缝问题更为显著。一方面,过高的表面升温容易产生"冷激",引发表面大范围的自生裂缝,形成腐蚀通道,影响结构美观;另一方面,内部温升过高但散热缓慢,强约束区域容易产生约束开裂,一般为全断面贯穿型裂缝,破坏结构整体性,影响桥塔性能。

温度裂缝控制的方法有控制温度以及改变约束体系两大类,前者通过降低温度、控制温差,降低自生或者约束应力,主要施工措施有降低入模温度、管冷、保温等;后者释放温度变形,仅适用于减小约束应力,主要施工措施有留缝、跳仓等。对于桥塔,应根据结构特点、施工条件选取单项或复合措施。

对于桥塔结构,水化温度的影响是全过程的,但不同阶段的主控因素各不相同,应进行差异化的控制,根据控制内容不同,将全过程划分为浇筑、升温、降温初期、降温后期以及自然降温五个阶段。

浇筑期,入模温度决定了水化反应的起始温度,主要控制材料温度、浇筑时机等;升温期一般持续 1~3d,主要风险为内部温度上升过快,而表面持续低温产生的"胀裂"效应,对内部温升以及内表温差进行控制;降温初期主要是指管冷持续作用期,桥塔有过快降温、拉应力累计超限的风险,主要控制内部降温速率以及内表温差;降温后期是指在确定合理的管冷停止时机后,桥塔内部处于自然降温状态,此时主要关注表面应力状态,以表面防护并控制内表温差为主;自然降温为桥塔温度控制终止,外表承受环境变化作用,需确定合理的养护终止时机。温度应力控制的五个节段控制要素详见图9.6。

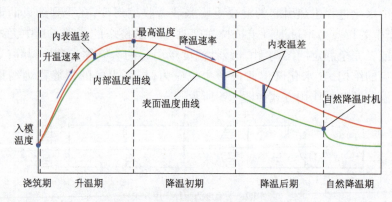

图 9.6 桥塔温度应力控制的五个阶段

注意到温度、温差以及速率指标之间的关联性,可建立动态的温度控制体系,与传统固定温度指标相比,动态体系能够便利根据现场条件调整相关配合措施。

对于约束裂缝,控制最高温实际上是控制最高温下降至环境温度的差值,即水化降温量的大小。

最高温表达式:

$$T_{i,\max} = T_p + \Delta T_c - \Delta T_w \tag{9.1}$$

水化降温表达式：

$$\Delta T_d = T_{i,\max} - T_a = (T_p - T_a) + \Delta T_c - \Delta T_w \tag{9.2}$$

入模温度表达式：

$$T_p = T_m - \Delta T_{ice} + \Delta T_a \tag{9.3}$$

将水化降温量表达式展开如下

$$\Delta T_d = (T_m + \Delta T_a - T_a) + \Delta T_c - \Delta T_{ice} - \Delta T_w \leqslant [\Delta T_d] \tag{9.4}$$

以上式中：ΔT_d——水化降温量；

$T_{i,\max}$——内部最高温；

T_p——入模温度；

ΔT_c——绝热温升；

ΔT_w——管冷降温量；

T_a——环境温度；

T_m——原材温度；

ΔT_{ice}——冰块对入模温度影响值；

ΔT_a——浇筑时外界热交换引起的入模温度上升量。

对于约束裂缝，保持水化降温量小于允许值的情况下，可以对绝热温升、入模时机、浇筑掺冰冷却以及管冷进行组合调整。

自生裂缝主要是调控内表温差，实际控制中采用的指标形式较多，考虑内部降温速率为定值，可以通过内表温差及内部降温速率换算表面降温速率限值。

表面最高温表达式：

$$T_{s,\max} = T_p + \Delta T_c - \Delta T_w \Delta T_{con} \tag{9.5}$$

表面保温工期表达式：

$$t = \frac{T_{s,\max} - [T] - T_a}{[\Delta T_s]}$$

$$= \frac{(T_p - T_a) + \Delta T_c - \Delta T_w - \Delta T_{con} - [T]}{[\Delta T_s]} \tag{9.6}$$

式中：t——表面保温工期；

$T_{s,max}$——表面最高温；

$[T]$——容许表面与环境温差，与强度或龄期有关，对于后期可取15℃；

ΔT_{con}——表面对流换热；

$[\Delta T_s]$——允许表面降温速率。

表面保温工期主要受限于表面最高温，其中 ΔT_{con} 为表面自然对流不可控，最高温仍然取决于入模温度、绝热温升以及管冷，因此对于自生裂缝，采取与约束裂缝相同的控制手段仍是最为有效的。

9.3.3 中下塔柱裂缝控制

中下塔柱横向分为两肢，单肢为中间挖空的条状矩形断面，根据结构特性分析，可以将其划分为实心以及薄壁两个典型区域（图9.7）。

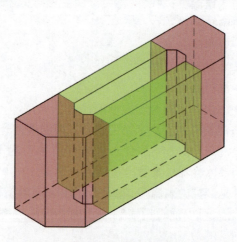

图9.7 中下塔柱分域

实心区域尺寸较厚，属于典型大体积混凝土结构，温升高且不易散发，表面降温收缩时，在内部的约束下，容易引发自生裂缝，裂缝横向、竖向或者斜向沿抗力薄弱区域延展。

薄壁区域尺寸偏小，整体温升相对较低，但受实心区域以及底层已经浇筑节段的约束，在降温收缩过程中，截面上产生拉应力，可能引起约束裂缝，裂缝形态表现为竖向的贯穿裂缝。

基于现场温度试验结果进行热力耦合分析计算，得到应力分布如图9.8

所示,薄壁中下方全断面存在 2.5～4.5MPa 拉应力,实心区域表面水平方向存在 3.5～4.5MPa 拉应力,竖向存在 2.5～3.5MPa 拉应力,论证桥塔存在上述开裂风险。

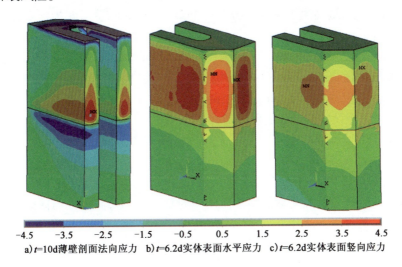

a) t=10d薄壁剖面法向应力　b) t=6.2d实体表面水平应力　c) t=6.2d实体表面竖向应力

图 9.8　中下塔柱单节应力云图(单位:MPa)

中下塔柱温度裂缝控制需要综合考虑实心区域与薄壁区域的需求,从指标层面考虑:实心区域需要控制内表温差,由于塔柱单节实施仅有 5～7d,温控时间较短,根据温控基本原理,扩展指标为最高温;对于薄壁区域,需要控制最高温度及温峰后的降温速率。

以薄壁约束应力小于抗力为目标,并考虑 1.15 倍抗裂安全系数,计算得到水化降温限值为 33℃,内部降温速率限值为 4℃/d,在薄壁温度满足指标要求的情况下,实心区域内部最高温限值推算为 75℃;根据全过程分析,实心区域内表温差指标限值为 25℃。

根据总体指标要求,设计了中下塔柱的温度裂缝控制过程,并根据工程需要创新了精细化的工艺措施。

(1)配合比优化

配合比优化是在保证强度的前提下,以掺加粉煤灰与矿粉减少水泥用量,从而减少混凝土绝热温升。最终确定的双掺比例为 30%,实测 28 天的抗压强度为 62.5MPa,达到设计要求,其他性能指标符合《普通混凝土配合比设计规程》(JGJ 55—2011)及《公路桥涵施工技术规范》(JTG F50—2011)要求。

(2) 入模温度控制

温控基本原理中扩展了入模温度指标的意义,入模温度不再是一个定值,而是与环境温度存在关联,应以环境温度为基准计算入模温度指标实际控制值。根据最高温及其他降温措施的要求,确定入模温度指标限值为实施时的平均气温。

入模温度控制中采取了多项控制措施,控制水泥原材温度不大于50℃,夜间低温时段浇筑,以及采用制冰机将拌和水冷却为冰屑拌和等方法,其中冰屑掺入量以 $40 \sim 50 kg/m^3$ 进行控制。

(3) 管冷设计与冷却过程控制

对于大体积混凝土管冷是最为有效的冷却途径,通过对降温效率的有限元模拟计算,确定薄壁中央布置一道管冷(图9.9),下方强约束区域管冷分层高度为 0.55m,布置 3 层,上方区域管冷分层高度为 1.1m,层数根据浇筑高度进行确定。实心区管冷平面间距为 $0.75 \sim 1m$,高度上与薄壁区域保持一致。管径统一采用 $\phi 27 \times 2.5mm$ 规格。

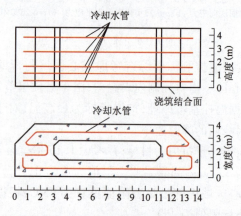

图9.9 中下塔柱管冷布置示意图

温峰前应保持最大效率通水,以削减温峰。温峰后水化反应衰减较快,薄壁表面对流引起的降温速率已经接近控制限值,故确定管冷停止时间为温峰后 12h。

(4) 表面滴灌及防护措施

桥塔采用维萨木模板成型,表面保温效果较好,在自然降温的条件下,表面降温速率显著小于允许表面降温速率,影响单节实施工期。为加速表面降温,研发滴灌工艺(图9.10),该工艺体系为,在温峰后,将模板顶口松开1~2cm缝隙,填塞海绵条,底口保持顶紧状态,形成半封闭空间,采用滴管向海绵条内缓慢输送温水,水温根据混凝土温度进行调节。

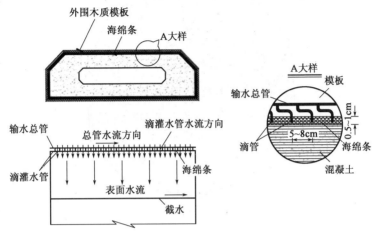

图9.10　表面滴灌工艺

滴灌措施实现向自然降温的可控过渡,并以湿润环境提高表面混凝土的抗裂性能。在表面温度下降至与环境温差满足控制要求时,可停止滴灌措施,拆除模板后,考虑高空强风可能引起表面温度骤降以及干缩现象,采取防风措施。

9.3.4　上塔柱裂缝控制

上塔柱基本上为中空柱式结构,壁厚尺寸为3~5m,属于典型的大体积混凝土。上塔柱塔节中也可能产生约束裂缝与自生裂缝两种开裂形式。图9.11所示为上下塔柱分域。

其中与下方已经浇筑塔节结合的底层,该区域的强约束效应,将限制降温收缩,由于内部散热效率较慢,后期高弹性模量以及低松弛效应,一方面显著提高拉应力量值,另一方面产生较高的残余拉应力,削减使用阶段的抗裂富余量。

顶层区域则能够释放部分变形,约束效应减小,但内部高温影响下,表面容易引发自生开裂的情况,温度裂缝机理与中下塔柱实心区相似。

热力耦合分析计算结果显示(图9.12),结合面之上结构内部存在3~

4.5MPa拉应力,表面水平方向存在4～5MPa拉应力,竖向存在2～4MPa拉应力,存在内部与表面的开裂风险。

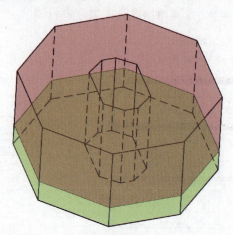

图9.11 上下塔柱分域

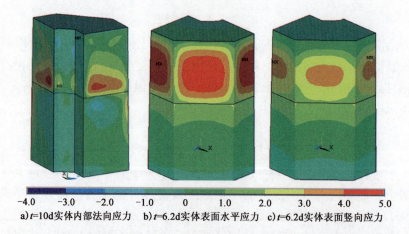

a) t=10d实体内部法向应力　　b) t=6.2d实体表面水平应力　　c) t=6.2d实体表面竖向应力

图9.12 上塔柱单节应力云图(单位:MPa)

对于约束应力可以通过削减温度峰值以及控制内部降温速率进行控制,经计算得到水化降温限值为40℃,内部降温速率限值为4℃/d,与中下塔柱不同的是,上塔柱内部热量难以散发,必须采取主动措施加速降温;内表温差的控制则与中下塔柱相似,温差指标限值为25℃。在采用该指标体系进行控制时,是可以满足上塔柱实施周期7～10d的要求的。

约束应力与自生应力效应的相关性,主要体现在两者对于温峰有着相似的控制需求,在进一步降低温峰的情况下,两种裂缝产生的风险都会下降。因此,上塔柱温度裂缝控制过程的设计,沿用中下塔柱的配比优化、入模降温、管冷的复合控制思路。

通过有限元模拟分析,底层强约束区域管冷分层高度为0.5m,布置2层,上方区域管冷分层高度为1m,层数根据浇筑高度进行确定(图9.13)。管冷平面间距约为1m,管径统一采用$\phi 27 \times 2.5mm$规格。管冷作用时间持续7~8d,在升温期保持最大效率通水,降温期则根据实测降温速率调整管冷效率。

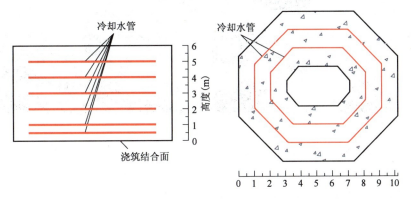

图9.13 上塔柱管冷布置示意图

9.3.5 温度监测与控制

温度控制的现场实施,是通过采取必要的监测手段,验证温控设计并指导过程中的施工措施调整,以实现温度与应力可控的过程。传统的大体积混凝土,如大坝与承台结构,温度控制方面的工作开展较多,从工程实践总结来看,水化温度对外界变化的敏感性偏低,变化相对较为稳定,一般将温控重心放在前期设计阶段,后期以低频监测验证或者调整。

芜湖二桥桥塔实践中,注意到材料、结构与环境都有显著差别:高等级混凝土的应用,加速了温升过程,升温期较短,温峰存在失控的风险;构件相对轻薄,受外界环境影响大,降温期温度与温差存在失控的风险;构件薄厚程度不一,各区域面临的温度失控风险不尽相同,温度监测与控制难度全面提升。

为实现精确受控所建立的系统控制方法,将控制指标延伸拓展为掺冰量、原材温度、浇筑时机、入模温度、升温速率、管冷密度、管冷流速、管冷温度、管冷温升、表环温差、最高温度、内部降温速率、表面降温速率、内表温差、松模时机、表面与滴灌水温差、滴灌流量、停水时机、拆模时机、混凝土强度共计 20 项指标。这些指标贯穿温度控制的全过程,由温控单位、监理、试验检测中心以及业主共同完成检验。图 9.14 所示为温度测试与滴灌过程。

图 9.14　温度测试与滴灌过程

温度监测层面,为适应桥塔温度变化特性,克服复杂环境作用风险,引入基于无线传输的温度测试系统,实现了数据的实时采集与分析(图 9.15)。该系统由测试元件、数据采集仪、无线信号发射器、无线信号接收器以及电脑终端组成,自动化的数据收集以及集成办公模式,提高了监测工作效率。

图 9.15　测点安装与无线采集设备调试

该系统的底层设计为温度测试元件布置,为全面反映桥塔结构的温度场分布与变化特性,测点需要覆盖内部、表面并且有足够的分布密度。图 9.16 所示为中下塔柱与上塔柱标准节的测点布置情况,其中,中下塔柱根据对称性,选择1/2区域进行测试,实心与薄壁区域均布置内部测点以捕捉内部最高温,表面测点则集中于易开裂的实心区域;上塔柱根据结构与管冷对称性,选择1/4区域进行测试,由于混凝土体量增大,增加了测试断面数量,在各个测试断面均布置内部与表面测点,以检验不同区域温度控制的均匀性。

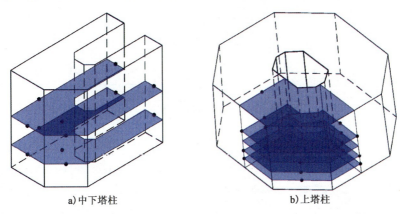

a) 中下塔柱　　　　　　　b) 上塔柱

图9.16　测点布置示意图

9.3.6　温控工序及流程

芜湖二桥进行全塔温控工作,在国内尚属首次,不同区段控制的侧重点存在差异,为温度控制工作带来困难,主要体现在现场实施以及各单位职能配合方面,为此,建立适应桥塔结构的温控工序及流程。

该流程从作业先后顺序上划分,包含温控模型建立、施工准备、混凝土浇筑、带模养护、松模养护、拆模后养护共6个环节,在施工准备中,包含原材料计量标定、配合比标定、测温元件埋设、冷却水管安装,在混凝土浇筑环节,包括入模温度控制、管冷降温控制,带模养护环节,包括管冷降温措施、混凝土覆盖措施,松模养护环节包括顶面的养护以及侧面的滴灌养护,拆模环节包括表面的养护液及防风措施,图9.17所示为完整的温度控制工序及流程。

9.3.7　大数据与控制标准

大数据技术4V特征包括,数据量的大规模增长(Volume)、数据的多样性(Variety)、深度关联的信息价值(Value)与信息处理的实时性(Velocity),

也是对桥塔精细施工过程的客观描述。以温度控制为例,全塔共埋设传感器千余只,产生近30万组数据,浇筑、养护、检验各项指标层次差异大,且动态关联,为应对复杂环境变化,温度信息分析的时效性要求高。

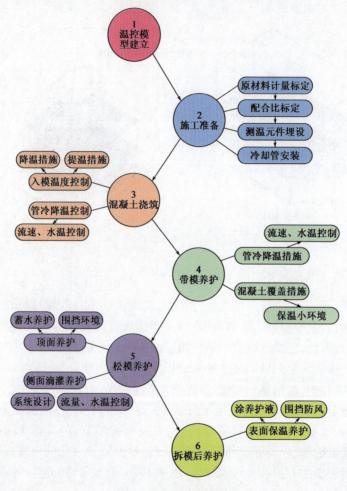

图9.17 温控工序标准化

桥塔精细化施工中,大数据技术的优势在于同时服务于技术层面以及管理两个层面,具体表述如下:

(1)即时数据反馈与分析渠道

基于监控或者测量建立即时数据反馈渠道,对异常情况进行预测或预警,对措施进行实时调整,实现全过程的精细化施工控制(图9.18)。

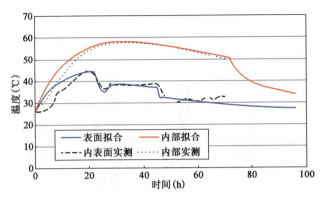

图9.18 温控数据的实时分析与预测

(2)质量统计、评估与评价

基于监控或者测量数据统计,在每一阶段完毕后,通过固定算法,评估质量情况,定位较大偏差产生环节,为技术改进提供支撑,并可以在随后节段跟踪改进措施的效能,评价工艺措施的效能,也为管理者进行质量管理提供便捷服务(图9.19)。

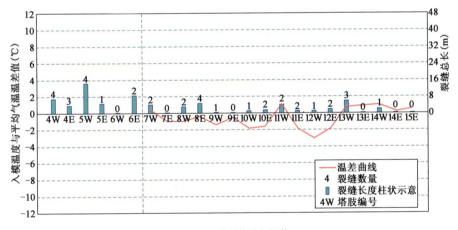

图9.19 质量统计与评估

(3)为创新技术提供控制标准

全塔温控以及同向回转鞍座为创新技术,缺乏足够的技术先例,通过大数据技术,统计过程中的实控指标,通过关联控制过程与控制成果,修正控制理论与控制标准,这些标准可以为同类桥塔施工提供借鉴,也填补相关技术空白(图9.20)。

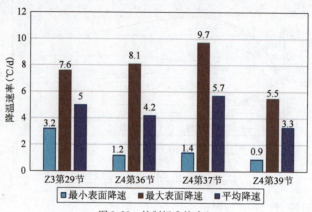

图9.20 控制标准的建立

9.4 复杂构件部品化安装技术

9.4.1 高塔构件安装挑战

同向回转鞍座是芜湖二桥桥塔中的重要组成构件,定位精度影响运营阶段拉索疲劳性能,相对于钢锚梁等安装锚固体系,预埋后不可调整、不可更换的特点,注定施工阶段必须对精度进行严格要求,不容许出现过大偏差。

单个桥塔需安装22对(计44组)同向回转鞍座,安装数量多,作业效率亟待提升;此外一个鞍座体系需要跨越2~3节混凝土,导管和鞍体可能分次安装,导管精度将影响鞍座安装以及体系整体的精度,精度控制难度大(图9.21)。

塔柱内除鞍座外,还存在型钢劲性骨架以及塔柱密布钢筋等相互交织影响,不合理的作业方式将严重影响工效,甚至对预埋件的质量造成不利影响。

同向回转鞍座在大跨径斜拉桥中为首次应用,高空复杂的作业条件限制下,建立高效、便利、可控以及稳定的工艺技术,以及适配的质量管理控制技术,对于同向回转鞍座的精度保障以及推广应用形成挑战。

图 9.21　鞍座加工与现场安装

9.4.2　工厂部品化理念

部品是指构成成品的最基本组成部分,不一定是基本零件,也可以是半成品或者成品。部品化在建筑领域的应用较多,在近年来得到逐步发展,其理念为,运用工业化技术,将建筑的各个构件实现工厂化预制生产,运输至施工现场后采用简便的装配安装即可形成建筑成品。桥梁行业也逐步开展相关的研究,形成各类桥梁的预制拼装建造方法。

采用部品化的建造理念,实现资源集约,以工厂化提高工程质量,化繁为简的方法可以提高现场作业效率,减少对施工现场的污染,因此具有高质、高效、节能、环保的特点。桥梁工程领域也逐步开始推广部品化建造理念,对大量桥型进行改革设计,以适应新的建设方式。

部品化的实现过程包含标准化设计、工业化生产、装配式施工及信息化管理,四个过程关联一体。芜湖二桥建设中就充分应用该理念,以鞍座、主梁等结构的标准化设计支撑工业化生产,从宏观层面上把握质量、效率等控制目标。

鞍座钢结构的工厂化预制具备先天的优势条件,但现场安装中仍存在较多困难和挑战,部品化理念为鞍座体系的高效、精确组装提供了一个可行的思路。

同向回转鞍座为工厂加工的成品,在拼装完毕后,成为桥梁成品的一部分,由于多组鞍座、劲性骨架嵌合为一体,本身具备可拆卸为整块的可能性,可在工厂成品至桥梁成品中间增加一道半成品环节,由地面完成模块的组装,整体吊至塔上再行拼装。这样可以将塔上的作业移至地面,以稳定的、高精度、友好的工作环境保障精度与工作效率(图9.22)。

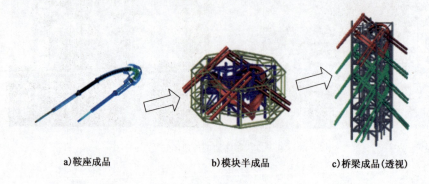

a) 鞍座成品　　　　b) 模块半成品　　　　c) 桥梁成品(透视)

图 9.22　鞍座施工的部品化过程

9.4.3　基于BIM的虚拟施工

鞍座安装方案制订需要贯彻"空间定位平面化、高空作业地面化、现场操作工厂化"的思想,解决高空安装难度,降低斜置鞍座定位的不确定性,提高鞍座的安装精度;在精度可控的情况下,提高安装效率,控制安装成本。

桥塔构件众多,互相交织,为部品化理念的实施带来较大难度,芜湖二桥应用基于BIM的虚拟技术,对施工过程进行预现,从而优化临时构件的设计以及构件安装工序。

同向回转鞍座由下至上对应4~25号拉索,共计22对,经方案比选,确定总体安装方案:4~5号鞍座倾斜角度较大,且两层鞍座之间的交织区段很长,6~7号鞍座之间的距离较小,基本叠置在一起,塔下组装不便,故采用塔上散拼的方法;8~25号鞍座标准化程度较高,规律性强,且鞍座锚固部分相对较为独立,可采用整体式鞍座,利用劲性骨架将鞍座锚体进行整体安装,每对鞍座作为一个独立的吊装节段进行吊装。

鞍座的整体拼装原理是将鞍座与劲性骨架在地面进行精确定位,建立精确的相对位置关系,在塔上定位是通过骨架之间的快速定位实现鞍座的精确定位,相邻劲性骨架之间在地面的组拼应该按照匹配加工的方式进行制作。因此,在地面组拼过程中需要充分考虑骨架之间的匹配需求,克服在高空定位安装骨架的难度,实现骨架之间的快速匹配安装。为了解决骨架在吊装过程中的变现问题,需要综合考虑鞍座刚度和成本问题。

考虑到鞍座的导管长度较长,在吊装过程中导管的变形相对较大,如果将导管与锚体同时进行整体吊装时需要在吊装就位后对导管出口进行一次扶正工作。

管出口的矫正工序不可避免,且导管与锚体之间是采用法兰的快速对接,因此整体拼装时考虑采用导管后接的方式进行处理。即将鞍座锚体和劲性骨架进行精确整体吊装定位,导管采用快速后接进行安装。

散拼按照常规施工方法筹划,整拼方案缺少技术先例的参考借鉴,方案设计开展了施工组织、测量控制系统优化、劲性骨架及定位装置研发以及工序标准化方面的工作。鞍座拼装工艺区划图及整体拼装工序如图9.23、图9.24所示。

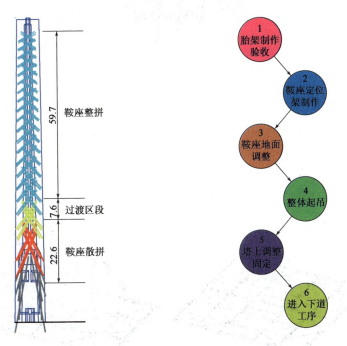

图9.23　鞍座拼装工艺区划图(尺寸单位:m)　　图9.24　整体拼装工序

由于鞍座以及劲性骨架空间布置,几何关系复杂,在方案设计中采用了BIM技术,将设计与施工过程以直观形式呈现,简化设计过程,提高设计效率。

劲性骨架采用工字钢拼接而成,设计需要同时考虑骨架对安装的定位作用,吊装过程中骨架的刚度要求,及鞍座安装过程中的经济性需求,最终确定,8根立柱为HW200×200型钢,其余8根立杆为HW175×175型钢。上下平联根据索鞍之间间隙设置,部分采用HW175×175型钢,另一部分间隙小的位置采用I10,斜撑采用I10(图9.25)。

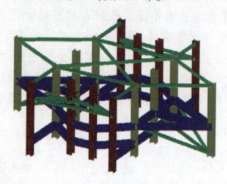

图9.25　鞍座骨架体系设计

地板组装是鞍座整体安装精度控制的重要环节,需要兼顾精度要求、起吊运输方便、拼装过程可操作性等因素进行综合考虑。在现有平台上选择一块塔吊工作范围可覆盖的区域,利用型钢制作一个独立的拼装平台,所有的拼装工作在拼装平台上完成。平台自身相当于一个刚体结构,在平台的两侧分别设置测量平台和对准平台实现相对位置的测控,可以消除由于施工平台扰动对拼装精度的影响(图9.26)。

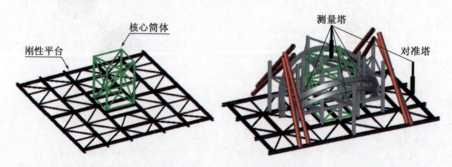

图9.26　刚性工作平台及测量系统设计

在刚性平台上建立独立施工坐标系统,该坐标系应满足其中心位置及其相对几何关系与鞍座锚体设计坐标保持一致,便于现场作业控制以及后续整体吊装定位的统一性(图9.27)。

图 9.27　鞍座地面组拼现场照片

9.4.4　精度保障与提升

（1）散拼

散拼采用"三点定位五点校核法"进行鞍座的安装工作。即以鞍座顶点、左右两个锚体下方出口进行定位调整，校核时增加两个导管出口点。同时需要考虑长导管在导管与锚体接口处的变形问题。"三点定位五点校核法"的安装方法是将鞍座顶点先进行精确调整与定位，后对导管出口位置进行精确调整，在调整就位后对五点进行校核，直至满足要求。如图 9.28 所示。

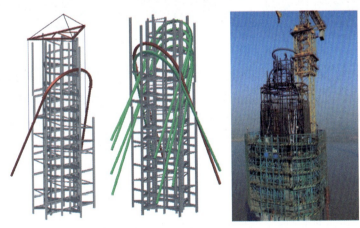

图 9.28　散装吊装与塔上精度检验现场照片

(2) 整拼

半成品地面加工,根据骨架尺寸,在加工平台上使用墨线弹出骨架立柱外轮廓线;安装核心筒体旁边的骨架立柱,与中间核心筒体之间填塞钢楔块并临时焊接固定,同时安装部分定位水平杆以及其他剩余立柱,形成骨架的基本框架;垂直下放下层鞍座锚体,以锚体顶点、出口三个点为定位点确定鞍座位置,完成锚体初步就位;在下层锚体上焊接限位板,再吊装上层鞍座锚体,垫块厚度同上下层鞍座间隙宽度;安装鞍座骨架剩余稳定水平杆件;在加工平台上用墨线弹出钢筋骨架底层水平杆和立杆的外轮廓线;安装钢筋骨架底层水平杆,再焊接立杆;焊接钢筋骨架的上层水平杆件,包括用来临时固定导管的水平杆;竖直下放导管,临时固接在钢筋骨架的水平杆件上;焊接钢筋骨架剩余的水平杆,形成整体。如图9.29所示为整体拼装虚拟施工过程。

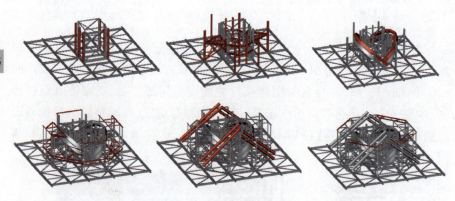

图 9.29 整体拼装虚拟施工过程

吊装时,鞍座导管采用临时固定措施。由于鞍座劲性骨架外圈还有钢筋的骨架,所以可以利用钢筋骨架对导管进行临时固定。在导管外缘焊接两个临时耳板,将耳板与钢筋骨架上的水平杆件用螺栓临时固接。每个导管有两个临时固接点,增加稳定性,防止导管发生晃动或者翻转。导管保持倾斜姿态,待整体吊装至塔上后再精调。

在鞍座的起吊过程中需要采用专用的吊具进行吊装,吊具应消除在起吊过程中对骨架产生的水平力,尽量保证骨架的完整性。应该确保主骨架能够直接由吊具起吊,减小骨架在吊装过程中的变形。图9.30为整体吊装过程设计。

图9.30 整体吊装过程设计

地面组拼预留限位码板,位于下层鞍座劲性骨架立柱顶端和上层骨架底端连接位置;索鞍与劲性骨架用塔吊直接从平台区吊装,鞍座骨架之间的定位孔进行对准,用螺栓锚固,完成骨架之间的连接,随后安装导管(图9.31)。

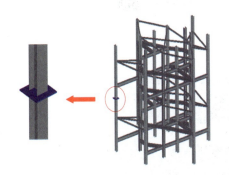 

图9.31 塔上码板对接

塔上安装后,采用五点校核法,对鞍座的实际位置进行复核检验,若存在偏差,一般可由码板进行微调纠正。

9.4.5 信息化管理

信息化管理主要用于过程控制,通过将采集的数据信息实时传输至系统,实现数据的完备记录,并且能够提高信息的共享与处理效率,图9.32所示为桥塔精细化施工的信息流线。通过建立基于互联网的信息系统,由监理、监控及施工单位上传信息数据,在云端平台实现数据的整理、分析与共享,各单位根据信息情况,进行相关的管理。

鞍座控制平台中(图9.33),呈现的信息有原材质量、鞍座质量、定位坐标指令、实测定位结果,由鞍座的生产厂家、鞍座的安装单位以及监控单位共同完成信息的上传工作;将质量管理流程嵌入系统中,各单位的收发、数据校核及审批均按照实际鞍座流转方式进行架构,过程中由监理单位完成数据的审核、检验或确认。

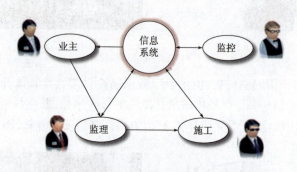

图9.32 信息流线图

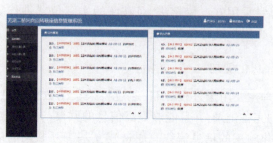

图9.33 鞍座信息平台

9.5 施工工艺标准化管控体系

9.5.1 精细化需求及策略

工程品质提升体系化技术尚处于探索阶段,芜湖二桥桥塔建造中面临质量管控方面的挑战。为提升芜湖二桥的品质质量,在结构设计、施工工艺上都做了大量的创新工作,这些创新使得管控的要点、管控的内容以及管控的方式发生了极大的改变,对管理层及管理方法提出了更高的要求(图9.34)。

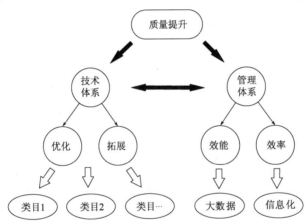

图9.34 精细化过程的演化及控制策略

新的建设要求不仅需要对现有技术经验中的各项指标进行控制,还需要补充更为细致的控制内容,按传统方式管控内容细致化无疑加大了现场的工作量。桥塔施工层次较多、内容广泛,呈现高度的碎片化,需充分结合质量控制需求,对施工及控制手段进行精细化解构,建立体系化的管控方法。

9.5.2 施工及管控精细化划分

施工精细化包含精细与标准两个内涵,精细是指将各分项工程中各道工序及检验进行精确划分,标准是指建立一整套工序体系、控制指标与检验方法(图9.35)。

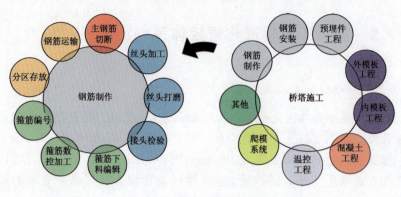

图9.35 工序精细化划分示意

芜湖二桥桥塔施工中,将工序细分为钢筋制作、钢筋安装、预埋件工程、外模板工程、内模板工程、混凝土工程、温控工程、爬摸系统以及其他共9项工程,这些工程既包含普通桥塔工程类目,也包含创新的温控工程。

对各项工程进行展开,以钢筋制作为例,将工序精细划分为主钢筋切断、丝头加工、丝头打磨、接头检验、箍筋下料编辑、箍筋数控加工、箍筋编号、分区存放、钢筋运输共9道工序,并对每项工序提出控制要求,通过强化路径的方式,使各单位的管理人员、实施人员逐渐形成固化的施工、管理及控制技术,以贯彻各项指标的实施。

9.5.3 标准化体系的建立

基于精细化与标准化的解构,将桥塔施工的各项工程工序细分为75道,建立标准化的施工流程,并对其中工序流程提出指标要求。标准的建立一方面参考规范要求,另一方面则基于现有技术程度的调研,进行指标的增加或者优化,表9.2~表9.10所示为75道工序及相应指标,该标准化体系基本上覆盖了桥塔施工的各个环节,其中严于规范的控制指标有19个,新增控制指标12个,为高塔施工技术推进提供参考。

钢筋制作标准工序 表9.2

序号	分项工程	工序流程	关键指标	控制标准
1	钢筋制作	主钢筋切端	—	
2		丝头加工	—	
3		丝头打磨	—	

续上表

序号	分项工程	工序流程	关键指标	控制标准
4	钢筋制作	滚轧直螺纹钢筋接头半成品检验	—	—
5	钢筋制作	箍筋下料单编制及程序输入	—	—
6	钢筋制作	箍筋的数控机弯曲成型	受力钢筋顺长度方向加工后的全长	±10mm
6	钢筋制作	箍筋的数控机弯曲成型	箍筋各部分加工尺寸	±5mm
7	钢筋制作	箍筋的编号	—	—
8	钢筋制作	箍筋的分区存放	—	—
9	钢筋制作	半成品钢筋的运输	—	—

钢筋安装标准工序　　　　　　　　　　表9.3

序号	分项工程	工序流程	关键指标	控制标准
10	钢筋安装	劲性骨架的安装、定位	—	—
11	钢筋安装	钢筋控制点定位	—	—
12	钢筋安装	滚轧直螺纹的连接	钢筋连接接头	Ⅰ级
12	钢筋安装	滚轧直螺纹的连接	主钢筋接头	不大于50%
12	钢筋安装	滚轧直螺纹的连接	主钢筋丝接头	外露丝牙不大于2丝
13	钢筋安装	主钢筋的定位	工前保护层合格率	100%
13	钢筋安装	主钢筋的定位	工后保护层合格率	90%
14	钢筋安装	水平钢筋的定位	—	—
15	钢筋安装	水平钢筋的绑扎	箍筋、水平钢筋间距	±10mm
15	钢筋安装	水平钢筋的绑扎	绑扎钢筋网眼尺寸	±10mm

外模板工程标准工序 表9.4

序号	分项工程	工序流程	关键指标	控制标准
16	外模板工程	大面木模板的制作	外侧木质面板	不小于22mm
			模板的长度和宽度	±5mm
			木板间的拼缝宽度	1mm
			木板间的拼缝高差	1mm
			平板模板表面最大的局部不平	2mm
17		倒角钢架模板的制作	—	—
18		模板的收分及改制、修整	—	—
19		节段接缝处的界面处理	—	—
20		模板的清理	—	—
21		脱模剂的涂刷	—	—
22		模板的吊装	—	—
23		底口模板的定位	—	—
24		顶口模板的定位	模板高程	±10mm
			模板尺寸	±10mm
			轴线偏差	10mm
			模板相邻两板表面高低差	1mm
			模板表面平整度	3mm
			预留孔洞中心线位置	10mm
			预留孔洞截面内部尺寸	+10mm,0
25		角模板的定位	—	—
26		拉杆的制作、安装及紧固	—	—
27		松模	—	—
28		拆模	—	—

内模板工程标准工序　　　　　　　　　　　表9.5

序号	分项工程	工序流程	关键指标	控制标准
29	内模板工程	钢模板的加工制作	—	—
30		模板的收分及改制	—	—
31		模板的清理	—	—
32		脱模剂的涂刷	—	—
33		底口模板的定位	—	—
34		顶口模板的定位	—	—

混凝土工程标准工序　　　　　　　　　　　表9.6

序号	分项工程	工序流程	关键指标	控制标准
35	混凝土工程	原材料进场检验及验收	—	—
36		砂过筛	—	—
37		碎石水洗	—	—
38		拌和工厂内拌制	水泥、掺合料	±1%
			粗、细集料	±1.5%
			水、外加剂	±1%
39		运输	—	—
40		泵送	—	—
41		分层布料	混凝土分层浇筑厚度（mm）	≤300mm
42		振捣	—	—
43		顶面的复振	—	—
44		顶面的收浆	—	—
45		常规蓄水养护	—	—
46		凿毛及清理	—	—
47		混凝土外侧面的清理	—	—
48		混凝土外侧面养护液涂刷	—	—
49		拉杆孔工装修补	—	—

温控工程标准工序　　　　　　　　　表 9.7

序号	分项工程	工序流程	关键指标	控制标准
50	温控工程	原材料温度的监测	夏季粗集料温度	≤18℃
51		拌和水的强制降温	—	—
52		冰片的制备	—	—
53		冰片投料	—	—
54		入模温度的监测	混凝土浇筑前温度	5～28℃
54		入模温度的监测	混凝土入模温度(℃)	5～28℃
55		冷却水管的布设	—	—
56		测温元件的布设	—	—
57		冷却水循环及水温监测	新旧混凝土层间温差	≤20℃
58		数据的采集、发布、预警及反馈	最大温升速率	≤2℃/h
58			通水流量	单根水管流量不小于 20L/min
58			进出口水温差	水温大于5℃且不间断通水或≤10℃
58			入水与混凝土温差	≤10℃
58			降温速率	≤4.0℃/d
58			内部温升峰值	小于环境平均温度 +45℃且不大于70℃
58			内表温差	≤25℃
58			表环温差	≤15℃
58			蓄水与混凝土顶面温差	-10～10℃
58			喷淋养护水与表面温差	≤15℃
58			混凝土侧面温差	≤15℃
58			拆模表环温差	≤5℃
58			保温覆盖拆除表环温差(℃)	

续上表

序号	分项工程	工序流程	关键指标	控制标准
59	温控工程	混凝土48h龄期,强度不低于20MPa,松模,温水滴灌	—	—
60		混凝土96h龄期,强度不低于30MPa,表环及内外温差满足要求,允许拆模	—	—
61		当天中气温最高时段拆模,且当晚营造小环境,确保温差不超标	—	—

预埋件工程标准工序　　　　　　　　表9.8

序号	分项工程	工序流程	关键指标	控制标准
62	预埋件工程	预埋件的制作	—	—
63		镀锌等重涂装	—	—
64		位置偏差检查验收	预埋件中心线位置	3mm
65		与塔柱表面界面验收与处理	—	—

爬模系统标准工序　　　　　　　　表9.9

序号	分项工程	工序流程	关键指标	控制标准
66	爬模系统	爬锥的定位及安装	—	—
67		挂板的安装	—	—
68		轨道爬升	—	—
69		安全绳安装	—	—
70		爬架爬升	—	—
71		安全销的恢复	—	—
72		下支撑杆恢复	—	—

其他工程标准工序　　　　　　　　表9.10

序号	分项工程	工序流程	关键指标	控制标准
73	其他工程	检测单位,监控单位每节段各项检测数据的采集及归档	混凝土强度	在合格标准内
			塔柱底偏位	±5mm
			横梁轴线偏位	±5mm
			塔顶高程	±10mm
			横梁顶面高程	±10mm
			节间错台	2mm

续上表

序号	分项工程	工序流程	关键指标	控制标准
73	其他工程	检测单位、监控单位每节段各项检测数据的采集及归档	大面平整度	3mm
			外轮廓尺寸	±10mm
			裂纹宽度	不大于0.1mm
			总体倾斜度	1/3000塔高，且不大于20mm
			节段倾斜度	节段高的1/1000，且不大于8mm
			拉索锚固点高程	±10mm
74		截流水槽及截水埝安装及拆除	—	—
75		每节段拆模后的验收及总结		

9.6 结语

超高桥塔施工面临的挑战与技术发展机遇并存，芜湖二桥以最大化以及最大效率的性能提升进行了创新性设计，架构新型技术与管控方式。通过对桥塔精细施工及质量控制的关键问题进行梳理，从理论、工艺、管理三个方面开展创新工作，攻克桥塔大体积混凝土温度裂缝控制以及鞍座吊装高精度高效率难题，建立的技术主要如下：

(1)桥塔动态温控指标体系，注意到各项指标的关联性，在实际控制中，可以充分考虑现场作业条件优化各道工序组合方式，便于应用与推广。

(2)桥塔冷却与滴灌养护工艺，根据温控指标需求，创新基于监测的冷却与滴灌技术，以温度、温差控制减小开裂风险，提高塔柱混凝土品质。

(3)鞍座的工厂化吊装技术，以部品化理念为指导，运用虚拟施工技术进行鞍座的模块化吊装过程设计，解决了复杂交织构件高空作业精度控制难题。

(4)桥塔质量管理的大数据技术，对温度控制与鞍座安装中的数据信息进行挖掘，为过程控制提供指导，为质量评估与工艺优化提供支撑，也通过数据统计为新型工艺的控制提供标准参考。

(5)桥塔质量管理的信息化技术，以大数据为技术内核，建立基于互联网的信息平台，实现信息电子化存储、高效率的共享以及智能化的评估。

本章参考文献

[1] 官万轶,韩大建.大跨度斜拉桥施工控制方法研究进展[J].华南理工大学学报(自然科学版),1999(11).

[2] 傅琼阁,肖文福,胡国彪,等.苏通大桥超高塔施工控制技术[J].中外公路,2008(10).

[3] 雷江洪.斜拉桥超高塔柱施工关键技术研究[D].重庆:重庆交通大学,2010.

[4] 朱伯芳.大体积混凝土温度应力与温度控制[M].北京:中国电力出版社,1999.

[5] 成文佳,强士中,夏招广.重庆李家沱长江大桥裂缝成因分析与对策[J].四川建筑,2005(6).

[6] 马春生,王萍.某大桥桥塔裂缝成因分析[J].公路,2002(8).

[7] 经柏林.荆州长江公路大桥北汊北塔下塔柱裂缝控制研究[J].华东公路.2000(6).

[8] 甘应朋.夷陵大桥斜拉桥索塔下塔柱裂缝分析与处理[J].交通科技.2004(3).

[9] 杨金,张庆丰.大桥索塔设计与施工[J].结构工程师,2005(2).

[10] 李彦兵,方德平,吴健华.虎门大桥悬索桥东塔施工技术[J].桥梁建设,1995(2).

[11] 张海华,刘宏刚,甘一鸣.基于BIM技术的桥梁可视化施工应用研究[J].公路,2016(09).

[12] 李红学,郭红领,高岩等.基于BIM的桥梁工程设计与施工优化研究[J].工程管理学报,2013(01).

[13] 杨太华,汪洋,王素芳.基于BIM技术的建筑安装工程施工阶段精细化管理[J].武汉大学学报(工学版),2013(10).

马祖桥　高级工程师

正高级工程师,同济大学在读博士,安徽省属企业第二批"538英才工程"高端人才。1993年毕业于重庆交通学院桥梁工程本科专业,1993～2000年在安徽省公路桥梁工程公司担任技术员、技术负责人、项目经理,2001～2002年在安徽省界阜蚌高速公路建设指挥部、庐铜高速公路建设指挥部担任技术质量部、工程部部长,2003～2005年在安徽省公路局担任县道科副科长,2006～2011年在六安至武汉高速公路安徽段建设办、泗洪至许昌高速公路亳州段建设办担任总工、副主任、主任,期间在浙江大学土木工程学科获得工学硕士学位,2012年任安徽省交通投资集团有限责任公司建设管理部副部长,2013年至今在安徽交控集团芜湖长江公路二桥项目办担任主任。

马祖桥主任长期从事公路工程尤其是桥梁工程施工、建设管理工作,先后主持了南照淮河公路特大桥、涡河大桥等工程施工,参与并主持六安至武汉高速公路、泗许高速公路亳州段、芜湖长江公路二桥项目建设,有着丰富的高等级公路、特大桥工程建设经验,其中参与建设的六安至武汉高速公路获得第十一届中国土木工程詹天佑奖。马祖桥主任在项目管理标准化、精细化、信息化创新及实践等方面做了大量富有成效的工作,作为主要策划者之一提出了"安徽精度"理念。

多年来,马祖桥主任参与或主持了多项科研创新工作,2003年至今依托工程实际分别参与或主持了"安徽省县乡公路路面典型结构研究""公路隧道施工安全控制新技术研究与应用""山区高墩大跨度连续钢构桥温度场与温度荷载模式研究""超大跨径柱式塔斜拉桥关键技术研究""全体外预应力节段拼装轻型薄壁箱梁研究""芜湖长江公路二桥建设安全管理技术研究"等十余项科研课题,获得中国公路学会科学技术奖一等奖1项、二等奖各2项,获得安徽省科学技术奖三等奖2项,获得"桥梁自适应装置式抗风抗震支座""具有同向回转拉锁体系的斜拉桥""一种斜拉桥叠置回转拉索"等发明专利13项。

第 10 章 混凝土斜拉桥桥塔时变温度场特性

阮欣[1],王凯[2]
1. 同济大学桥梁工程系,上海市四平路 1239 号,200092
2. 安徽省交通规划设计研究总院股份有限公司,合肥,230088

10.1 引言

桥塔是斜拉桥最为关键的构件,主要承担拉索索力的垂直分力引起的轴向力、拉索的水平分力引起的弯矩和剪力。跨径的增大使得桥塔承担的竖向力迅速增大,桥塔维持安全和稳定的尺寸要求提高;索力的增大也使得拉索锚固构造设计难度增加;特别是当桥跨布置为不对称跨径或采用空间索面形式时,桥塔截面会承担很大的不平衡弯矩或者是扭矩,应力状态复杂。在这样的条件下,桥塔设计逐渐成为斜拉桥设计的难点之一。

大体积混凝土在浇筑过程中可释放大量水化热,引起较大的温度峰值及温差,而日照作用也使得沿塔壁厚度方向温度呈非线性分布,这些都会使混凝土产生开裂风险。对混凝土桥塔温度的研究主要分为水化热研究和日照非线性温度场研究。目前,对于桥塔的水化热研究比较多,主要是因为施工阶段大体积混凝土的浇筑产生的水化热会产生相当大的应力,导致裂缝的产生。但是对使用阶段的温度场研究比较少,特别是使用阶段桥塔温度模式的研究则基本没有。

国内外的一些研究表明,不少桥梁温度荷载产生的效应和活荷载处于同一数量级。而温度效应获得的前提是确定结构的温度场。设计规范中的温度荷载取值规定大部分是针对上部结构,只有欧洲统一规范对桥塔温度荷载取值做出相关规定。本文对斜拉桥混凝土桥塔的温度场进行较为详细的研究,归纳总结桥塔温度场的分布特征以及变化规律。

10.2　桥塔温度作用

在设计过程中必须考虑温度作用。由于混凝土的导热系数较小,在外表温度急变的情况下,内部温度变化存在明显的滞后现象,导致每层混凝土所得到或扩散的热量有较大的差异,形成非线性的温度场分布状态。影响混凝土结构温度分布的外部因素主要是大气温度变化的作用,如太阳辐射、夜间降温、寒流、风、雨、雪等各种气象因素的作用。影响混凝土温度分布的内部因素,主要由混凝土的热物理性质、构件的形状决定。

混凝土桥梁结构的表面和内部各点的温度随时都在发生变化,设计中将自然环境条件变化所产生的温度荷载分为日照温度荷载、骤然降温温度荷载及年温温度荷载三种类型。这三种类型温度荷载的特点见表10.1。

各种温度荷载特点汇总　　　　　　　　表10.1

特点 温度荷载	主要影响因素	时间性	作用范围	分布状态	对结构影响	复杂性
日照温度	太阳辐射	短时急变	局部性	不均匀	局部应力大	最复杂
骤然降温	强冷空气	短时变化	整体	较均匀	应力较大	较复杂
年温变化	缓慢温变	长期缓变	整体	均匀	整体位移大	简单

目前各国规范中都有对整体温度变化的规定,相对比较一致,但是对梯度温度影响的相关规定差异较大。以下总结了主要的规范中有关混凝土构件温度梯度的取值规定。

(1)我国《公路桥涵设计通用规范》(JTG D60—2015)

计算桥梁结构由于梯度温度引起的效应时,可采用图 10.1 所示的竖向温度梯度曲线,其桥面板表面的最高温度 T_1 规定于表 10.2。对混凝土结构,当梁高 H 小于 400mm 时,图中 $A = H - 100 (\text{mm})$;梁高 H 不小于 400mm 时,$A = 300\text{mm}$。对带混凝土桥面板的钢结构,$A = 300\text{mm}$,图中 t 为混凝土桥面板的厚度(mm)。

混凝土上部结构和带混凝土桥面板的钢结构的竖向日照反温差为正温差乘以 -0.5。

竖向日照正温差计算的温度基数　　　　表 10.2

结 构 类 型	$T_1(℃)$	$T_2(℃)$
混凝土铺装	25	6.7
50mm 沥青混凝土铺装层	20	6.7
100mm 沥青混凝土铺装层	14	5.5

(2)美国 AASHTO 规范

《美国公路桥梁设计规范》将国土细分为四个区。各区的正温度梯度应取表 10.3 中对各种桥面状态的规定值。负温度梯度应为表中的规定值乘以 -0.3(混凝土面板)或 -0.2(沥青混凝土铺装)。混凝土上部结构的竖直温度梯度可按图 10.2 来取。当 $H > 400\text{mm}$ 时,$A = 300\text{mm}$;当 $H < 400\text{mm}$ 时,$A = H - 100\text{mm}$。除非为确定适当的值而进行了具体的现场调查,否则温度值 T_3 应取为 0℃,但是不得超过 3℃。

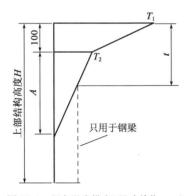

图 10.1　竖向温度梯度(尺寸单位:mm)

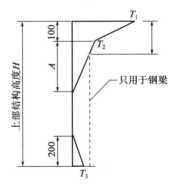

图 10.2　上部结构的竖直正温度梯度
(尺寸单位:mm)

(3) 英国 BS-5400 规范

《British Standard 5400》规定,混凝土结构铺装厚度为 100mm 时温差效应应根据表 10.4、表 10.5、图 10.3、图 10.4 所示温度沿高度分布推算。图 10.3 中,H 为梁高,$H_1 = 0.3H \leqslant 0.15\mathrm{m}$,$0.1\mathrm{m} \leqslant H_2 = 0.3H \leqslant 0.25\mathrm{m}$,$H_3 = 0.3H \leqslant 0.2\mathrm{m}$。图 10.4 中,$H_1 = H_4 = 0.2H \leqslant 0.25\mathrm{m}$,$H_2 = H_3 = 0.25H \leqslant 0.2\mathrm{m}$。

AASHTO 竖向日照正温差计算的温度基数　　　　表 10.3

区域	无铺装		铺装厚度 50mm		铺装厚度 100mm	
	T_1(℃)	T_2(℃)	T_1(℃)	T_2(℃)	T_1(℃)	T_2(℃)
1	30	7.8	24	7.8	17	5
2	25	6.7	20	6.7	14	5.5
3	23	6.0	18	6	13	6
4	21	5.0	16	5	12	6

升温模式参数(℃)　　　　表 10.4

H(m)	T_1	T_2	T_3
≤0.2	8.5	3.5	0.5
0.4	12	3	1.5
0.6	13	3	2
≥0.8	13.5	3	2.5

降温模式参数(℃)　　　　表 10.5

H(m)	T_1	T_2	T_3	T_4
≤0.2	2	0.5	0.5	1.5
0.4	4.5	1.4	1	3.5
0.6	6.5	1.8	1.5	5
0.8	7.6	1.7	1.5	6
1.0	8	1.5	1.5	6.3
≥1.5	8.4	0.5	1	6.5

(4) 欧洲 EN1991-Eurocode1:Actions on structures 规范

EN1991 – Eurocode1:Actions on structures 关于混凝土结构温度梯度的规定与英国规范相同。

此外,该规范对桥墩的温度作用也有规定:无论实心或空心桥墩,应考虑相对表面间的温度差异。若缺乏详细资料,推荐采用5℃温差。内外壁间的温度差异也要考虑,按线性变化。若缺乏详细资料,推荐采用15℃温差。

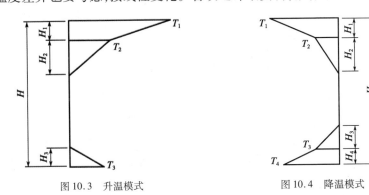

图10.3　升温模式　　　　　　图10.4　降温模式

(5) 日本道路桥梁设计规范

《道路桥式方书》中对混凝土箱梁的梯度规定如图10.5所示,翼部与腹部的温差取为5℃。

从以上各国规范中对混凝土结构的温度梯度规定可知,各国规范基本上只对主梁的温度梯度加以规定,但是对桥塔的梯度基本上未涉及。以图10.6所示箱梁结构为例,铺装为100mm沥青混凝土,绘制温度梯度曲线,如图10.7、图10.8所示。通过比较可以发现,各国规范对梯度温度的取值规定有着比较大的差异,目前尚无统一的取值规定。同时,所有规范都只对沿高度方向的梯度进行规定,对于侧向并无规定。与主梁不同,桥塔裸露在大气中,表面并没有铺装层,并且桥塔四周受太阳辐射的影响均比较显著,每个塔壁的温度场均存在非线性,横桥向和纵桥向的温度梯度均需考虑。通过以上分析可知,规范中对于上部结构的梯度规定对桥塔不适用。欧洲规范虽然也提及了桥塔的温度模式,但是塔壁的温度分布非线性特征并未考虑。此外,对地域朝向等因素也未考虑。

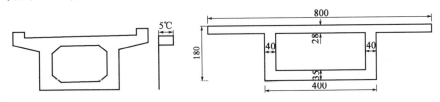

图10.5　日本《道路桥式方书》温度梯度　　　　图10.6　箱梁示意图(尺寸单位:cm)

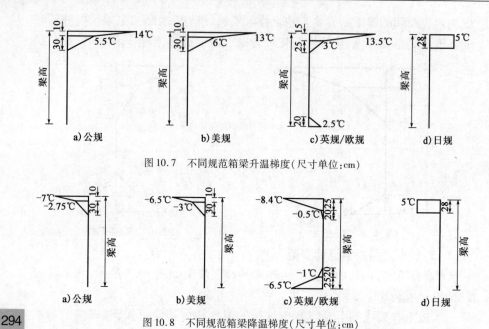

图 10.7 不同规范箱梁升温梯度(尺寸单位:cm)

图 10.8 不同规范箱梁降温梯度(尺寸单位:cm)

因此,需要对桥塔的温度模式进行专门研究,精细考虑地域朝向等因素提出一种温度模式,以适用于不同地区的桥塔以及不同朝向的桥塔。

10.3 整体截面桥塔非线性温度场分析

本章以某混凝土斜拉桥为背景工程,对夏季、冬季、寒潮三种典型天气下,整体式桥塔截面的时变温度场进行了数值模拟。重点分析了各种天气条件下,塔壁的温度峰值、内外温差、温度梯度以及塔壁之间的温度差异等可能影响温度相应的关键特性。最后,对温度场引起的温度效应进行计算。

10.3.1 背景工程

背景工程大桥为(160+440+160)m双塔双索面预应力混凝土斜拉桥,索塔采用双柱式变截面"A"形索塔,空心薄壁截面。索塔上塔柱顺桥向宽8m,横桥向宽4.5m。西侧塔下塔柱顺桥向宽度由8m渐变至塔底14m,横桥向宽度由4.5m渐变至塔底8m,塔高228.6m,塔间设上横梁、中横梁及两道下横梁。东侧塔下塔柱顺桥向宽度由8m渐变至塔底10m,横桥向宽度由

4.5m渐变至塔底6m,塔高128.3m,塔间设上横梁、中横梁。大桥总体布置及桥塔截面尺寸如图10.9~图10.11所示。

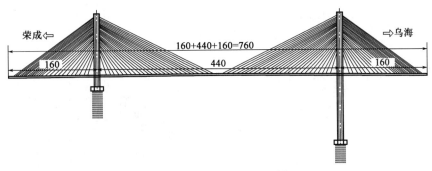

图10.9 大桥总体布置图(尺寸单位:m)

10.3.2 典型桥塔截面及计算参数

1)桥塔截面和方位特性

背景工程大桥位于内蒙古自治区呼和浩特市清河县境内,纬度为N39°48′31.47″,经度为E111°23′39.35″。大桥为"A"字形桥塔,塔柱采用C50混凝土,桥塔具体设计参数详见上一小节。这个桥塔虽然同一高度处有两个塔肢,但由于间距较大,遮挡效应不显著,仍可认为是整体截面桥塔。以下选取塔柱截面进行温度场分析,详细分析整体截面桥塔在各种温度条件下的非线性温度场特性。

桥塔截面尺寸如图10.12所示。桥塔方位如图10.13所示,桥轴线与正北方向夹角为76°,为了便于分析,将塔壁外侧八个截面依次编号为①~⑧。

温度场分析分别考虑日照辐射和寒潮两种天气,日照辐射天气分别考虑夏季和冬季两种情况,寒流天气主要考虑急剧降温的情况,一般只在冬季。

2)环境温度

对桥址的温度进行了实测,并选取典型时间作为环境温度的输入。根据实测资料7月和8月是桥址地区最热的月份,图10.14是其中一天的环境温度时程曲线,从早晨5:30起升温,环境温度为17℃,下午14:30达到最高温33.1℃,然后开始降温。桥塔内部为箱室,箱室内的温度受外界的影响比较小,按3℃的变化幅度进行拟合数据。

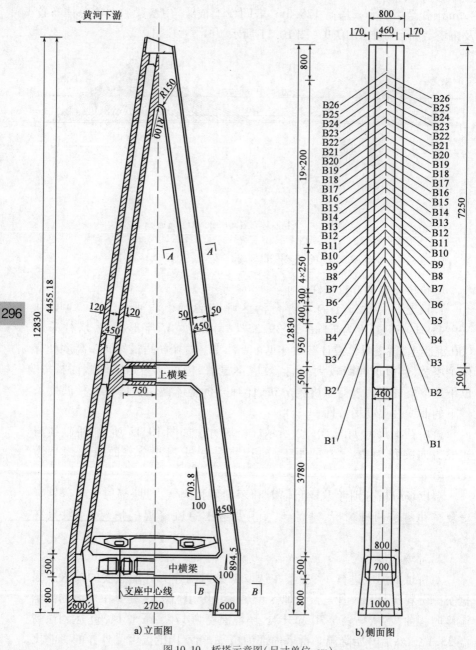

图10.10 桥塔示意图(尺寸单位:cm)

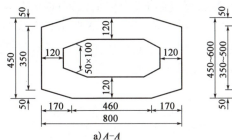
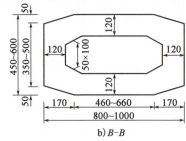

图 10.11 塔柱截面(尺寸单位:cm)

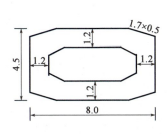
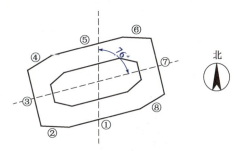

图 10.12 桥塔截面尺寸图(尺寸单位:m)　　图 10.13 桥塔截面方位图及壁面编号

冬季最冷月份为 1 月和 2 月,图 10.15 是其中一天的环境温度时程曲线,从早晨 7:30 起升温,环境温度为 -13.7℃,下午 14:30 达到最高温 6.7℃,然后开始降温。箱室内温度采用和前述同样的方法拟合。

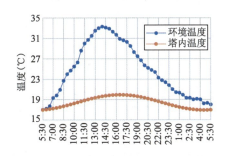
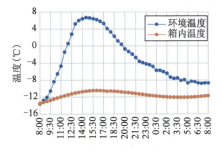

图 10.14　典型夏季日照辐射温度变化和　　图 10.15　典型冬季日照辐射温度变化和
　　　　　塔内温度　　　　　　　　　　　　　　　　塔内温度

根据 2006 年中央气象台制定的冷空气等级国家标准,寒潮的标准是某一地区冷空气过境后,气温 24h 内下降 8℃ 以上,且最低气温下降到 4℃ 以下;或48h内气温下降10℃以上,且最低气温下降到4℃以下;或72h内气温连续下降12℃以上,并且最低气温在4℃以下。图10.16所示是实测得到桥址地区某寒潮来袭时24h内的温度时程曲线:气温由前一天 -6℃ 降至第二天 -16℃,降幅达10℃。箱内温度仍按前述方法拟合。

3)环境风速

图10.17、图10.18是背景大桥附近的夏季和冬季典型的实测风速曲线,最大值分别为 4.5m/s,6.0m/s;图10.19为寒潮过程的风速实测资料,前12h内平均风速在4m/s左右,之后寒潮快结束时风速开始下降。上述实测风速均为桥面处测试值。

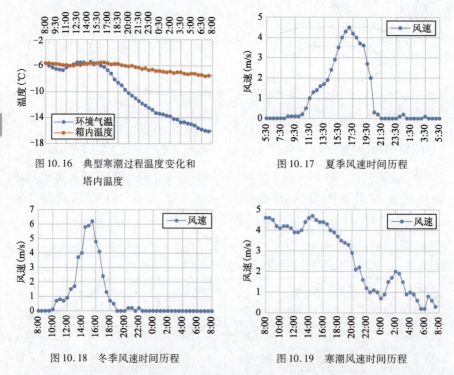

图10.16 典型寒潮过程温度变化和塔内温度

图10.17 夏季风速时间历程

图10.18 冬季风速时间历程

图10.19 寒潮风速时间历程

风有利于表面散热,因此,风速为0时的温度场是最不利的。在太阳辐射天气下,风带走塔壁表面的热量,降低温差,对截面的受力状态有利;寒潮降温天气下,风可以加速塔壁表面的降温速率,增加温差,对截面的受力状态不利。为了得到截面的最不利温度场,辐射天气下风速值宜偏小,寒潮天气下风速值宜偏大。

在后续的分析中,采用平均风速,辐射天气下全天平均风速取 1m/s;寒潮天气下取 8m/s。

4)辐射强度

夏季的白天时间较长,桥址区最早的日出时间为 5:30,日落时间为傍晚 19:30。图 10.20 为塔壁编号。图 10.21 所示为壁面①~⑧所获得的随时间变化的太阳总辐射量。

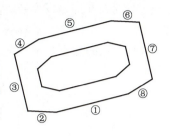

图 10.20　塔壁编号

冬季白天时间较短,日出时间为 7:30,日落时间为傍晚 17:30。图 10.22 所示为壁面①~⑧所获得的随时间变化的太阳总辐射量。

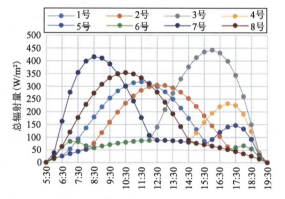

图 10.21　外塔壁获得太阳总辐射量时间历程(夏季)

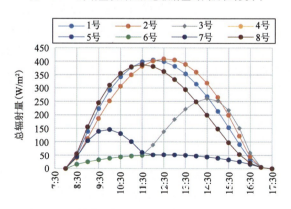

图 10.22　外塔壁获得太阳总辐射量时间历程(冬季)

寒潮天气都是发生在冬季,白天时间也在 8:00～17:30 的时间段内,寒潮天气期间壁面接受的辐射量偏小。图 10.23 所示为壁面①~⑧所获得的随时间变化的太阳总辐射量。

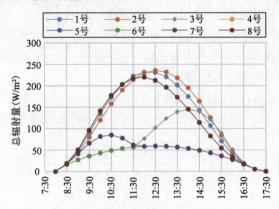

图 10.23　外塔壁获得太阳总辐射量时间历程(寒潮)

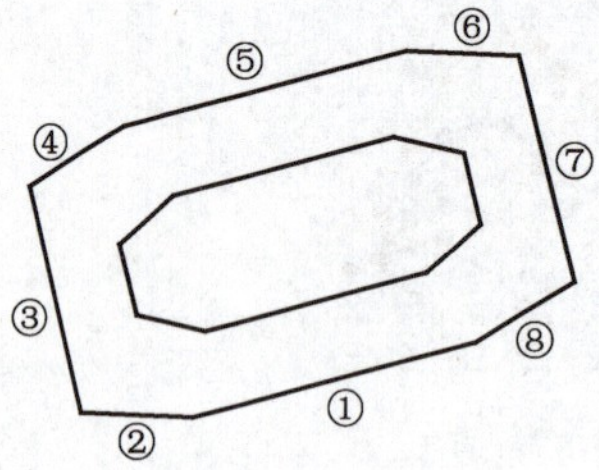

5)综合温度

图 10.24 为塔壁编号。图 10.25～图 10.30 分别为夏季、冬季和寒潮辐射条件下辐射引起的温度增量,及计算得到的对应的综合温度时间历程。

从图中可见,综合温度和环境温度有显著区别:夏季塔壁③综合温度峰值比环境温度峰值高 18℃。冬季塔壁②综合温度峰值比环境温度峰值高 17℃;寒潮天气下,塔壁②综合温度峰值比环境温度峰值高达 10℃。综合温度和环境温度的差值在不同季节、不同壁面上均有所不同,这样成为后续各个壁面在温度场分布差异的基础原因之一。

图 10.24　塔壁编号

10.3.3　夏季温度场特性分析

1)塔壁温度峰值

基于前述的时变温度场数值模拟方法和背景大桥桥址取的相关计算参数,计算得到了夏季天气下,24h 桥塔截面的时变温度场,如图 10.31 所示。将各个塔壁的温度峰值出现的时间、峰值水平、对应时刻的环境温度,以及综合温度峰值及其对于外壁峰值的滞后时间的时间综合于表 10.6 中。

第10章 混凝土斜拉桥桥塔时变温度场特性

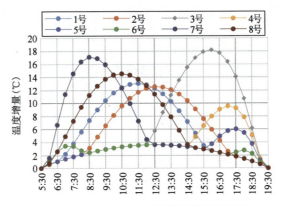

图 10.25 外塔壁对应的温度增量时间历程(夏季)

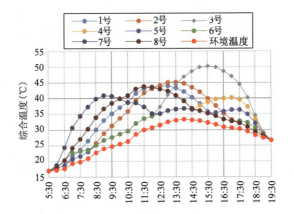

图 10.26 外塔壁对应的综合温度时间历程(夏季)

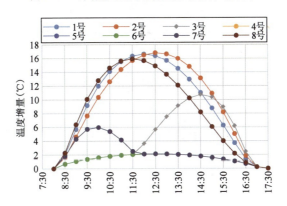

图 10.27 外塔壁对应的温度增量时间历程(冬季)

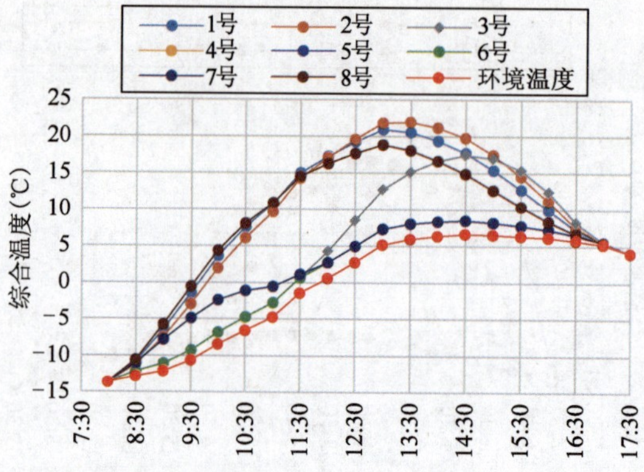

图10.28 外塔壁对应的综合温度时间历程(冬季)

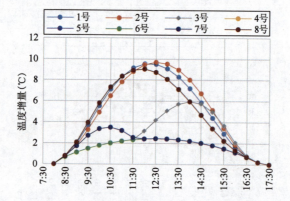

图10.29 外塔壁对应的温度增量时间历程(寒潮)

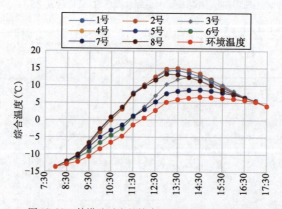

图10.30 外塔壁对应的综合温度时间历程(寒潮)

由图 10.31 及表 10.6 可见：太阳升起后，壁面受到太阳辐射作用，壁面的温度迅速升高，塔壁温度场开始发生变化；各个壁面受到的辐射量不同，因此，温度场分布逐渐出现差异；随着太阳位置的移动，之前向阳壁面逐渐变为背阳面，相邻壁面则由背阳面逐渐向阳，温度也迅速升高。

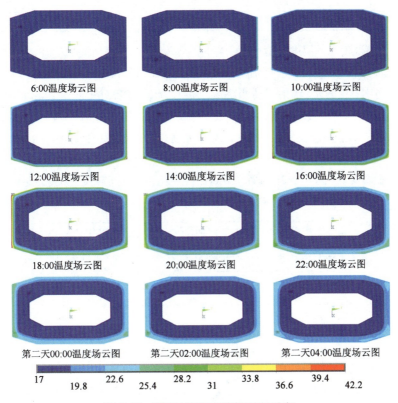

图 10.31 不同时刻截面温度场云图（夏季）

塔壁不同深度范围内的温差（℃）　　　　　表 10.6

序号	时间	温度峰值（℃）	环境温度（℃）	时间	综合温度峰值（℃）	滞后时间（h）
塔壁①	13:30	35.9	33.0℃	13:00	44.0	0.5
塔壁②	14:30	36.5	33.1℃	13:30	45.1	1.0
塔壁③	16:30	41.2	30.9℃	15:30	50.2	1.0
塔壁④	17:30	33.9	30.3℃	17:00	40.1	0.5
塔壁⑤	17:30	31.2	30.3℃	17:00	36.7	0.5

续上表

序号	时间	温度峰值（℃）	环境温度（℃）	时间	综合温度峰值（℃）	滞后时间（h）
塔壁⑥	15:00	29.7	32.9℃	14:00	36.7	1.0
塔壁⑦	10:00	33.4	25.5℃	9:00	40.9	1.0
塔壁⑧	12:30	35.7	31.5℃	11:30	43.7	1.0

塔壁外表面的温度峰值均高于当时的环境温度，但高出的数量并不相同，最高差值达到20℃左右。塔壁温度峰值一般出现在综合温度峰值出现的1h后。

值得注意的是：辐射对桥塔混凝土温度场的影响对于表层比较明显，进入一定深度后，温度变化缓慢且平缓，与辐射量的相关性并不显著。傍晚太阳落山后，温度由表层高温区域向内部传递，截面温度趋于均匀。

2）塔壁内外温差

图 10.32 ~ 图 10.39 为各个塔壁沿厚度方向不同深度的各点 24h 温度历程及桥塔内外壁之间的温差曲线。

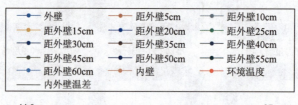

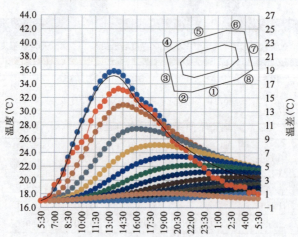

图 10.32　塔壁①不同深度各点的温度时程曲线

第 10 章 混凝土斜拉桥桥塔时变温度场特性

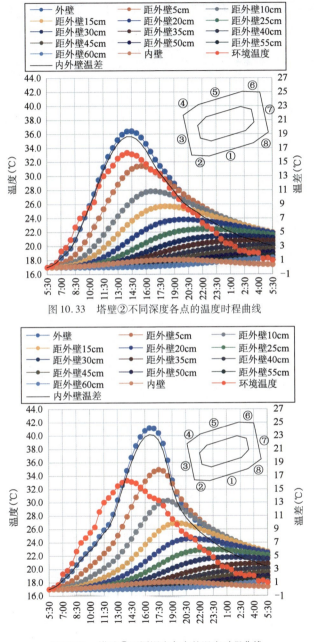

图 10.33 塔壁②不同深度各点的温度时程曲线

图 10.34 塔壁③不同深度各点的温度时程曲线

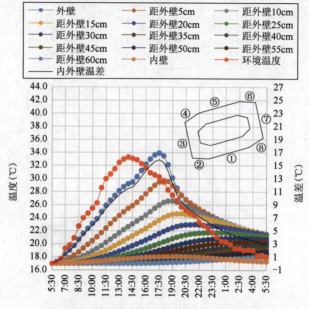

图 10.35　塔壁④不同深度各点的温度时程曲线

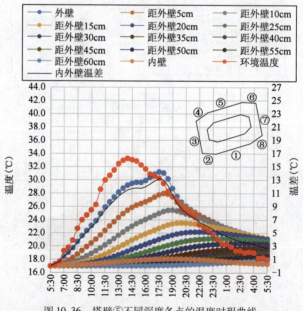

图 10.36　塔壁⑤不同深度各点的温度时程曲线

第 10 章 混凝土斜拉桥桥塔时变温度场特性

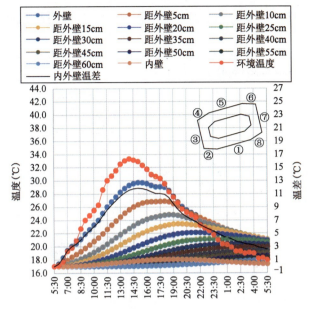

图 10.37 塔壁⑥不同深度各点的温度时程曲线

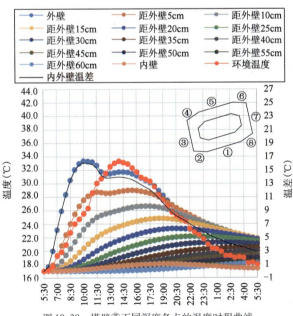

图 10.38 塔壁⑦不同深度各点的温度时程曲线

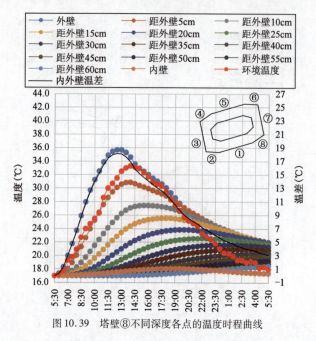

图 10.39 塔壁⑧不同深度各点的温度时程曲线

从塔壁各个深度的温度变化曲线可以看出：各个厚度的温度均随着环境温度变化逐渐变化，但随着与塔壁距离的增大，沿塔壁厚度方向，温度变化程度和趋势也逐渐变缓。这是由于混凝土导热性能较差，内部点的温度变化滞后于外部的点，温度峰值也在不断衰减，从而逐渐由塔壁内部向外部形成较大的温差。

由内外壁温差时程曲线可以看到，塔壁①在下午 13:30 达到温差峰值 18.2℃；塔壁②在下午 14:30 达到温差峰值 18.7℃；塔壁③在傍晚 16:30 达到温差峰值 23.2℃；塔壁④在傍晚 17:30 达到温差峰值 16.0℃；塔壁⑤在傍晚 17:30 达到温差峰值 13.2℃；塔壁⑥在下午 15:00 达到温差峰值 11.9℃；塔壁⑦在上午 10:00 达到温差 16.1℃；塔壁⑧在中午 12:30 达到温差峰值 18.1℃。塔壁的温差峰值出现时间不同，但与外壁的温度峰值出现时间基本一致，且曲线的走势相同；不同塔壁的温峰差值水平显著不同。

3）沿厚度方向温度梯度

为了研究温度沿厚度方向变化的规律，将以上系列图中各个深度的温度按 5cm 的距离作差值，可以得到 12 条温差曲线，选取塔壁①、③、⑤、⑦分析，如图 10.40～图 10.43 所示。

第10章 混凝土斜拉桥桥塔时变温度场特性

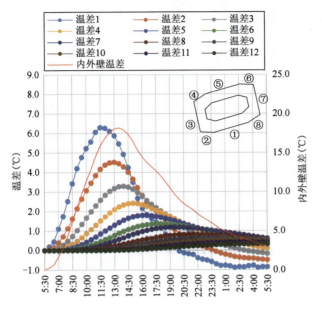

图10.40 沿塔壁①厚度方向各点温差时程曲线

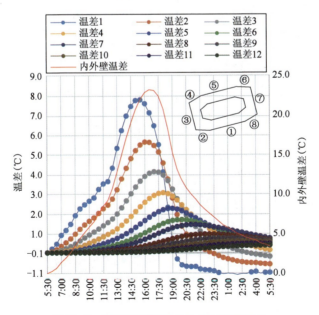

图10.41 沿塔壁③厚度方向各点温差时程曲线

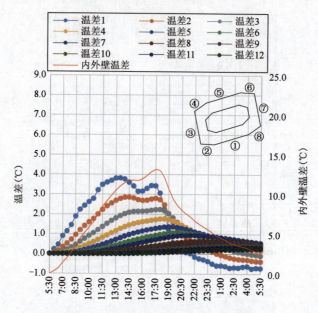

图 10.42 沿塔壁⑤厚度方向各点温差时程曲线

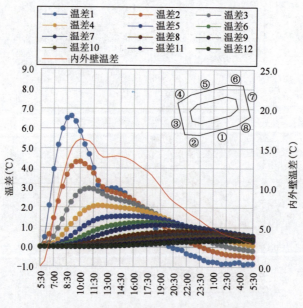

图 10.43 沿塔壁⑦厚度方向各点温差时程曲线

由图可见,0~5cm 深度内的温差峰值最高,达到峰值后下降最快,5~10cm 次之;其后曲线变化趋缓,至温差7(35cm 深度范围)后温差变化不显著;至 55~60cm 范围内温差基本恒定。太阳落山后,截面温度场区域稳定,各温差值也趋于稳定。比较各个壁面的曲线可知,各个壁面的梯度变化特性有区别,特别是在峰值和变化率方面,这和各个壁面的朝向有关。

表10.7 所示为内外壁温差达到峰值时的塔壁不同深度范围内的温差。表格的数据对前述图形得到的结论进一步验证:靠近外壁面的范围内温度变化十分显著,表中塔壁在 0~10cm 范围内的温差均占塔壁温差的50% 左右,塔壁⑦甚至达到 63.2%。外界环境对塔壁 0~20cm 范围内的温度影响比较明显,对 20~40cm 范围内的混凝土的温度影响则要迟缓一些,对 40cm 之后的混凝土温度影响则很小。随着深度的增加,混凝土的温度峰值也在不断减小,深度达到 60cm 时,则基本可以认为不受外界环境的影响。

塔壁不同深度范围内的温差(℃) 表10.7

深度(cm)		0~10	10~20	20~30	30~40	40~50	50~60	内外温差
①	温差	9.9	5.5	2.3	0.8	0.2	0.1	18.2
	比例	54.4%	30.2%	12.7%	4.6%	1.2%	0.3%	—
③	温差	12.7	6.8	2.9	1.2	0.4	0.1	23.2
	比例	54.7%	29.2%	12.7%	5.1%	1.6%	0.5%	—
⑤	温差	6.2	4.0	2.2	1.1	0.4	0.2	13.2
	比例	47.2%	30.0%	16.8%	8.5%	3.2%	1.2%	—
⑦	温差	10.2	4.4	1.4	0.3	0.1	0.0	16.1
	比例	63.2%	27.6%	8.4%	2.1%	0.4%	0.1%	—

4)对立塔壁温差

选取塔壁⑦、③和塔壁①、⑤两组对立的塔壁面进行塔壁温差的分析(图10.44)。

塔壁⑦、③为顺桥向的壁面。早晨太阳刚升起时塔壁⑦首先受到阳光的照射作用迅速升温,塔壁③则为背阳面,温差在 9:30 达到峰值10.6℃。随着太阳位置的移动,塔壁⑦由向阳面变为背阳面,塔壁③由背阳面变为向阳面,温差由正温差变为负温差,并在 17:00 达到极值 -10.6℃。

塔壁①、⑤为横桥桥向的壁面。壁面①首先受到阳光的照射作用为向阳面,温度升高快于壁面⑤,在 12:30 温差达到峰值 7.7℃。随着太阳位置的移动,塔壁①由向阳面变为背阳面,塔壁⑤由背阳面变为向阳面,温差也逐渐减小。太阳落山以后温差逐渐减小,塔壁间的温度趋于均匀。

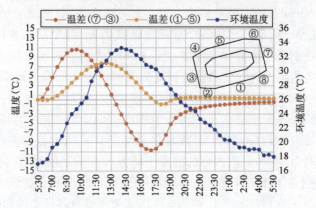

图 10.44　不同壁面之间温差时程曲线(夏季)

表 10.8 所示为对立塔壁之间温差达到极值点时的各塔壁外壁面温度。由表可知,当一组对立塔壁之间的温差达到极值时,另一组的温差值可能会比较小。

温差极值点时刻外壁面温度(℃)　　　　　　　　表 10.8

时间	塔壁①	塔壁③	塔壁⑤	塔壁⑦	温差(⑦-③)	温差(①-⑤)
9:30	27.0	22.3	22.3	33.0	10.7	4.7
12:30	35.1	28.2	27.4	31.4	3.2	7.7
17:00	31.2	41.1	30.9	30.5	-10.6	0.3

上述图表说明:对立塔壁之间具有显著的温差,温差值随时间有显著变化,温差极值可达 10℃;朝向对塔壁温差有显著影响,在本桥中顺桥向温差显著大于横桥向温差,且顺桥向和横桥向塔壁温差呈现了显著的峰、谷特性,不会同时出现。

10.3.4　冬季温度场特性分析

1) 塔壁温度峰值

基于前述的时变温度场数值模拟方法和背景大桥桥址取的相关计算参数,计算得到了冬季天气下,24h 桥塔截面的时变温度场,如图 10.45 所示。并将各个塔壁的温度峰值出现的时间、峰值水平、对应时刻的环境温度,以及综合温度峰值及其对于外壁峰值的滞后时间的时间综合列于表 10.9 中。

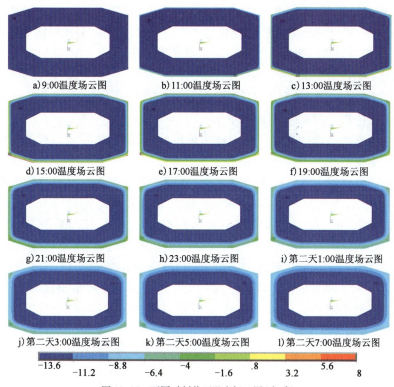

图 10.45 不同时刻截面温度场云图(冬季)

各塔壁不同时间的温度及时间参数 表 10.9

序号	时间	温度峰值(℃)	环境温度(℃)	时间	综合温度峰值(℃)	滞后时间(h)
塔壁①	14:00	9.2℃	6.5℃	13:00	20.9	1.0
塔壁②	14:30	10.1℃	6.7℃	13:30	22.0	1.0
塔壁③	15:30	5.7℃	6.5℃	14:30	17.3	1.0
塔壁④	16:00	-0.6℃	6.2℃	14:30	8.5	1.5
塔壁⑤	16:00	-0.6℃	6.2℃	14:30	8.5	1.5
塔壁⑥	16:00	-0.6℃	6.2℃	14:30	8.5	1.5
塔壁⑦	16:00	-0.2℃	6.2℃	14:30	8.5	1.5
塔壁⑧	13:30	7.5℃	6.0℃	13:00	18.9	0.5

由图及表可见：塔壁温度、温峰时间等基本规律和前述夏季条件下基本相同，壁面温度和环境温度、综合温度等有显著相关性；但是温峰值有了显著降低，壁面温峰和当时环境温度的差值在7℃以内。塔壁④、⑤、⑥、⑦的温度峰值低于相应时刻的环境温度，这是因为冬季白天时间较短，日出时间晚日落时间早，阳光照射的塔壁范围比夏季小，塔壁④、⑤、⑥、⑦一直在背阳面。

2）塔壁内外温差

图10.46～图10.53为各个塔壁沿厚度方向不同深度的各点24h温度历程及桥塔内外壁之间的温差曲线。

从塔壁各个深度的温度变化曲线可以看出，沿塔壁厚度温度变化的规律和夏季基本相同，但内外壁温差显著降低。

由内外壁温差时程曲线可以看到，塔壁①在下午14:30达到温差峰值21.9℃；塔壁②在下午14:30达到温差峰值22.8℃；塔壁③在下午15:30达到温差峰值18.2℃；塔壁④在下午16:00达到温差峰值12.0℃；塔壁⑤在下午16:00达到温差峰值12.0℃；塔壁⑥在下午16:00达到温差峰值12.0℃；塔壁⑦在下午16:00达到温差峰值12.3℃，塔壁⑧在下午13:30达到温差峰值20.4℃。塔壁的温差峰值出现时间与外壁的温度峰值出现时间一致，并且曲线的走势相同。和夏季相比，峰值显著降低，这与冬季气温较低有关，但夏季和冬季温度模式类似。

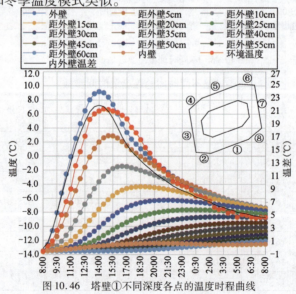

图10.46 塔壁①不同深度各点的温度时程曲线

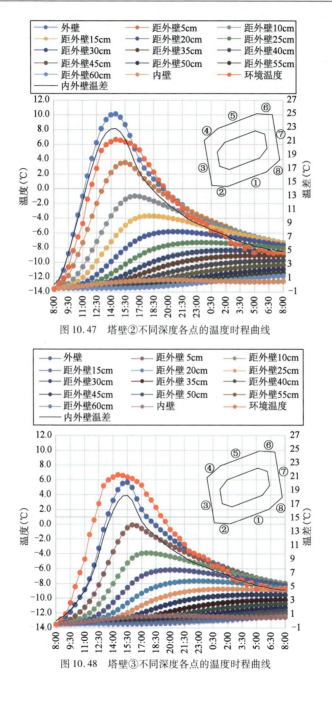

图 10.47 塔壁②不同深度各点的温度时程曲线

图 10.48 塔壁③不同深度各点的温度时程曲线

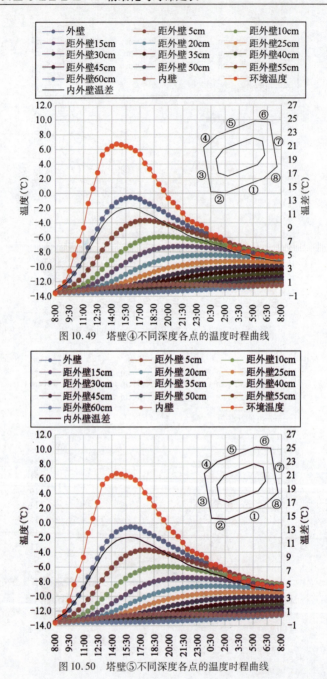

图 10.49 塔壁④不同深度各点的温度时程曲线

图 10.50 塔壁⑤不同深度各点的温度时程曲线

第 10 章 混凝土斜拉桥桥塔时变温度场特性

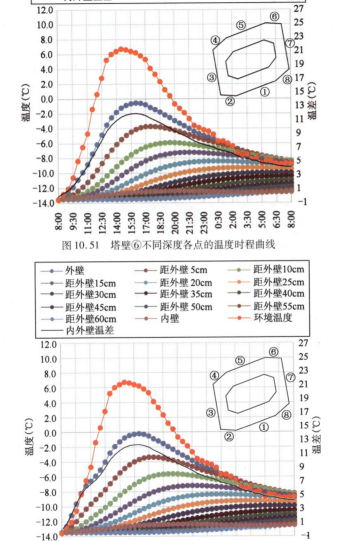

图 10.51 塔壁⑥不同深度各点的温度时程曲线

图 10.52 塔壁⑦不同深度各点的温度时程曲线

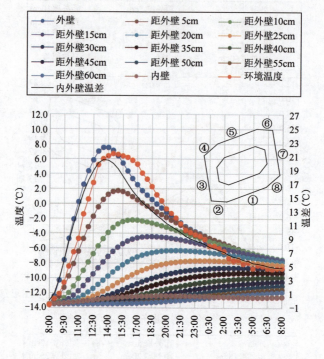

图 10.53 塔壁⑧不同深度各点的温度时程曲线

3)沿厚度方向温度梯度

为了研究温度沿厚度方向变化的规律,与夏季温度分析中类似,分析塔壁①、③、⑤、⑦沿厚度方向的 12 条变化曲线,如图 10.54 ~ 图 10.57 所示。曲线变化规律同前一致,不再赘述。

表 10.10 所示为内外壁温差达到峰值时的塔壁不同深度范围内的温差。表格的数据对前述图形得到的结论进一步验证:靠近外壁面的范围内温度变化比较显著,表中塔壁在 0 ~ 10cm 范围内的温差均占塔壁温差的 50% 左右;至 30cm 处为 95% 以上。外界环境对塔壁 0 ~ 20cm 范围内的温度影响比较明显,对 20 ~ 40cm 范围内的混凝土的温度影响则要迟缓一些,对 40cm 之后的混凝土温度影响则很小。随着深度的增加,混凝土的温度峰值也在不断减小,深度达到 60cm 时,则基本可以认为不受外界环境的影响。

第 10 章 混凝土斜拉桥桥塔时变温度场特性

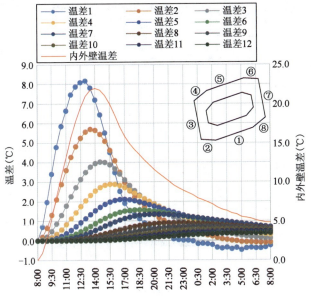

图 10.54 沿塔壁①厚度方向各点温差时程曲线

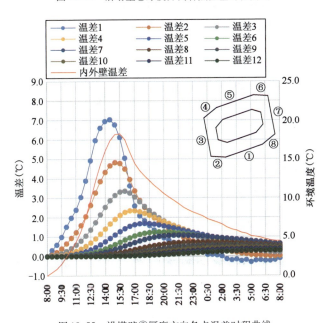

图 10.55 沿塔壁③厚度方向各点温差时程曲线

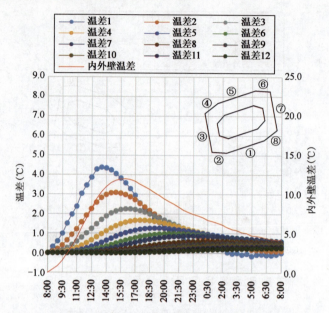

图 10.56　沿塔壁⑤厚度方向各点温差时程曲线

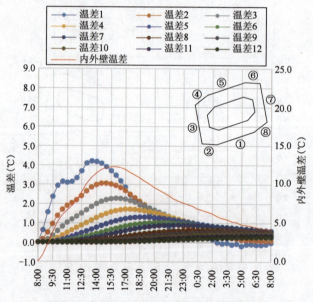

图 10.57　沿塔壁⑦厚度方向各点温差时程曲线

塔壁不同深度范围内的温差(℃)　　　　表 10.10

深度(cm)		0~10	10~20	20~30	30~40	40~50	50~60	内外温差
①	温差	12.8	6.5	2.4	0.8	0.2	0.0	21.9
	比例	58.6%	29.6%	11.0%	3.4%	0.8%	0.2%	—
③	温差	10.9	5.4	2.0	0.6	0.2	0.0	18.2
	比例	59.9%	29.7%	11.0%	3.5%	0.9%	0.2%	—
⑤	温差	6.6	3.8	1.7	0.6	0.2	0.0	12.0
	比例	54.7%	31.9%	14.0%	5.2%	1.4%	0.4%	—
⑦	温差	6.4	3.9	1.9	0.8	0.2	0.1	12.3
	比例	52.1%	31.9%	15.1%	6.2%	1.9%	0.6%	—

4) 对立塔壁温差

选取对立的塔壁⑦、③和塔壁①、⑤分析不同塔壁外表面的温差时程曲线(图10.58)。塔壁⑦、③为顺桥向的壁面。早晨太阳刚升起时塔壁⑦首先受到阳光的照射作用升温,塔壁③则为背阳面,但是塔壁⑦受太阳的照射时间比较短,温差在10:00达到峰值2.7℃。随着太阳位置的移动,塔壁⑦由向阳面变为背阳面,塔壁③由背阳面变为向阳面,温差由正温差变为负温差,并在15:00达到极值-6.0℃。

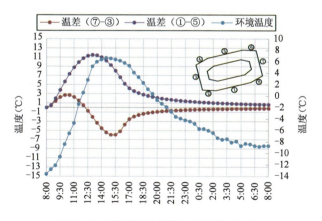

图 10.58　不同壁面之间温差时程曲线(冬季)

塔壁①、⑤为横桥桥向的壁面。壁面①首先受到阳光的照射作用为向阳面,温度升高快于壁面⑤,在13:00温差达到峰值11.5℃。随着太阳位置的移动,塔壁①由向阳面变为背阳面,塔壁⑤由背阳面变为向阳面,温差也逐渐减小。太阳落山以后温差逐渐减小,塔壁间的温度趋于均匀。

表 10.11 所示为对立塔壁之间温差达到极值点时的各塔壁外壁面温度。由表可见,当一组对立塔壁之间的温差达到极值时,另一组的温差值可能会比较小。塔壁①、⑤的温差极值相对于夏季有明显增加,这是由于太阳相对于桥塔的位置在冬夏两季有一定的差异,导致塔壁接收的辐射能不同。

温差极值点时刻外壁面温度(℃)　　　　　表 10.11

时间	塔壁①	塔壁③	塔壁⑤	塔壁⑦	温差(⑦-③)	温差(①-⑤)
10:00	-5.2	-10.9	-10.9	-8.2	2.7	5.7
13:00	8.0	-0.8	-3.5	-2.8	-2.0	11.5
15:00	8.4	5.5	-0.9	-0.5	-6.0	9.3

上述图表说明:对立塔壁之间具有显著的温差,温差值随时间有显著变化,温差极值可达10℃;朝向对塔壁温差有显著影响,顺桥向和横桥向塔壁温差呈现了显著的峰、谷特性,不会同时出现。

10.3.5 寒潮温度场特性分析

1)塔壁温度峰值

图 10.59 所示是寒潮作用过程中不同时刻的塔壁截面温度场分布云图。相对于辐射天气,温度升高的幅度比较小。太阳落山后,所有壁面的温度均迅速降低,并且不断向内部扩散。到寒潮结束时,所有壁面的温度值达到最低值。

寒潮过程中,太阳辐射对温度场的影响比较小,塔壁基本处于散热状态;壁面④、⑤、⑥、⑦在白天时间内温度基本没有升高;壁面⑧、①、②、③在白天时间相对于环境温度温度升高最多仅4℃左右;晚上所有壁面的温度都随环境的降低而大幅降低,至第二天早晨8:00,所有塔壁外壁面温度都降为-14.3℃。

2)塔壁内外温差

图 10.60~图 10.67 为每个塔壁沿厚度方向不同深度的各点 24h 温度历程曲线。沿塔壁厚度方向,由于混凝土导热性能较差,内部点的温度变化滞后于外部的点,温度峰值也在不断衰减,从而导致塔壁内外形成较大的温差。

由内外壁温差时程曲线可以看到,由于辐射作用,白天呈正温差,①、②、③、⑧正温差在白天有小幅度的升高,④、⑤、⑥、⑦则基本恒定。但是太阳落山后塔壁温差由正转负,并在夜间负温差不断增大,到寒潮结束时所有塔壁的负温差达到最大,均为 $-8℃$,这也说明了寒潮天气下,太阳辐射对桥塔温度场的影响很小;同时温度模式和辐射条件有显著区别。

3)沿厚度方向温度梯度

为了研究温度沿厚度方向变化的规律,与夏季温度分析中类似,分析塔壁①、③、⑤、⑦沿厚度方向的 12 条变化曲线,如图 10.68 ~ 图 10.71 所示。表所示为内外壁温差达到峰值时的塔壁不同深度范围内的温差。由表 10.12 可见,靠近外壁面的范围内温度变化十分显著,表中塔壁在 0 ~ 10cm 范围内的温差均占塔壁温差的 40% 左右,20 ~ 30cm 范围内的温差均占塔壁温差的 30% 左右,至 40cm 处达到约 95%,影响深度和夏季类似。

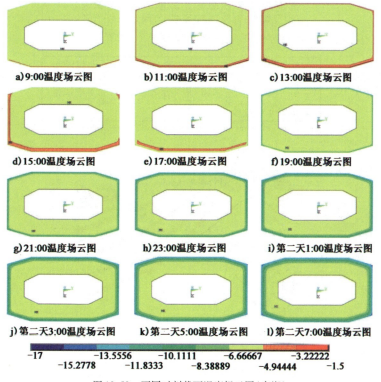

图 10.59　不同时刻截面温度场云图(寒潮)

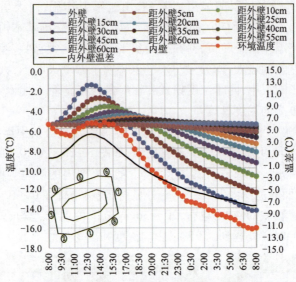

图 10.60　塔壁①不同深度各点的温度时程曲线

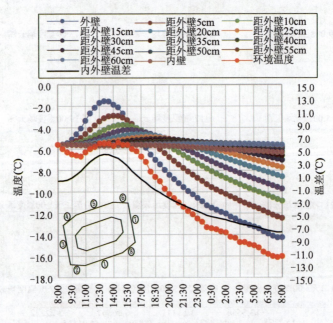

图 10.61　塔壁②不同深度各点的温度时程曲线

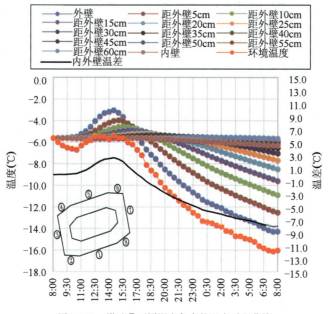

图 10.62 塔壁③不同深度各点的温度时程曲线

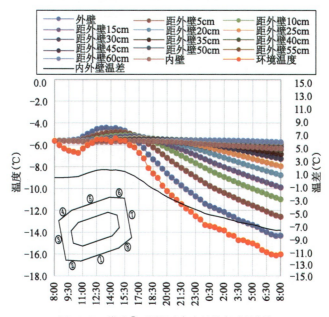

图 10.63 塔壁④不同深度各点的温度时程曲线

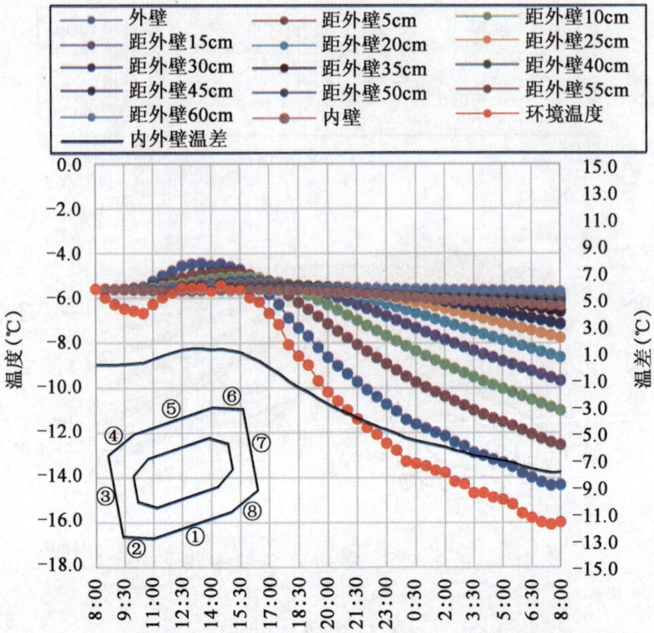

图 10.64 塔壁⑤不同深度各点的温度时程曲线

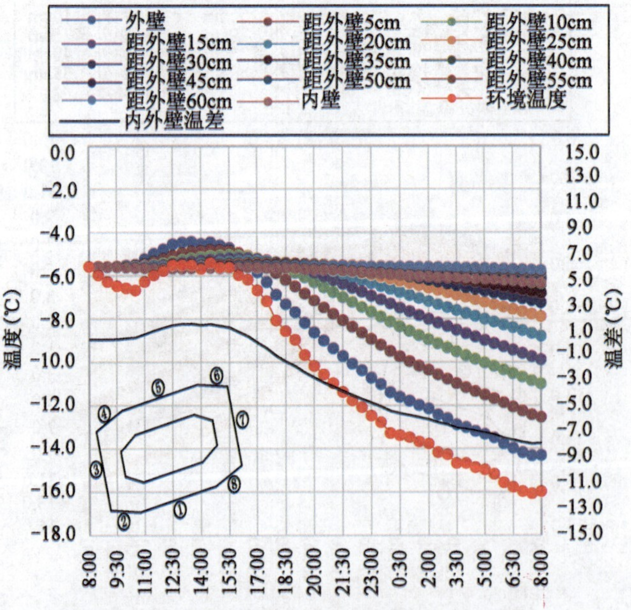

图 10.65 塔壁⑥不同深度各点的温度时程曲线

第 10 章　混凝土斜拉桥桥塔时变温度场特性

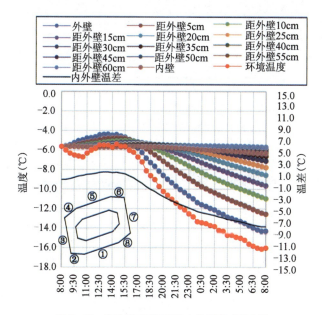

图 10.66　塔壁⑦不同深度各点的温度时程曲线

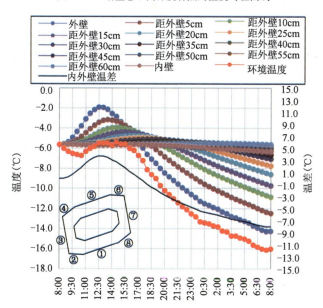

图 10.67　塔壁⑧不同深度各点的温度时程曲线

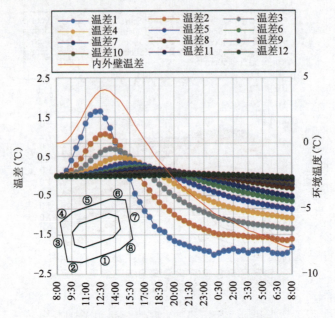

图 10.68　沿塔壁①厚度方向各点温差时程曲线

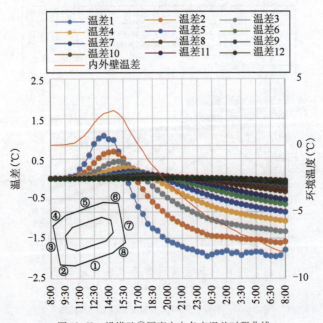

图 10.69　沿塔壁③厚度方向各点温差时程曲线

第10章 混凝土斜拉桥桥塔时变温度场特性

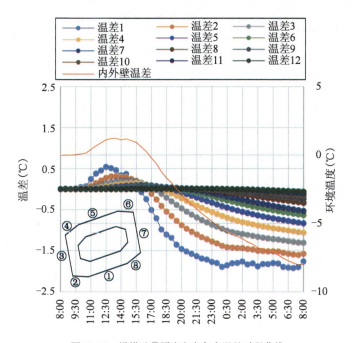

图 10.70 沿塔壁⑤厚度方向各点温差时程曲线

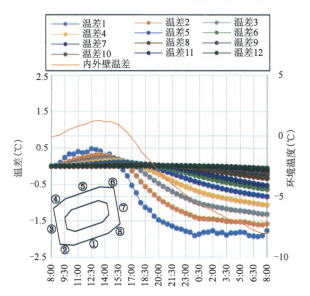

图 10.71 沿塔壁⑦厚度方向各点温差时程曲线

塔壁不同深度范围内的温差(℃) 表 10.12

深度(cm)		0~10	10~20	20~30	30~40	40~50	50~60	内外温差
①	温差	-3.4	-2.4	-1.5	-0.8	-0.3	-0.1	-8
	比例	42.9%	30.3%	18.5%	10.5%	4.4%	1.6%	—
③	温差	-3.4	-2.4	-1.5	-0.9	-0.4	-0.2	-8
	比例	42.1%	29.9%	18.4%	10.7%	4.7%	1.9%	—
⑤	温差	-3.3	-2.4	-1.5	-0.9	-0.4	-0.2	-8
	比例	41.7%	29.6%	18.4%	10.8%	4.9%	2.1%	—
⑦	温差	-3.3	-2.4	-1.5	-0.9	-0.4	-0.2	-8
	比例	41.8%	29.7%	18.4%	10.8%	4.9%	2.1%	—

4)对立塔壁温差

选取对立的塔壁⑦、③和塔壁①、⑤分析不同塔壁外表面的温差时程曲线(图 10.72)。塔壁⑦、③为顺桥向的壁面,塔壁⑦、③的温差在 13:30 达到峰值 2.8℃;塔壁①、⑤为横桥桥向的壁面,壁面之间的温差很小,温差最大绝对值仅 1℃。可见,不仅是壁面①、⑤还是⑦、③,温差均不明显。寒潮天气下,各壁面的温度场十分相近。

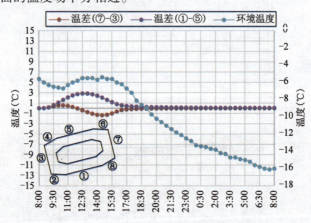

图 10.72　不同壁面之间温差时程曲线(寒潮)

10.3.6　桥塔温度自应力分析

利用有限元分析中的耦合分析方法,可将瞬态分析得到的温度场作为应力场分析的边界条件,进行温度响应计算。应力分析跟踪每个时间段,温度以各时间段内某个特定时刻的温度来近似代替,这样可逐步求解各时间段内的应力场。以下分别对夏季、冬季和寒潮期间的桥塔自应力进行分析。

1) 夏季日照辐射天气温度效应

图 10.73 所示是不同时刻的主拉应力云图,在早晨 6:00 应力分布比较均匀,最大主拉应力仅 0.08MPa。

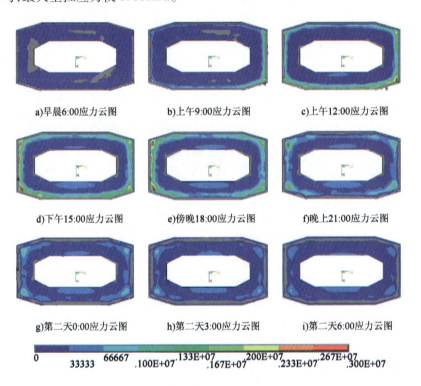

图 10.73 不同时刻主拉应力云图(夏季)

在 9:30 ~ 11:00 时间段,塔壁⑦出现较大的主拉应力,分布在距离外壁面 20 ~ 40cm 的带状区域,应力范围在 1.0 ~ 2.0MPa,此时塔壁 0 ~ 60cm 范围内的温差达到最大,为 16.5℃。在 12:00 ~ 13:30 时间段,塔壁⑧出现较大的主拉应力,分布在距离外壁面 20 ~ 40cm 的带状区域,应力范围在 1.0 ~ 2.5MPa,此时塔壁 0 ~ 60cm 范围内的温差达到最大,为 18.5℃。同时,塔壁

⑦与塔壁⑧相交的角点处出现 2.9MPa 的应力集中。

在 13:00～14:30 时间段，塔壁①、②出现较大的主拉应力，分布在距离外壁面 20～40cm 的带状区域，塔壁①应力范围在 1.0～2.0MPa，塔壁②应力范围在 1.0～2.5MPa，此时塔壁 0～60cm 范围内的温差达到最大，为 18.5～19.5℃。

在 14:30～16:00 时间段，塔壁⑥出现较大的主拉应力，分布在距离外壁面 20～40cm 的带状区域，应力范围在 0.5～1.0MPa，此时塔壁 0～60cm 范围内的温差达到最大，为 12.5℃。在 16:00～17:30 时间段，塔壁③出现较大的主拉应力，分布在距离外壁面 20～40cm 的带状区域，应力范围在 1.5～3.0MPa，此时塔壁 0～60cm 范围内的温差达到最大，为 24℃。同时，塔壁②与塔壁③相交的角点处出现 3.7MPa 的应力集中，塔壁③与塔壁④相交的角点处出现 3.2MPa 的应力集中。

在 17:00～18:00 时间段，塔壁④、⑤出现较大的主拉应力，分布在距离外壁面 20～40cm 的带状区域，应力范围在 0.5～1.5MPa，此时塔壁 0～60cm 范围内的温差达到最大，塔壁④为 16.5℃，塔壁⑤为 13.5℃。夜晚，截面温度分布逐渐趋于均匀，主拉应力也逐渐降低。

从上述分析可见，拉应力的峰值易出现于截面相交位置，出现的时间与塔壁温差峰值相吻合；不同塔壁由于温差不同，其温度自应力的水平也有所不同。

2）冬季日照辐射天气温度效应

图 10.74 所示是不同时刻的主拉应力云图，在早晨 8:00 应力分布比较均匀，最大主拉应力仅 0.04MPa。

在 13:00～14:30 时间段，塔壁①、⑧出现较大的主拉应力，分布在距离外壁面 20～40cm 的带状区域，应力范围在 1.0～2.5MPa，此时塔壁 0～60cm 范围内的温差达到最大，塔壁①为 22.5℃，塔壁⑧为 21℃。

在 14:00～16:00 时间段，塔壁②、③出现较大的主拉应力，分布在距离外壁面 20～40cm 的带状区域，应力范围在 1.0～3.0MPa，此时塔壁 0～60cm 范围内的温差达到最大，塔壁②为 22.5℃，塔壁②为 23℃，塔壁③为 19℃。同时塔壁②与塔壁③相交的角点处出现 3.3MPa 的应力集中。

在 15:30～17:00 的时间段，塔壁④、⑤、⑥、⑦出现较大的主拉应力，分布在距离外壁面 20～40cm 的带状区域，应力范围在 0.5～1.5MPa，此时塔壁0~60cm范围内的温差达到最大,为12.5℃。

夜晚,截面温度分布逐渐趋于均匀,主拉应力也逐渐降低。

从上述分析可见,应力出现的位置、时间等规律与夏季相似,但应力水平有所降低。

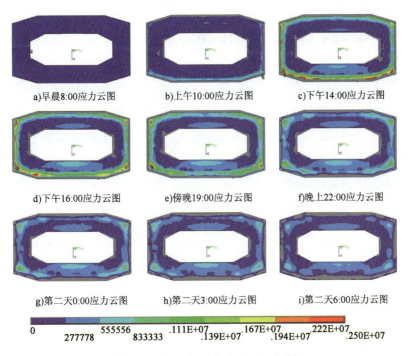

图10.74 不同时刻主拉应力云图(冬季)

3)寒潮天气温度效应

图10.75所示是不同时刻的主拉应力云图,在早晨8:00应力分布比较均匀,最大主拉应力仅0.04MPa。白天时间段,主拉应力值比较小,最大值出现在塔壁⑦与塔壁①相交的角点处,塔壁①与塔壁②相交的角点处以及塔壁②与塔壁③相交的角点处,且为应力集中,约为0.6MPa。太阳落山后,塔壁表层温度随环境气温大幅下降,温差不断增加,至第二天早晨8:00寒潮结束,所有塔壁0~60cm范围内的温差约为8.7℃,最大主拉应力约为3.6MPa,分布塔壁外壁面表层。

与辐射天气不同,寒潮期间由于外界环境温度不断降低,桥塔的温度梯度随外界环境不断增加,受力状态在寒潮最后达到最不利。

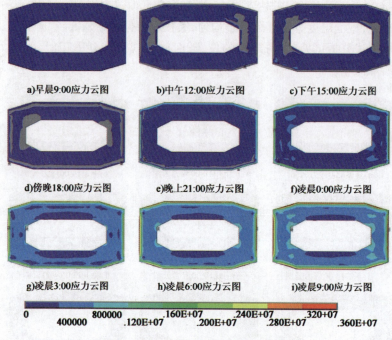

图 10.75 不同时刻主拉应力云图(寒潮)

10.4 桥塔非线性温度场影响因素的参数分析

在前述对两座桥塔的温度场的分布特性及时变规律详细分析的基础上,本章结合数值分析中需要考虑的计算参数,进行这些参数的影响程度分析。通过这些参数的变化,可以进一步考虑分布于不同地区的斜拉桥桥塔的温度场的特性,研究这些因素对温度场的影响程度,以便总结桥塔非线性温度模式,将研究成果推广至更多斜拉桥。

10.4.1 基本分析条件

桥塔温度场的热分析,除了要考虑构件内部的热传导,还要考虑与周围环境间的热对流以及来自太阳的热辐射。影响热对流的主要因素是环境温度以及风速。环境温度比桥塔高,则热量由空气向桥塔传递,环境温度比桥塔低,则热量由桥塔向周围环境传递,而风速越大,对流速度则越快。对于热辐射,桥塔接收的太阳辐射能越多,则升温越快。影响辐射最直接的因素为辐射强度,辐射越强,则桥塔接收的辐射能越多。同时,桥塔朝向的不同则会使阳光照射同一塔壁的角度不同,塔壁之间的辐射能分配也会不同。此外,还要考虑桥塔的地理位置,经度不同只影响日出和日落时间,因此对桥塔温度场不影响;纬度不同则会影响阳光的照射角度,对塔壁接收的辐射能产生影响。因此,本章选取纬度、桥塔朝向方位、太阳辐射强度、风速以及环境气温作为温度场的影响因素进行分析。

时变温度场分析参数为各塔壁的温度峰值、距外壁10cm范围内温差、内外壁温差以及顺桥向两个塔壁外壁面的温差。其中,塔壁温度峰值的大小可反映塔壁接收的太阳辐射能量值大小。塔壁内外温差可反映塔壁内外的温度差异,但是通过前面章节的分析可知,温度沿塔壁厚度方向并不是均匀变化的,距外壁10cm范围内温度变化最显著。而顺桥向塔壁的温度差异则会引起结构的次内力。

选取一五边形桥塔截面,五边形桥塔为典型的多边形塔形,各塔壁的尺寸也不相同,可以使分析结果更具代表性。图10.76a)所示为桥塔方位和尺寸图,桥轴线为东西走向。顺桥向两个塔壁厚度为1.4m,横桥向0.8m。

图10.76b)所示为分析塔壁温度场时的路径示意图,后续将选取路径上点的温度进行分析。将壁面①~⑤对应的分析路径分别定义为 A-B、C-D、E-F、G-H、I-J,其中 A、C、E、G、I 是各塔壁外表面的中点,B、D、F、H、J 是各塔壁内表面的中点。

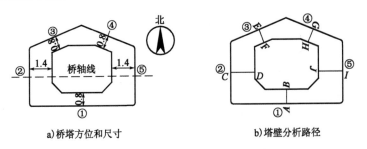

a) 桥塔方位和尺寸   b) 塔壁分析路径

图10.76　五边形截面示意图

分析中主要的计算参数取值如下:环境温度近似认为按正弦规律变化。箱室内的温度同样可按正弦公式进行拟合,幅动范围为3℃。拟合得到环境气温和箱室内温度变化如图10.77所示,环境气温最高温度出现在下午15:00,为40℃,最低气温出现在凌晨3:00,为25℃。风速取为平均风速,为1m/s。大气透明度考虑我国平均的水平,按0.7取值。

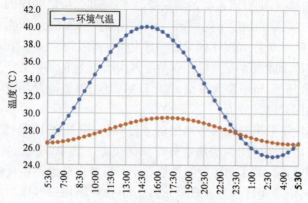

图 10.77　环境温度及箱室温度

后续分析中将分别改变桥塔所在纬度、桥塔朝向、太阳辐射强度、风速、环境气温，研究这些因素对塔壁温度极值、沿塔壁厚度温度变化以及塔壁内外温差、顺桥向塔壁外表面温差（塔壁②和⑤是顺桥向塔壁）的影响程度，为后面温度模式的确定提供依据。

10.4.2　桥塔朝向的影响

塔壁的朝向不同，在一天中接收的太阳辐射能会有明显的差异，因此，有必要研究桥塔朝向对温度场的影响。在本节分析中，塔壁朝南时，方位角为 0°。由朝南渐变为朝东，再由朝东渐变为朝北时，塔壁方位角由 0°渐变为 180°；由朝南渐变为朝西，再由朝西渐变为朝北时，塔壁方位角由 0°渐变为 -180°。本节选取了四种桥塔方位，方位一桥塔轴线为东西走向，方位二在方位一基础上顺时针旋转 22°，方位三在方位二的基础上旋转 46°，方位四在方位三的基础上旋转 22°，如图 10.78 所示。塔壁⑤在方位一与塔壁④在方位三的方位角都是 90°；塔壁①在方位一与塔壁⑤在方位四的方位角都是 0°；塔壁②在方位一与塔壁①在方位四的方位角都是 -90°；塔壁③在方位二与塔壁②在方位四的方位角都是 -180°。

由图 10.76a）桥塔尺寸图可知，塔壁②、⑤比塔壁①、③、④厚 60cm，并且塔壁①与塔壁③、④的宽度也不同。为方便比较，沿分析路径选取塔壁外表面点、距离外表面点 10cm、距离外表面点 60cm、内壁点的温度进行分析。分析方位选取 90°、0°、-90°、-180°，如图 10.79～图 10.82 所示，各方位对应的塔壁见图 10.78。

第 10 章 混凝土斜拉桥桥塔时变温度场特性

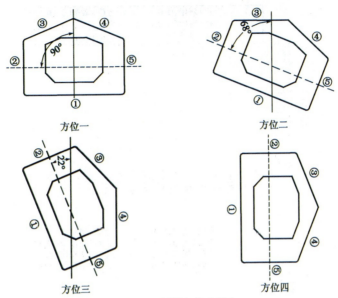

图 10.78 桥塔方位示意图

以图 10.79 说明图例所表达的意义,"方位 1 塔壁⑤-0"表示图 10.78 中桥塔朝向为方位一时,塔壁⑤外表面点的温度时程。从图 10.79~图 10.82 可以看出,不同塔壁在朝向相同的情况下,沿塔壁厚度方向相同深度点的温度时程曲线几乎是重合的;当深度达到 60cm 时,温度时程曲线与内壁点的温度时程曲线几乎重合,外界环境影响的深度范围最多在 60cm。因此,影响塔壁温度场的主要因素是朝向,尺寸因素可以忽略不计。

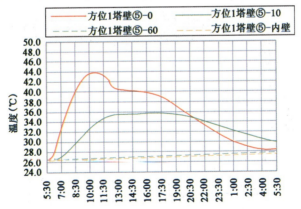

图 10.79 塔壁方位角为 90°(朝东)时温度时程曲线

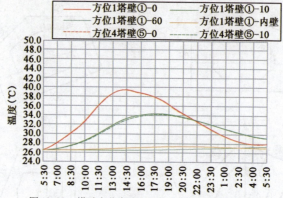

图 10.80 塔壁方位角为 0°(朝南)时温度时程曲线

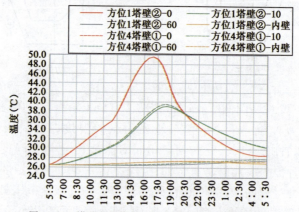

图 10.81 塔壁方位角为 -90°(朝西)时温度时程曲线

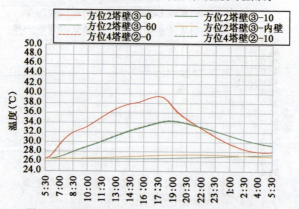

图 10.82 塔壁方位角为 -180°(朝北)时温度时程曲线

第 10 章 混凝土斜拉桥桥塔时变温度场特性

因此研究桥塔方位对温度场的影响,可以通过研究朝向对单个塔壁温度场的影响完成。选取塔壁①进行分析,塔壁朝向分别为 －180°、－157.5°、－135°、－112.5°、－90°、－67.5°、－45°、－22.5°、0°、10°、22.5°、45°、67.5°、90°、112.5°、135°、157.5°、180°,研究不同朝向塔壁的温度场特点。

图 10.83 所示为不同朝向塔壁温度峰值。由图可见,塔壁朝向为 －90°(朝西)、90°(朝东)时塔壁温度峰值最大,朝向为 －180°(朝北)、10°(偏南)时塔壁温度峰值最小。塔壁朝东时温度峰值为 44.3℃,朝南时温度峰值为 39.3℃,朝西时温度峰值为 49.8℃,朝北时温度峰值为 39.6℃。朝东塔壁与南北朝向塔壁温度峰值差值可达 5℃,朝西塔壁与南北朝向塔壁温度峰值差值可达 10.5℃。朝西塔壁与朝东塔壁温度峰值差值可达 5.5℃,南北朝向塔壁的温度峰值则基本相同。

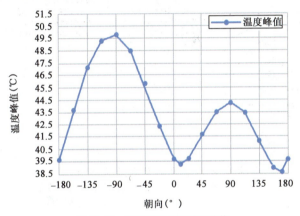

图 10.83　不同朝向塔壁温度峰值

图 10.84 所示为不同朝向塔壁 0～10cm 温差峰值以及内外壁温差峰值。由图可见,塔壁为东西朝向时,温差峰值最大,南北朝向时温差峰值最小。塔壁朝东时,内外壁温差峰值为 17℃,0～10cm 温差峰值为 11℃,0～10cm 的温差值为塔壁温差的 65%;塔壁朝南时,内外壁温差峰值为 12.2℃,0～10cm 温差峰值为 7℃,0～10cm 的温差值为塔壁温差的 57.5%;塔壁朝西时,内外壁温差峰值为 22.1℃,0～10cm 的温差温差峰值为 12.5℃,0～10cm 的温差值为塔壁温差的 56.5%;塔壁朝北时,内外壁温差峰值为 12.2℃,0～10cm 的温差温差峰值为 5.4℃,0～10cm 的温差值为塔壁温差的 44.3%。

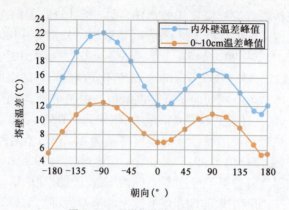

图 10.84 不同朝向塔壁温差峰值

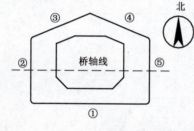

图 10.85 塔壁朝向示意图

桥轴线转角为 0°时呈东西走向,如图 10.85 所示,在此基础上将桥塔顺时针转动 22.5°、45°、67.5°、90°,可得桥塔在这些方位时塔壁②、⑤温差。图 10.86 所示为对立塔壁外壁温差极值。由图可知,转角为 0°(桥轴线东西走向)时,对立面温差效应最大,转角为 90°(桥轴线南北走向)时,对立面温差效应最小。

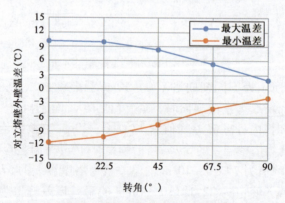

图 10.86 对立塔壁外壁温差极值

通过以上分析可知,东西朝向的塔壁温度峰值较大,南北朝向的塔壁温度峰值较小。朝东塔壁与南北朝向塔壁温度峰值差值可达 5℃,朝西塔壁与南北朝向塔壁温度峰值差值可达10.5℃。塔壁朝东时,内外壁温差峰值为17℃,0~10cm温差峰值为11℃;塔壁朝南时,内外壁温差峰值为12.2℃,0~10cm温差峰值为7℃;塔壁朝西时,内外壁温差峰值为22.1℃,0~10cm的温差峰值为12.5℃,;塔壁朝北时,内外壁温差峰值为12.2℃,0~10cm的温差峰值为5.4℃。从中可以看出,塔壁温度沿厚度变化不均匀,在0~10cm范围内的温度变化十分显著。对立塔壁为南北朝向时,两者之间的温差值比较小,仅2℃左右,对立塔壁为东西朝向时,两者之间的温差值比较大,温差绝对值最大可达11.5℃。

10.4.3 辐射强度的影响

桥塔接收太阳辐射能后,温度会显著升高,太阳辐射对塔壁温度场有着显著的影响,而大气透明度则直接影响太阳辐射的强度。大气透明度取值范围一般为0.53~0.85,本节通过大气透明度系数的取值不同来反映太阳辐射强度的不同。不同的天气下,大气透明度不同。一般来说晴天大气透明度较高,雨天较低。对于不同的地区,乡村的大气透明度较高,都市的大气透明度较低。本节分析综合考虑这些因素,大气透明度系数取值为0.5、0.6、0.7、0.8。

图10.87为塔壁朝向示意图。图10.88所示为不同大气透明度时的塔壁温度峰值。由图可见,辐射强度变化时,②号塔壁(朝西)、⑤号塔壁(朝东)的温度峰值变化比较明显,温峰基本随辐射强度的增加呈线性增长,其中②号塔壁的温峰变化幅度达到8℃。①、④号塔壁则几乎不受影响,这主要因为塔壁的朝向,由上一节的分析可知,这两个朝向受辐射影响较小,因此辐射强度改变的影响较小。

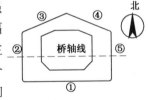

图10.87 塔壁朝向示意图

图10.89所示为不同大气透明度塔壁0~10cm温差峰值。图10.90所示为不同大气透明度塔壁内外壁温差峰值。这两幅图中温差值随辐射强度改变的变化规律类似。通过对比可以发现,辐射强度改变时,温差值的影响主要在塔壁厚度0~10cm的范围内。例如,大气透明度系数由0.5增加至0.8时,②号塔壁的内外温差值增加了7℃,而0~10cm内温差值增加了4℃。

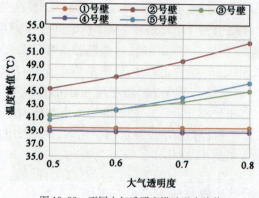

图 10.88　不同大气透明度塔壁温度峰值

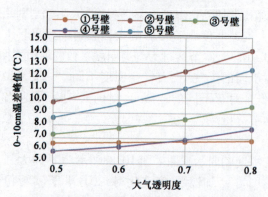

图 10.89　不同大气透明度 0~10cm 温差峰值

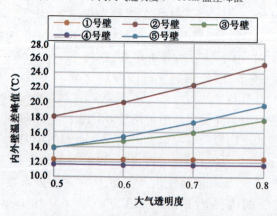

图 10.90　不同大气透明度内外壁温差峰值

图 10.91 所示为对立塔壁外壁温差极值(不同大气透明度)。由图可知,随辐射强度的增加,对立面的温差值也基本呈线性增长。大气透明度系数由 0.5 增加至 0.8 时,最大温差值由 5.9 增加至 13.3℃;最小温差由 -6.8℃增加至 -14.4℃。

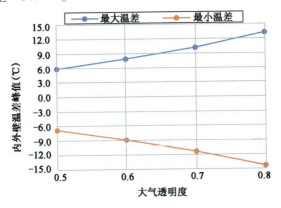

图 10.91 对立塔壁外壁温差极值(不同大气透明度)

通过以上分析可知,塔壁②、③、⑤的温度峰值、塔壁温差受辐射强度影响比较显著,大气透明度由 0.5 升高至 0.8 时,塔壁②的温度峰值增幅为 7.1℃,0~10cm 温差增幅为 5.2℃,内外壁温差增幅为 7.1℃;塔壁③的温度峰值增幅为 3.8℃,0~10cm 温差增幅为 2.2℃,内外壁温差增幅为 3.8℃;塔壁⑤的温度峰值增幅为 5.7℃,0~10cm 温差增幅为 3.9℃,内外壁温差增幅为 5.8℃。塔壁①、④的温度峰值以及温差受辐射强度影响则非常小。总的来说,南北朝向的塔壁受辐射强度影响较小,东西朝向的塔壁受辐射强度影响比较显著。同时,随着辐射强度增加,塔壁②、⑤之间的温差最大绝对值增幅为 7.6℃。

10.4.4 环境温度的影响

1)平均温度

环境温度对桥塔温度场的影响主要是通过平均温度和昼夜温差来进行研究。本节在不改变昼夜温差的情况下,研究一天中平均温度对温度场的影响。在 10.4.1 节环境气温的基础上,将平均温度降低 5℃和 10℃。三组温度值如图 10.92 所示,对应的平均温度分别为 22.5℃、27.5℃、32.5℃。温度一对应的平均温度最低,温度三对应的平均温度最高。

图 10.93 所示为塔壁朝向示意图。图 10.94 所示为不同平均温度塔壁温度峰值。由图可知,随着平均温度升高,塔壁的温度峰值呈线性规律增加,增加幅度等于平均温度增加值。

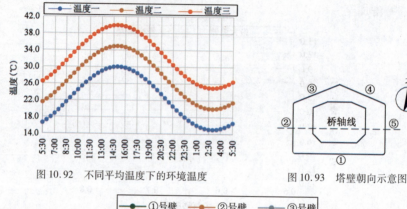

图 10.92　不同平均温度下的环境温度　　　图 10.93　塔壁朝向示意图

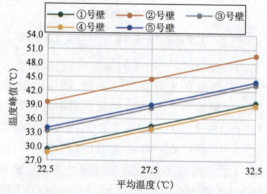

图 10.94　不同平均温度塔壁温度峰值

图 10.95 所示为不同平均温度塔壁 0~10cm 温差峰值。图 10.96 所示为不同平均温度塔壁内外壁温差峰值。由图可知,平均温度的变化对塔壁温差没有影响。

图 10.97 所示为对立塔壁外壁温差极值(不同平均温度)。由图可知,平均温度的变化对不同塔壁之间的温差没有影响。

通过以上分析可知,塔壁的温度峰受平均温度比较显著,均温由 22.5℃升高至 32.5℃时,塔壁①~⑤的温度峰值升幅均为 10℃。塔壁内外温差以及沿厚度的温度梯度均不改变。同时,对立塔壁②、⑤之间的温度差保持不变。

第 10 章 混凝土斜拉桥桥塔时变温度场特性

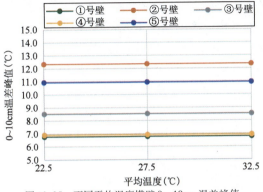

图 10.95 不同平均温度塔壁 0~10cm 温差峰值

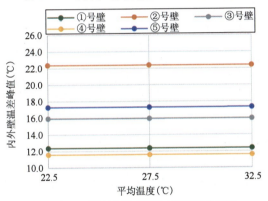

图 10.96 不同平均温度塔壁内外壁温差峰值

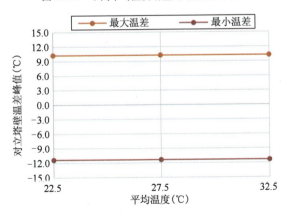

图 10.97 对立塔壁外壁温差极值（不同均温）

2) 昼夜温差

本节在不改变平均温度的情况下，研究昼夜温差对截面温度场的影响。在10.4.1节环境气温的基础上，将昼夜温差分别降低5℃和升高5℃。三组温度值如图10.98所示，昼夜温差分别为10℃、15℃、20℃。温度一对应温差值最小的气温，温度三对应温差值最大的气温。

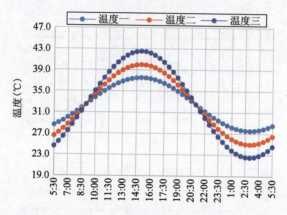

图10.98　不同昼夜温差下的环境温度

图10.99为塔壁朝向示意图。图10.100所示为不同昼夜温差塔壁温度峰值。由图可知，昼夜温差对塔壁温度峰值的影响比较小，例如对于塔壁①，昼夜温差改变10℃时塔壁温度峰值仅改变1.5℃。

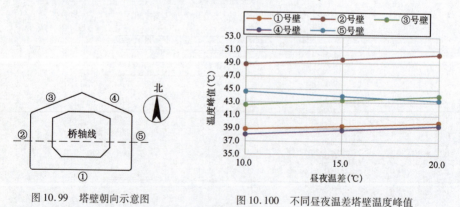

图10.99　塔壁朝向示意图　　　　图10.100　不同昼夜温差塔壁温度峰值

图10.101所示为不同昼夜温差塔壁0～10cm温差峰值。图10.102所示为不同昼夜温差塔壁内外壁温差峰值。由图可知，塔壁温差随昼夜温差的增加而增加，呈线性增长趋势。

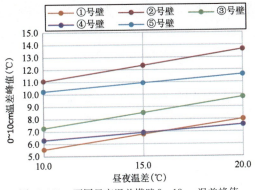

图 10.101　不同昼夜温差塔壁 0~10cm 温差峰值

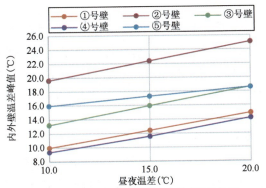

图 10.102　不同昼夜温差塔壁内外壁温差峰值

图 10.103 所示为对立塔壁外壁温差极值(不同昼夜温差)。由图可知,昼夜温差变化对不同塔壁之间的温差没有影响。

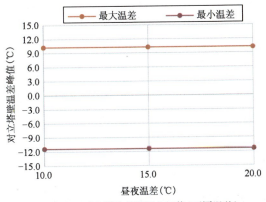

图 10.103　对立塔壁外壁温差极值(不同温差)

通过以上分析可知,塔壁的温度峰受昼夜温差影响比较小。塔壁温差受昼夜温差影响比较显著,昼夜温差由10℃升高至20℃时,塔壁①0～10cm温差增幅为2.5℃,内外壁温差增幅为5℃;塔壁②0～10cm温差增幅为2.5℃,内外壁温差增幅为5.5℃;塔壁③0～10cm温差增幅为2.5℃,内外壁温差增幅为5.4℃;塔壁④0～10cm温差增幅为1.3℃,内外壁温差增幅为5℃;塔壁⑤0～10cm温差增幅为1.3℃,内外壁温差增幅为2.6℃。对立塔壁②、⑤之间的温度差保持不变。

10.5　结语

本章研究斜拉桥混凝土桥塔的温度场分布特性及时变规律。研究提出了一个结合桥址地区环境参数特点的构件时变温度场分析方法,结合实测数据验证了其可靠性,并依托实际工程中,对桥塔的温度场进行了细致的分析,对温度场的分布特性及时变规律进行总结,分析了温度场引起的温度响应。然后,进一步对影响温度场的各种因素进行了参数分析,分析了前述获得的温度场规律的代表性和适用范围。主要内容及结论如下:

(1)结合某混凝土斜拉桥,研究了整体式截面和分离式截面两种截面形式的桥塔时变温度场,并对影响温度场主要因素进行了参数分析。研究明确的混凝土桥塔的时变温度场的主要特性包括:

①夏季条件下,塔壁非线性温度场变化的主要规律为:升温过程主要受到接受的辐射总量的影响,塔壁温度峰值较当时环境温度峰值高,差值可达20℃以上;温峰出现的时间较综合温度峰值有约1h的差值;塔壁温度变化的影响深度可达60cm,在40cm的范围的变化量可到总量的95%;对立面塔壁之间有显著温差,温差极值可达10℃,朝向对塔壁温差有显著影响,顺桥向和横桥向塔壁温差呈现了显著的峰、谷特性,不会同时出现。

②冬季条件下,塔壁非线性温度场变化的主要规律与夏季条件极为类似,可认为,夏季和冬季属于同样的温度模式;在大部分情况下,冬季条件下壁面的温度梯度不如夏季显著,但受到日照影响,不排除部分朝向壁面冬季更为不利的情况。

③寒潮期间,辐射升温带来的影响并不是十分明显;但受气温快速下降

的影响,壁面的温度会迅速下降,在寒潮结束时塔壁的局部温差达到最大,最大可达8℃。影响最大深度为60cm,混凝土温差主要在0~20cm的区域;各塔壁之间的温度差异很小。寒潮温度属于降温模式,和夏季、冬季的辐射天气条件不同。

④非线性温度场可引起塔壁自应力:对于自应力,塔壁0~60cm的温差最大时达到最大,辐射天气下塔壁主拉应力主要分布在20~40cm范围的区域,应力值在1.0~3.0MPa的范围内,在角点区域存在应力集中,可达3.2~3.5MPa。寒潮天气下,寒潮结束时塔壁应力最大,分布在塔壁的表层区域,可达3.6MPa。桥塔温度场带来的结构整体响应并不显著。

(2)对影响桥塔温度场的桥塔朝向、辐射强度、环境平均温度和昼夜温差等因素进行了详细分析,得到以下主要结论:

①在桥塔形状一定时,影响塔壁温度场的主要因素是朝向,尺寸因素可以忽略不计。东西朝向的塔壁温度峰值较大,南北朝向的塔壁温度峰值较小,朝东塔壁与南北朝向塔壁温度峰值差值可达5℃,朝西塔壁与南北朝向塔壁温度峰值差值可达10.5℃。朝向对塔壁温差的影响也相同,同时,温度沿厚度变化不均匀,在0~10cm范围内的温度变化十分显著。对立塔壁为南北朝向时,两者之间的温差值比较小,仅2℃左右,对立塔壁为东西朝向时,两者之间的温差值比较大,温差绝对值最大可达11.5℃。

②南北朝向的塔壁受辐射强度影响较小,东西朝向的塔壁受辐射强度影响比较显著。大气透明度由0.5升高至0.8时,朝西塔壁的温度峰值增幅为7.1℃,0~10cm温差增幅为5.2℃,内外壁温差增幅为7.1℃;朝东塔壁的温度峰值增幅为5.7℃,0~10cm温差增幅为3.9℃,内外壁温差增幅为5.8℃。随着辐射增加,朝东塔壁和朝西塔壁之间的温差最大绝对值增幅为7.6℃。

③环境气温的变化是通过对流作用来影响桥塔的温度场。其中,平均温度的变化主要是影响壁面的温度极值,均温由22.5℃升高至32.5℃时,塔壁温度峰值升幅均为10℃。对塔壁温差和塔壁之间的温差并没有影响。昼夜温差的变化主要影响塔壁温差值,昼夜温差由10℃升高至20℃时,塔壁的内外温差增加了5~5.5℃。对壁面的极值影响不显著,对塔壁之间的温差也没有影响。

本章参考文献

[1] 邵旭东,何东升,李立峰. 钢锚梁—钢牛腿组合结构水平受力机理试验[J]. 中国公路学报,2014.

[2] 白勇,张灿丽. 斜拉桥下塔柱大体积混凝土温控研究[J]. 城市道桥与防洪,2013,01:44-48.

[3] 胡益铸,李蛟. 索塔结合段混凝土塔座水化热效应分析与控制[J]. 公路交通科技(应用技术版),2013,10:229-232.

[4] 中华人民共和国行业标准. JTG D60—2015 公路桥涵设计通用规范[S]. 北京:人民交通出版社股份有限公司,2015.

[5] AASHTO. 美国公路桥梁设计规范:荷载与抗力系数设计法[S]. 北京:人民交通出版社,1998.

[6] Standard B. BS5400 Steel, concrete and composite bridges, Part 2, Specification for loads[J]. British Standard Institution, 2005.

[7] EN1991 - Eurocode1:Actions on structures Part 2[J]. British Standards Institution, 2002.

[8] 道路桥式方书·同解说[S]. 日本道路协会,1980.

[9] Zuk W Thermal and shrinkage stresses in composite bridges[J]. Journal of America Concrete Institute,1961,58(3):327-340

[10] F. 凯尔别克. 太阳辐射对桥梁结构的影响[M]. 刘兴法,等,译. 北京:中国铁道出版社. 1981.

[11] 刘兴法. 混凝土桥梁的温度分布[J]. 铁道工程学报,1985,01:107-111.

[12] 叶见曙,贾琳,钱培舒. 混凝土箱梁温度分布观测与研究[J]. 东南大学学报(自然科学版),2002,05:788-793.

[13] 郭棋武,方志,裴炳志,等. 混凝土斜拉桥的温度效应分析[J]. 中国公路学报,2002,02:51-54.

[14] 颜东煌,涂光亚,陈常松,等. 肋板式主梁温度场的数值计算方法[J]. 中外公路,2002,02:45-48.

[15] 刘其伟,丁峰,朱俊,等. 钢混凝土组合箱梁沥青摊铺温度场试验[J].

东南大学学报(自然科学版),2006,04:572-575.

[16] 王步高. 混凝土斜拉桥主塔温度效应及环境影响因素分析[D]. 广州:华南理工大学,2012.

[17] 代璞,钱永久. 斜拉桥H形截面混凝土桥塔短期温度特性[J]. 西南交通大学学报,2014,01:59-65.

[18] 李跃. 斜拉桥异形截面预应力混凝土索塔锚固区受力性能研究[D]. 武汉:华中科技大学,2011.

[19] 刘照球. 混凝土结构表面对流换热研究[D]. 上海:同济大学,2006.

[20] 方先金. 中国大气透明度系数的研究[J]. 南京气象学院学报,1985,03:293-305.

阮欣　副教授

2006年同济大学桥梁与隧道工程博士研究生毕业，后留校任教；2008年在美国里海大学（Lehigh University）大型结构与基础设施研究中心（ATLSS）访问研究一年。主要研究领域为桥梁设计理论、桥梁工程风险评估、桥梁荷载与可靠度方法等。主持国家自然科学基金项目3项，参与国家及省部级科研项目10余项；发表论文100余篇，其中SCI、EI检索40余篇，出版专著1部；获得广东省科技进步二等奖、中国公路学会科技进步特等奖奖励10余项；授权发明专利5项。国际桥梁与结构工程协会（IABSE）、国际桥梁安全与维护协会（IABMAS）等国际协会会员，在多次国际会议中担任学术委员会委员等。在桥梁工程风险评估、结构性能评估与优化等方面取得的研究成果解决了大量实际工程问题，为苏通大桥、泰州大桥、卢浦大桥等国内20余座大桥工程提供了建设、管理、养护过程的决策支持。2010年在意大利获得国际桥梁与结构工程协会颁发的会议"杰出青年工程师奖（Outstanding Young Engineer Contribution Award）"；2014年获得中国公路学会办法的"第九届中国公路青年科技奖"。